高等职业教育"十三五"示范建设规划教材·汽车类

汽车配件经营管理

主　编　莫舒玥　　程　艳

北京理工大学出版社
BEIJING INSTITUTE OF TECHNOLOGY PRESS

版权专有　侵权必究

图书在版编目(CIP)数据

汽车配件经营管理 / 莫舒玥，程艳主编. --北京：北京理工大学出版社，2018.8（2024.1重印）
ISBN 978-7-5682-5810-4

Ⅰ.①汽… Ⅱ.①莫… ②程… Ⅲ.①汽车-配件-经营管理 Ⅳ.①F766

中国版本图书馆 CIP 数据核字（2018）第 139539 号

责任编辑：杜春英	**文案编辑**：孟祥雪
责任校对：周瑞红	**责任印制**：李志强

出版发行 / 北京理工大学出版社有限责任公司
社　　址 / 北京市丰台区四合庄路 6 号
邮　　编 / 100070
电　　话 /（010）68914026（教材售后服务热线）
　　　　　（010）68944437（课件资源服务热线）
网　　址 / http://www.bitpress.com.cn

版 印 次 / 2024 年 1 月第 1 版第 3 次印刷
印　　刷 / 北京虎彩文化传播有限公司
开　　本 / 787 mm×1092 mm　1/16
印　　张 / 14
字　　数 / 329 千字
定　　价 / 44.00 元

图书出现印装质量问题，请拨打售后服务热线，负责调换

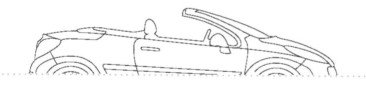

前言 PREFACE

  为了适应汽车服务市场配件经营管理的需要，深化职业教育教学改革，满足职业教育发展的新需求以及汽车配件市场对专业化人才的需求，由广西交通运输职教集团牵头，联合多家高职院校以及汽车企业，编者组织了专业骨干教师及企业人员，编写了本教材，以供高职或中职汽车类专业教学使用，也可供从事汽车及配件营销管理的技术人员阅读或汽车4S店配件管理员工培训参考使用。

  本书以汽车服务类专业学生的就业为导向，根据行业专家对汽车服务类专业所涵盖的汽车配件管理、汽车配件经营等相关岗位日常任务和职业能力分析，同时遵循高等职业院校学生的认知规律，紧密结合高职人才培养目标，确定本书内容。

  本书按照配件管理人员、配件营销人员的岗位知识技能目标，开发了七个项目，设计了配件分类和识别、配件采购、配件出入库、配件仓库设计规划、配件仓储管理、配件索赔等任务。每个项目均以一个工作任务作为学习引导，然后分为几个子任务，掌握此项目应该学习相关的理论知识，并通过完成相应的工作任务达到掌握该项目技能的目的。每个项目之后设计相应的测试题目供学生对该项目知识点和技能进行巩固。整个任务结构体系之间体现了很好的延续性和知识体系的全面性。

  本书的内容编写注重必要、够用两个原则，内容的编排注重工作的延续性和难易的递进性。项目的内容包括与该项目相关的理论知识及操作技能知识。

  本书图文并茂，既有大量的现场实景照片，又有许多实例，便于提高学生的学习兴趣及领悟所学内容。

  本书由莫舒玥、程艳主编。主要章节由下列人员负责编写：广西交通职业技术学院莫舒玥、广西理工职业技术学院侯捷编写项目一汽车配件分类；广西交通职业技术学院史俊涛编写项目二汽车配件编码和项目三汽车配件订货与采购；广西交通职业技术学院王杰身编写项目四汽车配件入库管理和项目五汽车配件出库管理；广西机电工程学校李显贵、李林蔚编写项目六汽车配件仓库管理；广西交通职业技术学院莫舒玥、广西职业学院程艳编写项目七汽车配件保修索赔。本书在编写过程中，得到了鑫个达汽车销售服务有限公司，广西广缘汽车销售服务有限公司以及广西广汇汽车服务有限公司相关专业人员给予的大力支持和帮助，并得到其提供的原始资源，在此表示衷心的感谢。

  限于编者经历和水平，书中难免存在疏漏之处，敬请各位读者提出修改意见和建议，以便修订时补充完善。

编 者

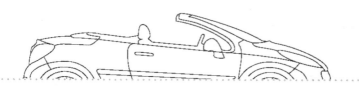

目 录
CONTENTS

项目一　汽车配件分类 ·· (001)

　　学习任务一　汽车配件基础 ·· (001)
　　学习任务二　汽车常用运行材料 ·· (006)
　　学习任务三　汽车养护品 ·· (010)
　　本章自测题 ·· (013)

项目二　汽车配件编码 ·· (016)

　　学习任务一　汽车铭牌信息识别 ·· (016)
　　学习任务二　VIN 码的识别及应用 ·· (019)
　　学习任务三　汽车配件编码规则识别 ······································ (022)
　　学习任务四　汽车配件查询 ·· (025)
　　学习任务五　汽车配件电子目录查询示例 ······························ (028)
　　本章自测题 ·· (040)

项目三　汽车配件订货与采购 ·· (042)

　　学习任务一　汽车配件市场调查 ·· (042)
　　学习任务二　汽车配件订货 ·· (052)
　　学习任务三　汽车配件采购 ·· (061)
　　学习任务四　汽车配件订货系统应用示例 ······························ (075)
　　本章自测题 ·· (082)

项目四　汽车配件入库管理 ·· (085)

　　学习任务一　汽车配件验收 ·· (085)
　　学习任务二　汽车配件入库 ·· (096)
　　学习任务三　汽车配件入库操作示例 ······································ (098)
　　本章自测题 ·· (103)

项目五　汽车配件出库管理 (105)

　　学习任务一　汽车配件出库 (105)
　　学习任务二　汽车配件出库操作示例 (113)
　　本章自测题 (117)

项目六　汽车配件仓库管理 (119)

　　学习任务一　汽车配件仓储管理 (119)
　　学习任务二　汽车配件仓库建设与规划 (122)
　　学习任务三　汽车配件存储和码放 (140)
　　学习任务四　汽车配件库存管理 (148)
　　学习任务五　汽车配件库存盘点 (153)
　　本章自测题 (158)

项目七　汽车配件保修索赔 (161)

　　学习任务一　汽车三包政策解读 (161)
　　学习任务二　汽车配件保修索赔工作流程 (166)
　　学习任务三　配件索赔拒赔问题与处理 (179)
　　本章自测题 (191)

自测题答案 (194)

参考文献 (211)

项目一

汽车配件分类

1. 掌握汽车配件的不同分类标准；
2. 掌握汽车运行材料（油液）的使用性能；
3. 掌握汽车养护品的用途。

4 学时。

准确识别汽车配件的名称、作用以及在车上的安装位置；准确说明汽车主要油液的作用和选择（根据车型情况及使用情况）；准确说明汽车养护品的作用。

学习任务一　汽车配件基础

一、汽车配件的含义及特点

在汽车服务企业中，把新车出厂后使用过程中所需的汽车零部件和耗材统称为汽车配件。它包括新车出厂以后汽车养护和修理过程中用来更换的新配件或修复件、汽车上需要的各种油液，以及用于提高汽车使用安全性、舒适性和美观性的产品。

汽车配件作为商品来说，既具有普通商品的一般属性，也有其自身的特点。

1. 品种繁多

只要是有一定规模的汽车配件经销商、汽车综合修理厂或汽车品牌4S店，其经营活动涉及的配件都很多，一般都有上万种，甚至几十万种。

2. 代用性复杂

很多配件可以在一定范围内代用，不同配件的代用性是不一样的。例如，轮胎、灯泡的代用性就很强，而集成电路芯片、传感器等配件的代用性就不强。掌握汽车配件的代用性，是管理好汽车配件的重要条件。

3. 识别体系复杂

一般每个品牌的汽车配件都有独立的原厂图号（或称原厂编号），即汽车配件编码，但是通常经营者为了仓库管理方便，还会为其配件进行自编号。

4. 价格变动快

由于整车的价格经常变动，因此汽车配件的价格变动就更加频繁，并且汽车配件价格有季节性。例如空调系统的配件就受季节的影响，在夏冬季节使用频率高，相应的配件需求量大。

二、汽车配件分类

汽车配件种类较多，对汽车配件分类的方法有很多，主要有按标准化、实用性、用途、生产来源、汽车配件所属系统、汽车相关用品、车身及附件等分类几种方法。

1. 按标准化分类

汽车配件分为发动机配件、底盘配件、车身及饰品配件、电器电子产品和通用件共五大类。根据汽车的术语和定义，配件包括总成、组合件、合件和零件。

1）总成

总成是指由数个零件、数个分总成或它们之间的任意组合而构成一定装配级别或某一功能形式的组合体，能单独起到某一机构的作用，如发动机总成、变速器总成、离合器总成。

2）组合件

组合件是指由几个零件或合件组装，但不能单独完成某一机构作用的组合体，如变速器盖等，有时也被称为半总成件。

3）合件

合件是由两个以上的零件组合，起着单一零件作用的组合体，如带盖的连杆、成对的轴瓦。合件以起到主要作用的零件命名。

4）零件

汽车的基本制造单元，是不可拆分的整体，如活塞环、活塞、气环等。

2. 按实用性分类

根据我国汽车配件市场供应的实用性原则，汽车配件分为易耗件、标准件、车身覆盖件与保安件 4 类。

1）易耗件

在对汽车进行二级维护、总成大修和整车大修时，易损坏且消耗量大的配件称为易耗件。

（1）发动机易耗件。

①曲柄连杆机构：气缸体、气缸套、气缸盖、气缸体附件、气缸盖附件、活塞、活塞环、活塞销、连杆、连杆轴承、连杆螺栓及螺母、曲轴轴承、飞轮总成和发动机悬架组件等。

②配气机构：气门、气门导管、气门弹簧、挺杆、推杆、摇臂、摇臂轴、凸轮轴轴承、正时齿轮和正时齿轮皮带等。

③燃油供给系统：汽油泵膜片、汽油软管、电动汽油泵、压力调节器、空气流量传感器、喷油器、三元催化装置、输油泵总成、喷油泵柱塞偶件、出油阀偶件和喷油器等。

④冷却系统：散热器、节温器、水泵和风扇等。

⑤润滑系统：机油滤清器滤芯和机油软管等。

⑥点火系统：点火线圈、分电器总成及附件、蓄电池、火花塞等。

（2）底盘易耗件。

①传动系统：离合器摩擦片、从动盘总成、分离杠杆、分离叉、踏板拉杆、分离轴承、复位弹簧、变速器的各挡变速齿轮、凸缘叉、滑动叉、万向节叉及花键轴、传动轴及轴承、从动锥齿轮、行星齿轮、十字轴及差速器壳、半轴和半轴套管等。

②行驶系统：主销、主销衬套、主销轴承、调整垫片、轮辋、轮毂、轮胎、内胎、钢板弹簧片、独立悬架的螺旋弹簧、钢板弹簧销和衬套、钢板弹簧垫板、U形螺栓和减震器等。

③转向系统：转向蜗杆、转向摇臂轴、转向螺母及钢球、钢球导流管、转向器总成、纵拉杆与横拉杆等。

④制动系统：制动器及制动蹄、盘式制动器摩擦块、液压制动主缸、液压制动轮缸、储气筒、单向阀、安全阀、制动软管、空气压缩机限压阀和制动操纵机构等。

（3）电气设备及仪表的易耗件。

电气设备及仪表的易耗件包括高压线、低压线、车灯总成、安全报警及低压电路熔断器和熔断丝盒、点火开关、车灯开关、转向灯开关、变光开关、脚踏板制动开关、车速表、电流表、燃油存量表、冷却水温表、空气压力表和机油压力表。

（4）密封件。密封件包括各种油封、水封、密封圈和密封条等。

2）标准件

按国家标准设计与制造的，并具有通用互换性的配件称为标准件。汽车上属于标准件的有气缸盖紧固螺栓及螺母、连杆螺栓及螺母、发动机悬架装置中的螺栓及螺母、主销锁销及螺母、轮胎螺栓及螺母等。

3）车身覆盖件

车身覆盖件指为使乘员及部分重要总成不受外界环境的干扰，并具有一定的空气动力学特性的、构成汽车表面的板件，如发动机盖罩、翼子板、散热器罩、车顶板、门板、后备厢盖等。

4）保安件

汽车上不易损坏的配件称为保安件，如曲轴起动爪、正时齿轮、扭转减震器、凸轮轴、汽油箱、汽油滤清器总成、调速器、机油滤清器总成、离合器压盘及盖总成、变速器壳体及上盖、操纵杆、转向节、转向摇臂和转向节臂等。

3. 按用途分类

汽车配件按照用途可以分为必装件、选装件、装饰件和消耗件4类。

（1）必装件：汽车正常行驶所必需的配件，如转向盘、发动机等。

（2）选装件：非汽车正常行驶所必需，但是可以由车主选择安装以提高汽车性能或功能的配件，如CD音响、氙气大灯、尾翼等。

（3）装饰件：又称精品件，是为了汽车的舒适和美观加装的配件，一般对汽车本身的行驶性能和功能影响不大，如香水、抱枕、底盘大包围等。

（4）消耗件：是汽车使用过程中容易发生损耗、老旧，需要经常更换的配件，如润滑油、前风窗玻璃清洁剂、冷却液、制动液和刮水器、汽油滤清器和机油滤清器等。

4. 按生产来源分类

汽车配件按照生产来源可以分为原厂件、副厂件和自制件3类。

（1）原厂件：是指与整车制造厂家配套的装配件，如纯牌配件是指通过汽车制造厂严格质量检验的配件，它们的性能和质量完全能够满足车辆要求。

（2）副厂件：是由专业配件厂家生产的，虽然不与整车制造厂配套安装在新车上，但是按制造厂标准生产的、达到制造厂技术指标要求的配件。

（3）自制件：是配件厂家依据自己对汽车配件标准的理解自行生产的，外观和使用效果与合格配件相似，但是其技术指标由配件制造厂自行保证，与整车制造厂无关。自制件是否合格，主要取决于配件厂家的生产技术水平和质量保障措施。

需要说明的是，不论副厂件还是自制件都必须达到指定标准水平。这里说的原厂件、副厂件和自制件，都是合格的配件。那些不符合质量标准的所谓的"副厂"配件，不属于上述范畴。

5. 按汽车配件所属系统分类

有些品牌则将汽车配件按照不同系统进行区分，如将其分为发动机系统配件、传动系统配件、转向系统配件、制动系统配件、行驶系统配件、悬架系统配件、电器仪表系统配件、灯具类、空调类以及传感器类等。

1）发动机系统配件

（1）机体组：缸盖、机体、油底壳等。

（2）曲柄连杆机构：活塞、连杆、曲轴、连杆轴承、曲轴轴承、活塞环等。

（3）配气机构：凸轮轴、进气门、排气门、摇臂、摇臂轴、挺柱、推杆等。

（4）进气系统：空气滤清器、节气门、进气谐振器、进气歧管等。

（5）排气系统：三元催化转化器、排气歧管、排气管。

（6）点火系统：火花塞、高压线、点火线圈、点火开关、点火模块等。

（7）燃油系统：燃油泵、燃油管、燃油滤清器、喷油嘴、油压调节器、燃油箱等。

（8）冷却系统：水泵、水管、散热器、散热器风扇等。

（9）润滑系统：机油泵、机油滤清器、机油压力传感器等。

2）传动系统配件

传动系统配件包括飞轮、压盘、离合器片、变速器、变速换挡操纵机构、传动轴、万向节等。

3）转向系统配件。

转向系统配件包括转向节、方向机、方向柱、方向盘、转向拉杆等。

4）制动系统配件。

制动系统配件包括制动总泵、制动分泵、真空助力器、制动踏板总成、制动盘、制动鼓、制动片、制动油管、ABS泵等。

5）行驶系统配件。

行驶系统配件包括轮毂、轮胎等。

6）悬架系统配件。

悬架系统配件包括前桥、后桥、摆臂、球头、减震器、螺旋弹簧等。

7）电器仪表系统配件。

电器仪表系统配件包括 ECU、开关类、空调类、线束类、熔断丝类、电机类、继电器类、喇叭类、执行器类等。

8）灯具类。

灯具类包括装饰灯、防雾灯、室内灯、前照灯、前转向灯、侧转向灯、后组合灯、牌照灯、各类灯泡。

9）空调类。

空调类包括压缩机、冷凝器、干燥瓶、空调管、蒸发箱、鼓风机、空调风扇等。

10）传感器类。

传感器类包括水温传感器、进气压力传感器、进气温度传感器、空气流量计、机油压力传感器、氧传感器、爆震传感器等。

6. 按汽车相关用品分类

（1）汽车安全辅助：防盗锁、汽车锁、中控锁、倒车雷达、行驶记录仪、后视系统、灭火装置、安全锤、防撞用品、防滑链、儿童安全座椅、轮胎压力监测系统和安全带。

（2）汽车内饰：坐垫、座套，汽车摆挂饰，地胶、脚垫、汽车地毯，车窗帘，车内杯架，扶手箱、头枕、腰垫、方向盘套、汽车靠垫、汽车香水，脚踏板。

（3）汽车小电器：汽车空调、车用按摩器材、车用吸尘器、车载冰箱、车载充电器和其他汽车小电器。

（4）汽车外饰：车衣、备胎罩、汽车膜、车身贴、晴雨挡、车标、挡泥板、轮眉、灯眉、油箱盖和轮毂盖。

（5）汽车影音：GPS 汽车导航、汽车音响、车载显示器、车载 MP3、车载 MP4、车载 VCD、车载 DVD、车载电脑、车载电视、FM 发射器和车载 CD。

（6）防护保养品：冷冻液、密封胶、制动液、起动液、汽车用黏合剂、玻璃水、检漏仪、抗腐剂、汽摩用清洗剂、轮胎上光剂、修复剂、研磨剂、改进剂、防凝剂、原子灰、漆面保护膜、汽车专用清洗剂、光亮剂、车蜡、玻璃防雾剂、玻璃防护膜、底盘装甲、冷媒和黏结剂。

（7）汽车改装件：扰流板、定风翼、大包围、汽车天窗、增压器、氙气灯、排气管和赛车座椅。

7. 按车身及附件分类

（1）车身构件：门拉手、机盖拉线、保险杠、门铰链、玻璃升降器、中网、内视镜、气弹簧、大灯、雨刮连杆、雨刮臂、翼子板、挡泥板、大灯支架、尾灯、门胶条、机盖拉手、雾灯、后视镜、驾驶室空气滤清器、转向信号灯、边灯、保险杠灯、窗户密封胶条、雨刮片、踏板、车门锁、倒车灯、方向盘锁、牌照灯、烟灰盒、安全气囊、前裙、手柄、点烟器、天线桅杆、车轮盖、后备厢锁、机盖锁、其他拉手、发动机盖、前围、导流板、后挡板、侧围、防尘套、遮阳板、隔热垫、隔音垫、车顶行李架、雨刮电机、玻璃和橡胶垫。

（2）其他零件：轴承、螺栓、螺母、防尘罩、支架、油封、高压油管、机油、弹簧、密封圈、调整垫片、环箍、衬套和阀门。

学习任务二　汽车常用运行材料

一、发动机机油

机油，即发动机润滑油，能对发动机起到润滑、清洁、冷却、密封、减磨等作用。

1. 机油的分类及特征

目前，机油分类体系以美国石油协会（APT）品质分类系统使用最为广泛，它是根据机油的工作能力，采用简单的代码来描述发动机机油的。其中"S"类用于汽油发动机，从"SA"一直到"SH"，每递增一个字母，机油的性能就会好过前一种许多，机油中就会有更多用来保护发动机的添加剂。

在机油的特性中，最重要的一点是它的黏度。对于那些低温时黏度小、高温时黏度大，能保证发动机在任何温度下都能正常润滑的机油，定义为多级机油。目前市场上的机油统分为矿物油和合成油，最高档的油属合成油。

一般高档车都选择合成油。合成油比一般的矿物油具有更高的黏度指数，随温度转变而产生的黏度变化很少，因此在高温及严寒情况下，仍能维持适当的黏度，从而提供合适的保护。另外，合成油因氧化而产生酸质、油泥的趋势小，在各种恶劣操作条件下，对发动机都能提供适当的润滑和有效的保护，因而具有更长的使用寿命。

2. 机油的选择和使用

1）依品质来区别

机油因其基础油不同可简单分为矿物油和合成油两种（植物油产量稀少，故不计）。二者最大的差别在于：合成油使用的温度更广，使用期限更长，成本更高；同样的油膜要求，合成油用较低的黏度就可达成，而矿物油就需用相对于合成油较高的黏度才可达到如此要求。在相同的工作环境里，合成油因为使用期限比矿物油长很多，因此成本较高，但是比较换油次数之后，并不比矿物油高多少。

2）依黏度来区分

黏度是指流体（含气体及液体）在流动时其内部的摩擦力，即流滞阻力。一般润滑油都会提供在 400 ℉[①] 及 1 000 ℉ 时的黏度，400 ℉ 是相对于冷车时的状况，而 1 000 ℉ 是高速运转或塞车时的情况。黏度太高所产生的阻力也会相对提高，因此会产生如下不利因素：

（1）影响冷车时发动机的起动。这在低温时会更明显，例如在冬季时到雪山赏雪，20W–50 就不如 5W–40 易起动。

（2）增加耗油量。黏度高的机油，阻力也高，会使发动机内部机件的运转产生更高的摩擦阻力，耗油量因而增加。

---

① 1 ℉ = $\frac{5}{9}$ ℃。

(3) 增加起动时发动机的磨损。发动机在一段时间没发动时，原本附着在上部的机油会流回油底壳，上部缺乏足够的机油来保护在起动状况下的发动机，机油黏度高，流动就慢，磨损的概率就会增加。

(4) 如果机油黏度太高，则内部阻力较大，阻力会转换成热能，使机件操作时温度升高。

3. 机油质量的鉴别

1) 新机油质量的鉴别与选用

目前，市场出售的机油并非那么"纯洁"，以次充好，以劣充优的现象普遍存在。如果不具备质量鉴别和牌号识别能力，则应请专门的技术员或经验丰富的技工帮助选择。

(1) 观察机油颜色。机油的颜色为金黄略带蓝色，晶莹透明，油桶制造精致，图案字码的边缘清晰、整齐，无漏色和重叠现象，否则为假货。

(2) 识别机油牌号和试验黏度。以丰田纯牌机油为例：高级轿车应使用5W-40全天候机油，虽然价格较高，但它能确保高级轿车的润滑效果；增压柴油机应使用CD-30机油；一般车辆冬季使用SG10W-30机油，夏季使用SG-30机油。

(3) 闻气味。合格的机油应无特别的气味，只略带芳香。凡是对嗅觉刺激大且有异味的机油均为变质或劣质机油，绝对不可使用。

2) 使用中机油的鉴别

鉴别使用中机油的质量，是确定是否需要更换机油的依据。

(1) 搓捻鉴别。取出油底壳中的少许机油，放在手指上搓捻。搓捻时，如有黏稠感觉，并有拉丝现象，说明机油未变质，仍可继续使用，否则应更换。

(2) 油尺鉴别。抽出机油标尺对着光亮处观察刻度线是否清晰，当透过油尺上的机油看不清刻线时，说明机油过脏，需立即更换。

(3) 倾倒鉴别。取油底壳中的少量机油注入一容器，然后从容器中慢慢倒出，观察油流的光泽和黏度。若油流能保持细长且均匀，则说明机油内没有胶质及杂质，还可使用一段时间，否则应更换。

(4) 油滴检查。在白纸上滴一滴油底壳中的机油，若油滴中心黑点很大，呈黑褐色且均匀无颗粒，周围黄色浸润很小，则说明机油变质应更换。若油滴中心黑点小而且颜色较浅，周围的黄色浸润痕迹较大，则表明机油可以继续使用。

以上检查均应在发动机停机后机油还未沉淀时进行，否则有可能得不到正确结论。因为机油沉淀后，浮在上面的往往是好的机油，这样检查的只是表面现象，而变质机油或杂质存留在油底壳的底部，所以可能造成误检。

二、齿轮油与润滑脂

齿轮油又名传动润滑油，主要用于润滑汽车、拖拉机传动系统中的变速器、减速器和差速器的各种齿轮，齿轮油的黏度较润滑油大，略呈黑色，因此也称其为黑油。齿轮的齿形不同，对齿轮油的要求也不同，齿轮油一般分为普通齿轮油和双曲线齿轮油。两者应按说明书要求的品种加注，不能混淆。图1-1所示为车用齿轮油。

图 1-1　车用齿轮油

润滑脂含有稠化剂，其性质与润滑油不同，绝大多数润滑脂是半固体，在常温下能保持自己的形状，在垂直表面不流失。润滑脂广泛用于润滑汽车各部轴承、衬套和钢板弹簧等。图 1-2 所示为润滑脂。润滑油一般呈黄色，所以俗称为黄油。

图 1-2　润滑脂

三、汽车工作液

1. 汽车制动液

1）汽车制动液性能要求

黏温性好，凝固点低，低温流动性好；沸点高，高温下不产生气阻；使用过程中品质变化小，并不引起金属件和橡胶件的腐蚀和变质。

2）汽车制动液类型

（1）蓖麻油-醇型：用精制蓖麻油和乙醇按 1∶1 配制而成。在寒冷地区，用蓖麻油 34%、丙三醇（甘油）13%、乙醇 53% 配制成的制动液，在 -35 ℃ 左右仍能保证正常制动，但沸点低，易产生气阻。

（2）合成型：用醚、醇、酯等掺入润滑、抗氧化、防锈、抗橡胶溶胀等添加剂制成，使用性能良好，工作温度可高达 150 ℃，但价格较高。

（3）矿油型：用精制的轻柴油馏分加入稠化剂和其他添加剂制成，工作温度范围为 -70~150 ℃。它的使用性能良好，但制动系统需配用耐矿油的橡胶件。中国的矿油型制动液分"7 号"和"9 号"两种，"7 号"用于严寒地区，"9 号"用于气温不低于 -25 ℃ 的地区。各种制动液不可混存和混用，否则会出现分层而失去作用。

3）汽车制动液的位置

面包车的制动液一般在方向盘左边。轿车的制动液一般在真空助力器附近，也就是在正对刹车的地方，制动主缸上边。

制动液在使用一定的时间后，会出现沸点降低、污染及不同程度的氧化变质。所以应根据气候、环境条件、季节变化及工况及时检查其质量性能，及时更换。普通工况下，制动液在使用两年或 50 000 km 后就应更换。图 1-3 所示为制动液（也称为刹车液）。

图 1-3 制动液

2. 发动机冷却液

冷却液是汽车发动机不可缺少的一部分。它在发动机冷却系统中循环流动，将发动机工作中产生的多余热能带走，使发动机能以正常工作温度运转。当冷却液不足时，将会使发动机水温过高，而导致发动机机件的损坏。车主一旦发现冷却液不足，应该及时添加。但是不能随便添加冷却液，因为除了冷却作用外，冷却液还应具有以下功能：

1) 冬季防冻

为了防止汽车在冬季停车后，冷却液结冰而造成水箱、发动机缸体胀裂，要求冷却液的冰点应低于该地区最低温度 10 ℃ 左右，以备天气突变。

2) 防腐蚀

冷却液应该具有防止金属部件腐蚀、防止橡胶件老化的作用。

3) 防水垢

冷却液在循环中应尽可能少地减少水垢的产生，以免堵塞循环管道，影响冷却系统的散热功能。综上所述，在选用、添加冷却液时，应该慎重。首先，应该根据具体情况去选择合适配比的冷却液。其次，添加冷却液，将选择好配比的冷却液添加到水箱中，使液面达到规定位置即可。

4) 高沸点（防开锅）

符合国家标准的冷却液，沸点通常超过 105 ℃，比起水的沸点 100 ℃，冷却液能耐受更高的温度而不沸腾（开锅），在一定程度上满足了高负荷发动机的散热冷却需要。

图 1-4 所示为防冻液（也称为冷却液或长效冷却液）。

图 1-4 防冻液

学习任务三　汽车养护品

一、汽车养护品的作用

汽车行驶到一定里程，技术状况将发生变化，各总成和零部件会产生不同程度的磨损、松动、变形或其他损伤，使原有的尺寸、形状和表面质量发生变化，破坏零部件的配合特性和工作条件，这时就要根据汽车的使用情况及时进行养护。

汽车养护品有很多种，功效各不相同，好的汽车养护品能起到清洗和保护的作用，延长各部件的使用寿命，改善其工作效率。

为了避免汽车出现图1-5中的情况，可以使用相关系统的清洗剂或保护剂延长汽车配件的使用寿命。

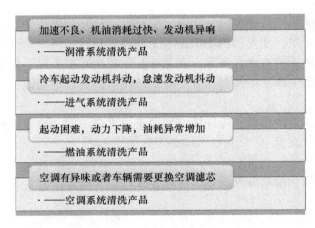

图1-5　汽车相关问题及对应清洗产品

二、汽车不同系统常用养护品及作用

1. 发动机喷油嘴清洗剂

（1）主要功能：有效清除汽油发动机喷油嘴沉积物、积炭。

（2）产品功效：清除汽油发动机喷油嘴油道胶质、沉积物；确保油路畅通和正常的供油压力；清除汽油发动机喷油嘴的积炭，恢复喷油嘴的正常喷油锥角，提高燃料雾化质量；改善燃油雾化性能，使燃烧更完全，有效降低油耗。

（3）产品作用原理：清洗剂中的有效成分与油道中的胶质、沉积物反应，形成可溶于汽油的物质，从而清除喷油嘴油道的胶质和沉积物；清洗剂中的有效成分与喷嘴的积炭产生浸润作用，在燃烧室中使积炭脱落燃烧；清洗剂中的有效成分与喷嘴的沉积物在高温下发生化学反应，使沉积物溶解。

2. 进气系统清洗剂

（1）主要功能：有效清除油路系统沉积物，清除进、排气门的积炭。

（2）产品功效：清除油路系统的胶质、沉积物和积炭；恢复正常的工作压力和压缩比；

避免可燃混合，确保油路畅通和正常的供油压力；清除进、排气门的积炭，提高气门的密封性，保证气缸正常气的渗漏，提高燃料利用率；改善燃油雾化性能，使燃烧更完全，有效降低油耗。

（3）产品作用原理：清洗剂中的有效成分具有溶解燃油系统中胶质、沉积物的作用，将系统中的有害成分逐渐溶解带走；清洗剂中的有效成分使已经形成在进、排气门周围的积炭变得疏松，而被进气、尾气带走，从而清除积炭。

3. 燃烧室积炭清洗剂

（1）产品性能：优异的清洁性能，清洁燃烧室积炭，解决因积炭造成的燃烧困难、油耗增加、发动机无力、抖动等问题，恢复燃烧室正常压缩比，有效地恢复发动机动能，延长发动机使用寿命。环保水溶性配方，非易燃品，非强酸强碱，不伤金属、油封垫片、氧传感器及三元催化转化器。

（2）使用方法：专业人员配合专用器械使用，建议每行驶 20 000 km 除炭保养一次。

4. 燃油添加剂

产品功能：节省燃油，提升燃油品质；降低发动机对辛烷值的要求；改善燃油雾化性能，单位体积燃烧热值高；清除、抑制燃油不安定组分在发动机燃油系统内的沉积；净化尾气，延长发动机和三元催化装置使用寿命。

5. 润滑系统清洗剂

（1）主要功能：有效清除发动机润滑系统中的胶质与沉积物。

（2）产品功效：清除发动机润滑系统中各机械部件表面的胶质、沉积物，促进部件的有效润滑，提高润滑油的传热效率，降低摩擦表面温度，有效保护润滑系统正常工作；清除发动机各油路的淤泥，疏通润滑油系统，确保润滑油的供应；减少旧润滑油在润滑部件中的黏附，减少新旧润滑油参混；有效降低胶质、沉积物的吸附；提高废油的排出率，维护新油质量。

（3）产品作用原理：清洗剂中的有效成分具有溶解胶质、沉积物的作用，使润滑系统中由于长期工作产生的胶质和沉积物随旧机油排出，起到清除系统中胶质、沉积物的作用；清洗剂中含有具有分散作用的成分，能够有效地将油泥、积炭等分散成细微颗粒，促进这些有害物质的排出；清洗剂中含有有效的抗磨成分，可确保发动机在清洗过程中得到良好的保护。

6. 润滑系统保护剂

（1）主要功能：有效保护发动机润滑系统中各摩擦部件表面，提高润滑油的润滑性能和品质。

（2）产品功效：提高润滑油的润滑性能，减少摩擦阻力，降低摩擦面的表面温度，提高润滑油的油膜厚度，增大摩擦面的承载能力；有效减少发动机润滑系统中各机械部件表面的胶质、沉积物、积炭的形成，促进部件的有效润滑，提高润滑油的传热效率，有效保护润滑系统正常工作；有效分散部分已生成的胶质、积炭颗粒，减少发动机润滑箱中的胶质、沉积物的形成；延长润滑油的使用寿命。

7. 发动机抗磨剂

（1）主要功能：提高机油润滑性能，减少摩擦阻力。

(2)产品功效:本产品用于提高发动机润滑油的润滑性能,减少摩擦阻力,提高润滑油的油膜厚度,增大摩擦面的承载能力;有效减少和分散发动机润滑系统中各机械部件表面的胶质、沉积物、积炭的形成,提高润滑油的传热效率,有效保护润滑系统正常工作;延长润滑油的使用寿命。

8. 自动变速箱保护剂

(1)主要功能:有效保护自动变速器系统中各组齿轮表面,提高齿轮油的润滑性和极压性。

(2)产品功效:提高齿轮油的润滑、极压性能,减少摩擦阻力,降低摩擦面的表面温度,提高齿轮油的油膜厚度,增大齿轮表面的承载能力;有效减少发动机自变箱系统中各齿轮部件表面的胶质、沉积物的形成,促进部件的有效润滑,提高齿轮油的传热效率,有效保护自变箱系统的正常工作;有效分散部分已生成的胶质、积炭颗粒,减少发动机润滑箱中的胶质、沉积物的形成。

(3)产品作用原理:保护剂中的有效成分能在摩擦表面形成一层均匀的润滑保护层,可提高齿轮油的 PD 点,使齿轮油的极压性能大大提高;提高齿轮油的极压性,增大油膜的厚度和强度,使齿轮的工作状况得到良好的改善,降低齿轮油的工作温度;保护剂中含有具有分散作用的成分,能够有效地将油泥分散成细微颗粒,减少油泥的形成;保护剂中含有有效地吸附齿轮油被氧化形成的有害酸性物质的成分,可避免发动机自变箱系统受到腐蚀的危险,延长齿轮油的使用寿命。

9. 水箱保护剂

(1)主要功能:专门用于水箱内部清洗产品,恢复冷却系统的冷却性能。

(2)产品功效:冷却系统清洗剂是利用复合有机酸和高分子表面剂及金属防护添加剂等研制出的专门用于水箱内部的清洗产品;恢复冷却系统的冷却性能;防止发动机过热引起的动力下降。

(3)产品作用原理:本产品由多种有效成分组成,当水箱冷却液中加入清洗剂以后,管壁、水箱内壁和发动机冷却系统内表面的水垢(主要为碳酸钙、碳酸镁)成分与清洗剂中有效组分发生作用,使碳酸钙、碳酸镁溶解,积垢从金属或塑料表面剥落,最后完全溶解于溶液中。

10. 动力转向系统保护剂

(1)产品性能:本产品内含"智能抗磨因子",具有减磨抗磨的功效,防止转向系统各部件磨损,避免方向机出现发抖和转向沉重的现象,确保转向平顺。

(2)使用方法:通过方向机油加注口加入本产品,按方向机油 10:1 的比例加入,加注后的油量要符合要求。起动发动机,左右转动方向盘,确保本产品与方向机油能得到充分混合。每行驶 30 000 km 建议使用本品一次。

11. 空调清洗剂

(1)产品性能:本产品可以迅速彻底地清除封闭型汽车空调蒸发器上的污垢和尘垢,提高热交换率,并能杀死蒸发器上的细菌和霉菌,去除异味,改善车内的空气质量,保持冷气的强冷与新鲜。

（2）使用方法：开启空调，将风量调至最小；将本品摇匀后从吸风口注入，喷 10～15 s 后，运行 4～5 min，然后再喷 10～15 s，再运行 4～5 min，反复几次直到用尽；关闭空调，车辆静置 10 min；打开车门窗，重新开启空调，将风量调到最大，10 min 后清洗完毕，污垢即随冷凝水排出车外。

本章自测题

一、单选题

1. 由数个零件、数个分总成或它们之间的任意组合而构成一定装配级别或某一功能形式，能单独起到某一机构作用的组合体，称为（　　）。
   A. 总成　　　　　B. 组合件　　　　　C. 合件　　　　　D. 零件

2. 按国家标准设计与制造的，并具有通用互换性的配件称为（　　）。
   A. 正厂件　　　　B. 原厂件　　　　　C. 通用件　　　　D. 标准件

3. （　　）是指由几个零件或合件组装，但不能单独完成某一机构作用的组合体，如变速器盖等，有时也被称为半总成件。
   A. 总成　　　　　B. 组合件　　　　　C. 合件　　　　　D. 零件

4. 由两个以上的零件组合，起着单一零件作用的组合体，如带盖的连杆、成对的轴瓦，称为（　　）。
   A. 总成　　　　　B. 组合件　　　　　C. 合件　　　　　D. 零件

5. 汽车的基本制造单元，是不可拆分的整体，如活塞环、活塞、气环等属于（　　）。
   A. 总成　　　　　B. 组合件　　　　　C. 合件　　　　　D. 零件

6. 由专业配件厂家生产的，虽然不与整车制造厂配套安装在新车上，但是按制造厂标准生产的、达到制造厂技术指标要求的配件，称为（　　）。
   A. 原厂件　　　　B. 定制件　　　　　C. 副厂件　　　　D. 自制件

7. 主要功能是清洁汽油发动机喷油嘴沉积物、积炭的是（　　）。
   A. 发动机喷油嘴清洗剂　　　　　　B. 进气系统清洗剂
   C. 燃烧室积炭清洗剂　　　　　　　D. 润滑系统清洗剂

8. 用于对汽车各部轴承、衬套和钢板弹簧等进行润滑的是（　　）。
   A. 润滑油　　　　B. 齿轮油　　　　　C. 润滑脂

9. （　　）能够起到清洁燃烧室积炭，解决因积炭造成的燃烧困难、油耗增加、发动机无力、抖动等问题，恢复燃烧室正常压缩比，有效地恢复发动机动能，延长发动机使用寿命的作用。
   A. 燃油添加剂　　　　　　　　　　B. 燃烧室积炭清洗剂
   C. 进气系统清洗剂　　　　　　　　D. 发动机喷油嘴清洗剂

10. （　　）具有有效保护发动机润滑系统中各摩擦部件表面，提高润滑油的润滑性能和品质的作用。
    A. 润滑系统保护剂　　　　　　　　B. 润滑系统清洗剂

C. 发动机抗磨剂

11. 主要为了汽车的舒适和美观加装的配件，一般对汽车本身的行驶性能和功能影响不大，称为（　　）。

A. 必装件　　　　B. 选装件　　　　C. 装饰件

二、多选题

1. 汽车常用运行材料包括（　　）等。

A. 机油　　　　B. 齿轮油　　　　C. 润滑脂　　　　D. 制动液

E. 冷却液

2. 按标准化分类，汽车配件可以分为（　　）。

A. 发动机配件　　　　　　　　　B. 底盘配件

C. 车身及饰品配件　　　　　　　D. 电器电子产品

E. 通用件

3. 以下属于总成的有（　　）。

A. 发动机总成　　B. 变速器总成　　C. 离合器总成　　D. 车身

4. 以下属于零件的是（　　）。

A. 变速器盖　　　B. 活塞环　　　　C. 活塞　　　　　D. 气环

5. 汽车制动液类型包括（　　）。

A. 蓖麻油–醇型　　B. 合成型　　　C. 矿油型

6. 发动机冷却液的功能包括（　　）。

A. 冬季防冻　　　B. 防腐蚀　　　　C. 防水垢　　　　D. 高沸点（防开锅）

7. 合成油的优点有（　　）。

A. 使用温度更广　B. 使用期限更长　C. 换油次数较多　D. 价格较贵

8. 燃油添加剂产品功能包括（　　）。

A. 节省燃油，提升燃油品质

B. 降低发动机对辛烷值的要求

C. 改善燃油雾化性能，单位体积燃烧热值高

D. 清除、抑制燃油不安定组分在发动机燃油系统内的沉积

E. 净化尾气，延长发动机和三元催化装置使用寿命

三、填空题

1. 汽车配件按照用途可以分为_____、_____、_____和_____ 4 类。

2. 根据我国汽车配件市场供应的实用性原则，汽车配件分为_____、_____、_____和_____ 4 类。

3. 属于密封件的包括各种_____、_____、_____和_____等。

4. _____是汽车使用过程中容易发生损耗、老旧，需要经常更换的配件，如润滑油、前风窗玻璃清洁剂、冷却液、制动液和刮水器、汽油滤清器和机油滤清器等。

5. 润滑系统清洗剂的主要功能是_____。

6. _____的作用是彻底清除封闭型汽车空调蒸发器上的污垢和尘垢，提高热交换率，

并能杀死蒸发器上的细菌和霉菌，去除异味，改善车内的空气质量，保持冷气的强冷与新鲜。

7. 机油因基础油不同可简单分为_____和_____两种。
8. 机油能对发动机起到_____、_____、_____、_____、_____等作用。

四、简答题

1. 以生产来源为依据，汽车配件如何分类？
2. 汽车常用运行材料有哪些？作用分别是什么？
3. 汽车养护品有哪些？

项目二
汽车配件编码

1. 熟悉配件编号的基础知识，知道 VIN 码的含义、作用；
2. 能正确、合理选用各种配件检索工具查询配件编码、价格、库存数量等信息，尤其应能熟练运用汽车配件电子目录查询软件为顾客精确、快速、安全地查找出所需的配件。

8 学时。

某品牌车进厂维修，经过维修人员的检查，需要对车更换一些配件，现配件人员根据领料单提示，通过电脑查找该车型的标牌、发动机、底盘号的位置，取得该车型 VIN 码等信息，利用汽车配件电子目录或工具书籍查找出对应配件的装配位置、名称、编号、库存数量、价格和仓位等信息。

❋ 学习任务一　汽车铭牌信息识别

一、车辆铭牌

汽车制造厂根据本国法规或企业标准，常在车辆的某一位置设有汽车的车型铭牌，如图 2-1 所示。车辆铭牌是标明车辆基本特征的标牌，应包括汽车型号、发动机功率、总质量、载重量或载客人数、出厂编号、出厂日期及厂名等，并将其固定在不易拆除或更换的汽车结构件上。

1. 铭牌尺寸

铭牌的尺寸由制造厂根据产品的具体形式及固定位置确定，应清晰，易识别阅读。

2. 铭牌的固定

（1）铭牌应永久地固定在不易拆除或更换的汽车结构件上。
（2）应保证铭牌不能完整地拆下移作他处使用。

图 2-1 车辆铭牌及位置

(a) 车辆铭牌；(b) 铭牌位置一；(c) 铭牌位置二；(d) 铭牌位置三

3. 铭牌的内容

(1) 标出汽车制造厂厂标、商标或品牌的文字或图案。

(2) 标出汽车制造厂合法的名称全称及备案的世界制造厂识别代号（WMI）。

(3) 标出进行备案的车辆识别代号（VIN）。

(4) 标出汽车制造厂编制的汽车产品型号。

(5) 标出发动机型号、最大净功率或排量。

(6) 标出汽车的主要参数：对于乘用车应标出最大设计总质量和座位数。

4. 发动机号

发动机号是生产厂家在发动机缸体上打印的出厂号码。按规定，发动机号应打印或铸在缸体的易见且易拓印的部位，两端应打印起止标记，如图 2-2 所示。

5. 车架号

生产厂家在车架（或车身、底盘）上打印的出厂号码，又称底盘号，如图 2-3 所示。

6. 商标

商标也是汽车的品牌标志，一般位于汽车发动机机盖中间前部或前中网、后备厢盖、轮毂处，如图 2-4 所示。

图 2-2　位于缸体上方的发动机号

图 2-3　位于发动机右侧减震器支座上的车架号（VIN 码）

图 2-4　位于汽车前中网的商标

7. 产品型号标识

一般在汽车尾门右下角标有产品型号标识。

学习任务二　VIN 码的识别及应用

一、VIN 码的含义

VIN 码是识别世界各国汽车公司生产的汽车编码，是英文 Vehicle Identification Number（汽车识别码）的缩写，也就是我们通常所说的车架号。VIN 码是制造厂为了识别车辆而给一辆车指定的一组字码，国际标准化组织（International Organization for Standardization，ISO）将车辆识别方案推向世界，并制定了完善的车辆识别代号系列标准，使世界各国的车辆识别代号建立在统一的理论基础上。目前，采用这套车辆识别系统的国家已超过 30 个。我国由原机械工业局发布的第一个车辆管理规则《车辆识别代号（VIN）管理规则》CMVR A01 于 1997 年 1 月 1 日生效。它在内容上采用国际标准，在管理方式上参照了美国机动车安全标准和联邦法规，其适用范围是在中华人民共和国境内生产的汽车、挂车、摩托车和轻便摩托车。为了在世界范围内建立统一的道路车辆识别系统，以便简化车辆识别信息检索，提高车辆故障信息反馈的准确性和效率，1999 年 1 月 18 日国机管（1999）20 号发布了《车辆识别代号（VIN）管理规则》（CMVR A01 - 01）取代《车辆识别代号（VIN）管理规则》CMVR A01。2004 年，国家发展和改革委员会发布了《车辆识别代号管理办法（试行）》，并于 2004 年 12 月 1 日起施行，原国家机械工业局发布的《车辆识别代号（VIN）管理规则》（CMVR A01 - 01）同时废止。

在汽车上使用车辆识别代号，是各国政府为管理机动车辆实施的一项强制性规定。VIN 码由一组字母和阿拉伯数字组成（注：VIN 码中不包含 I、O、Q 三个英文字母），共 17 位。17 位编码经过排列组合，可以使车型生产代号在 30 年之内不发生重号，故 VIN 码又称为"汽车身份证"，是识别一辆汽车不可缺少的工具。VIN 码包含该车的生产厂家、车型系列、车身形式、发动机型号、车型年款、安全防护装置型号、检验数字、装配工厂名称和出厂顺序号码等。VIN 码具有很强的唯一性、通用性、可读性以及最大限度的信息载量和可检索性。VIN 码一般以铭牌的形式，装贴在汽车的不同部位。VIN 码的常见位置有仪表板左侧、前横梁上、后备厢内侧、悬架支架上、纵梁上、翼子板内侧及直接标注在车辆铭牌上。如图 2 - 5 所示，我国生产的轿车的 VIN 码多在仪表板左侧、前挡风玻璃后下方，在白天日光照射下，观察者无须移动任一部件，从车外即可分辨出车辆识别代号。

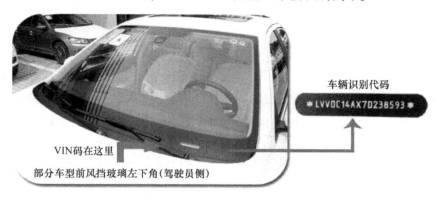

图 2 - 5　VIN 码的常见位置

二、VIN 码的相关术语

（1）车身形式：是指车辆的一般结构或外形，如车门和车窗数量、运载货物的特征及车顶形式（如厢式车身、溜背式车身、舱背式车身），用以区别车辆。

（2）发动机型号：指动力装置的特征，如所用燃料、气缸数量和发动机排量等。

（3）种类：是制造商对同一型号内的，在诸如车身、底盘或驾驶室类型等结构上有一定共同点的车辆所给予的命名。

（4）品牌：是制造厂对一类车辆或发动机所给予的名称。

（5）型号：指制造厂对具有同类型、品牌、种类、系列及车身形式的车辆所给予的名称。

（6）车型年份：表明某个单独的车型的年份，只要实际周期不超过两个立法年份，可以不考虑车辆的实际生产年。

（7）制造工厂：指标贴 VIN 码的工厂。

（8）系列：指制造厂用来表示如标价、尺寸或载重量标志等小分类的名称，主要用于商业目的。

（9）类型：指由普通特征（包括设计与目的）来区别车辆的级别。轿车、多用途载客车、载货汽车、客车、挂车、不完整车辆和摩托车是独立的类型。

三、VIN 码的组成

如图 2-6 所示，VIN 码由三个部分组成：第一部分，世界制造厂识别代号（WMI）；第二部分，车辆说明部分（VDS）；第三部分，车辆指示部分（VIS）。

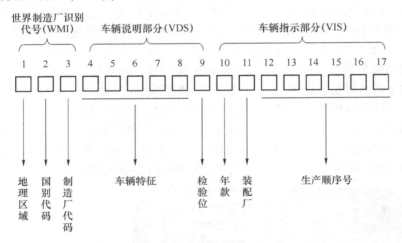

图 2-6　VIN 码组成示意图

下面我们以 VIN 码为 LVSHCFAE39F354843 的福特福克斯为例具体说明。

（1）第一部分：世界制造厂识别代号（WMI）。必须经过申请、批准和备案后才能使用。第一位字码是标明一个地理区域的字母或数字；第二位字码是标明一个特定地区内的一个国家的字母或数字；第三位字码是标明某个特定的制造厂的字母或数字。第一、二、三位字码的组合能保证制造厂识别标志的唯一性。例如 LVS 代表长安福特。

（2）第二部分：车辆说明部分（VDS），由 6 位字码组成，如果制造厂不用其中的一位或几位字码，应在该位置填入制造厂选定的字母或数字占位。此部分应能识别车辆的一般特性，其代号顺序由制造厂决定。例中的第4~9位分别表示：

①H（第四位）标识安全约束系统。

a. 主动安全带（所有座椅）和驾驶员安全气囊——B；

b. 主动安全带，驾驶员安全气囊及乘客安全气囊——F；

c. 主动安全带，驾驶员及乘客安全气囊，驾驶员及乘客侧向安全气囊，窗帘或活动顶篷——H。

该车是H，表示主动安全带，驾驶员及乘客安全气囊，驾驶员及乘客侧向安全气囊，窗帘或活动顶篷。

②C（第五位）代表车型。

a. 嘉年华——A；

b. 蒙迪欧/致胜——B；

c. 福克斯——C；

d. 麦柯斯/新嘉年华——F；

e. 翼虎——J；

f. 翼博——K。

该车是C，表示福克斯。

③F（第六位）表示标识车厢。

a. 5门——A；

b. 3门——B；

c. 4门——F；

d. 商务车——S；

e. 运动双人——T。

该车是F，表示4门。

④A（第七位）标识变速方式。

a. 自动——A；

b. 手动——M。

该车是A，表示采用的是自动挡变速箱。

⑤E（第八位）标识发动机排量。

a. 1.3 L——A；

b. 1.6 L——B；

c. 1.8 L——E；

d. 2.0 L——C；

e. 2.5 L——D；

f. 2.3 L——F；

g. 1.5 L——L。

该车是E，表示发动机的排量为1.8 L。

⑥3（第九位）为制造商内部校验码，可由其他16位通过一定计算规则算出。

(3) 第三部分：车辆指示部分（VIS），由8位字码组成，其最后四位字码应是数字。例中的第10~17位分别表示：

①9（第十位）表示年款，车型年份即厂家规定的型年（Model Year），不一定是实际生产的年份，但一般与实际生产的年份之差不超过1年，9为2009年款。车型年份对应的代

码如表2-1所示。

表2-1 车型年份对应的代码

年份/年	代码	年份/年	代码
2001	1	2011	B
2002	2	2012	C
2003	3	2013	D
2004	4	2014	E
2005	5	2015	F
2006	6	2016	G
2007	7	2017	H
2008	8	2018	J
2009	9	2019	K
2010	A	2020	L

②F（第十一位）表示制造公司和组装厂，F为重庆工厂，N为南京工厂。该车是F，表示是重庆工厂生产的。

③354843（最后六位）表示生产序号。一般情况下，汽车召回都是针对某一顺序号范围内的车辆，即某一批次的车辆。

四、VIN 码的应用

(1) 车辆管理：登记注册、信息化管理。
(2) 车辆检测：年检和排放检测。
(3) 车辆防盗：识别车辆，结合 GPS 建立盗抢数据库。
(4) 车辆维修：诊断、电脑匹配、配件订购、客户关系管理。
(5) 二手车交易：查询车辆历史信息。
(6) 汽车召回：年代、车型、批次和数量。
(7) 车辆保险：保险登记、理赔，浮动费率的信息查询。

学习任务三 汽车配件编码规则识别

为了提高配件管理人员的工作效率，保证订购配件信息的准确性，采用电子化或网络化的汽车配件管理系统是大势所趋。另外，不同生产厂家、不同车型和年款的汽车配件互换性非常复杂，只有通过计算机的数据库技术才能对配件的互换性匹配进行快速、准确的查找与对比。为使汽车配件能适应计算机管理，以便于提高采购时的准确性，汽车制造厂家都对所生产的汽车配件实行编码分类，编码的规定各不相同，但都有相对固定的规则。这些固定的编码统称原厂编码，由英文字母和数字组成，每一个字符都有特定的含义，即每一个配件都用一组不定数量的数字和字母表示，不同的制造厂家表示的方法不同，每个汽车制造厂商均有自己的一套配件编号体系，不能通用。

汽车零配件编码一般由 10~15 位数字或数字、字母组合而成，构成汽车配件件号，件号是唯一的，一种配件对应一个件号。有些公司的配件编号分为若干段，便于识别配件所属总成或大类。下面结合丰田公司和大众公司的实例加以说明。

1. 丰田汽车公司配件编号体系和原则

丰田汽车配件编号一般由 10 个或 12 个数字或英文字母组成，各代表一定的含义。

丰田零件编号系统可分为下列 6 个主要类别：普通件、组件、套件（修理包）、专用工具、标准件和半标准件、精品和矿物油。

1）普通件编号

普通件具体分为单一件、子总成件和总成件。

●●●●● – ○○○○○ – ○○

前 5 位为基本编号，表示配件的种类，也就是表示配件名称；中间 5 位是设计编号和变更编号，表示配件所对应的车型；后两位是附属号，表示配件的颜色及其他，如 16100 – 50010，这里的 16100 就是指发动机部分的水泵，而 50010 就是指凌志 400 车所用的配件。

（1）单一件编号：前 5 位全部没有 0，例如 16271 – 50010 表示水泵垫片，88471 – 30370 表示空调系统的干燥瓶，13568 – 49035 表示发动机的正时皮带。

（2）子总成件编号：子总成件零件基本号中的第 3 位数或第 4 位数为零，或者第 3、第 4 位数都为零，但是，第 5 位不为零。例如 13405 – 46040 表示飞轮，35013 – 30300 表示自动变速器的油尺套管，67002 – 30730 表示右前门的嵌（饰）板。

（3）总成件编号：总成件由单一件或半总成件所组成。第 5 位为 0，组成件数较多，则第 3、第 4 位为 0。例如 11400 为中缸，53510 为门锁总成。

2）组件编号

为了便于修理，由一个主要的零件与几个小零件组成一个组件，其组件编号的特点如下：第 7 位为 9，最后一个数字由 5~9 的数字组成，如水泵组件的编号为 16100 – 29085。

3）套件（修理包）编号

0 4 ○○○ – ○○○○○

修理包配件编号规则为全部由 04 开头。例如 04111 – 46030 表示发动机的大修包，04351 – 30150 表示变速器的大修包，04993 – 33090 表示制动主泵套件/修理包。

4）专用工具编号

0 9 ○○○ – ○○○○○

专用工具配件编号规则一般以 09 开头，但部分随车工具除外。

5）标准件和半标准件编号

9 ○○○○ – ○○○○○

标准件是指那些材料质量、形状、尺寸等按照丰田汽车的标准进行标准化的配件，如六角螺栓、螺母、垫圈、螺钉等；半标准件，是指那些类似于标准件的非标准件，它们也经常被采用，如特殊螺钉、轴承、油封等。标准件和半标准件的第一位数均用 9 表示，半标准件的第二位数为 0。

6）精品和矿物油编号

精品和矿物油编号规则为 0 8 ○○○ – ○○○○○，一般以 08 开头。

另外，还有一些与配件编码相关的含义。

(1) 部位编号，其规则为○○●●○-○○○○○。

配件在分组中的位置（右、左区分），例如 48510 为前右减震器总成，81150 为左前照灯总成。

(2) 细分号，其规则为○○○○●-○○○○○。

指定配件（含区分右、左、上、下），例如 53801 为前右翼子板，48069 为左前下悬架。

(3) 顺序编号，其规则为○○○○○-○○●○○。

对配件号码由第 1~7 位数皆相同的配件，按照登记次序而赋予 01~89 的顺序编号。例如针对同一种车型的顺序编号 16100-50010 和 15100-50022。

(4) 设计变更号，其规则为○○○○○-○○○○●。

配件设计变更时依序由 0~9 表示，表示新旧编号的替代。

(5) 附属号，其规则为○○○○○-○○○○○-●●。

附属号代表颜色或尺寸规格大小，如 AO 为白色，BO 为银色，CO 为黑色等。

2. 一汽大众捷达轿车配件编号

在德国大众配件管理体系中，配件通过阿拉伯数字和 26 个英文字母的组合，使之成为一套简明、完整、精确、科学的配件号系统，每一种配件只对应一个号码。德国大众各件号码一般由 14 位组成，其组成及含义如下：

例如： 191　　　863　　　241　　　AP　　　LN8　　中央托架
　　　（1）　　（2）　　（3）　　（4）　　（5）

(1) 车型及型号标记。前 3 位表示车型或机组型号，它们说明这些配件最初为哪种车型、哪种发动机和变速器设计和使用。从标记的第 3 位数字可以区别是左驾驶还是右驾驶。一般规定：单数为左驾驶，双数为右驾驶。

例如：表示车型的——甲虫车（113）　857　501　AB　01　C　后视镜
　　　　　　　　——高尔夫（191）　419　831　　　　　　　转向器防护套
　　　　　　　　——捷达（165）　　941　017　K　　　　　左前照灯
　　表示机组型号的——发动机（027）　100　103　KV　　　短发动机
　　　　　　　　——变速器（020）　300　045　T　　　　四速变速器
　　　　　　　　——起动机（055）　911　023　K　　　　起动机

(2) 大类及小类。根据配件在汽车结构中的差异及性能的不同，德国大众各配件号码系统将配件号分成 10 大类（10 个主组，见表 2-2），每大类（主组）又分为若干小类（子组），小类（子组）的数目和大小因结构不同而不同，小类（子组）只有跟大类（主组）组合在一起才有意义。

表 2-2　大众汽车配件分类

1 大类	发动机、燃油喷射系统	6 大类	车轮、制动系统
2 大类	燃油箱、排气系统、空调制冷循环部件	7 大类	手动、脚动杠杆操作机构
3 大类	变速器	8 大类	车身及装饰件、空调壳体、前后保险杠
4 大类	前轴、前轮驱动差速器、转向系统、前减震器	9 大类	电器
5 大类	后轴、后轮驱动差速器、后减震器	10 大类	附件（千斤顶、天线、收音机）

例如 191　863　241　AF　LN8 中的 863，8 为大类，称为主组，指车身及装饰件、空调壳体、前后保险杠；63 为小类，称为子组。又如 63——托架，57——后视镜，45——玻璃，31——车门。

（3）配件号。按照其结构顺序排列的配件号由 3 位数（001~999）组成，如果配件不分左右件，则既可在左边又可在右边使用，最后一位数字为单数；如果配件分左右件，则一般单数为左边件，双数为右边件。例如 191 863 241 AP LN8 中的 241。

（4）设计变更号/技术更改号。设计变更号由一个或两个字母组成，表示该件的技术曾经更改过。

例如：不同的材料、不同的结构、不同的技术要求，如公差、硬度、不同的配件来源。

例如：357　612　107——357　612　107　A　　　制动阻力器
　　　191　500　051　H——191　500　051　G　　后桥体

（5）颜色代码。颜色代码用 3 位数字或 3 位字母的组合来表示，说明该配件具有某种颜色特征。

例如：01C——黑色带有光泽；041——暗黑色；043——黑花纹；R0H——未加工的原色。

由上可见，各汽车制造厂采用不同的编号体系，汽车配件经销商一般沿用原厂编号体系，便于采购订货，不易出错。

学习任务四　汽车配件查询

一、汽车配件查询工具

通过查阅配件目录来确认配件编号。汽车配件查询工具主要有书本配件手册、微缩胶片配件目录和电子配件目录（CD 光盘）三种形式。三者只是载体的形式不同，但内容上是一样的。微缩胶片配件目录目前已被逐步淘汰，故此不做特别介绍。

1. 纸版配件图册

纸版配件图册（见图 2-7）是人工查询汽车配件的工具，汽车制造厂根据每一种车型编辑一本手册，内容包括该车型所有配件的名称、配件编号、单车用量及代用配件编号等详细信息，并附有多种查询方法，如按配件名称、配件编号、汽车总成分类及图形索引等方法查询。纸版配件图册使用方便，但查找效率低，资料无法及时更新；体积大，需要较大的存放空间；易污损，资料完整性难以保证。为此，现在越来越多的使用者采用电子配件目录进行配件的查询。

2. 电子配件目录（CD 光盘）

电子配件目录是帮助专业人员应用计算机管理系统正确查询或检索配件的图号、名称、数量、件号及装配位置、立体形状、库存信息、价格等的技术资料。计算机光盘容量大，一张光盘可以容纳多个车型甚至一家公司全部车型的配件手册内容。光盘系统查询方式灵活多样，非常方便。随着汽修、汽配企业计算机管理的普及，光盘应用越来越广泛。光盘存储形

图 2-7　纸版配件图册

式的电子目录具有信息承载量大、查询简单、更新方便、成本低的特点，因此在配件经销领域获得了广泛的应用。

目前各大厂商都根据自身的需求开发了相应的配件服务系统，其结构和功能之间有较大的差异，但实际内容是一致的，它们都包含所有车辆配件的相关信息。使用电子配件目录系统后，通过计算机就可很方便地查询到所需配件，并且以装配图等多种方式显示出来，替代了传统查询手册的方式，更准确（可定期和厂家修改技术资料和同步升级）、方便和快捷。目前配件的检索与显示已经做到三维立体视图，立体插图中的插图号与电子配件目录中的配件号、配件名称、备注说明、每车件数、车型匹配形成一一对应关系。被授权的经销商可与厂家建立良好的信息沟通渠道，通过联网或定期升级电子配件目录，及时掌握配件的变更信息，并实时地更新自己的配件信息库，实现资源共享、同步升级。

二、汽车配件查询方法和步骤

如何根据客户的描述去查询和确认客户所需配件呢？一般的汽车配件电子目录查询软件都提供了多种查询检索途径，配件管理人员可根据具体情况选择不同的查询方法获取所需的信息。常用汽车配件的检索方法有按汽车配件名称（件名或件名英文字母顺序）索引检索、按汽车总成分类索引检索、按配件图形（图号）索引检索、按配件编号（件号）索引检索等，现分述如下。

1. 按汽车配件名称（件名或件名英文字母顺序）索引检索

在进口汽车配件手册中均附有按配件名称字母顺序编排的索引，如果知道所需配件的英文名称，即使缺乏专业知识的人员，采用此种方法也能较快地查找该配件的有关信息。

2. 按汽车总成分类索引检索

把汽车配件按总成分类列表，如发动机、传动系统、电气设备、转向系统、制动系统、车身附件等，根据配件所属总成，查出对应的地址编号或模块编号，再根据编号查询出该配件的有关详细信息。不同汽车公司的车系分法也有所不同，因此，汽车总成分类索引检索适用于对汽车配件结构较熟悉的专业人员，因为只有知道某一个配件属于哪个总成部分，才能够快速查询和确认客户所需配件。

3. 按配件图形（图号）索引检索

把汽车整车分解成若干个模块，采用图表相结合的方式，用立体装配关系（见图2-8）展开图能直观、清楚地显示出各个配件的形状、安装位置及其装配关系，并在对应的表中列出配件名称、配件编号、单车用量等详细信息。按图形（图号）索引查询的特点是能直观、准确、方便、迅速地确定所需配件。

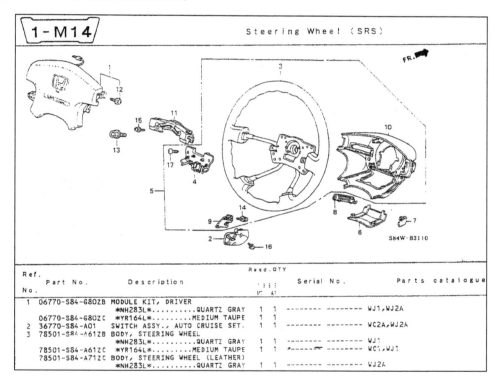

图2-8 按配件图形索引

4. 按配件编号（件号）索引检索

一般汽车配件上均有该配件的编号，如果所需配件编号已知，则采用本方法能准确、迅速地查询到该配件的有关信息。一个配件的名称可能因翻译、方言等叫法不同，但配件编号是唯一的。配件编号索引检索是根据已知的配件编号，在按大小顺序排列的配件编号索引中快速查找该配件的地址编码或所在页码，然后查询其详细信息。

除上述几种检索方法外，还有根据汽车配件名称编码（Part Name Code，PNC）查询等方法，不同汽车制造厂家的配件目录系统都提供了多种配件查询方法供配件人员根据需要选择，以上列举的只是常见的几种方法。

学习任务五　汽车配件电子目录查询示例

由于现在普遍采用电子配件目录查询系统进行配件的查询，因此汽车配件管理人员应该熟练地掌握汽车配件查询软件的用法。下面通过两个示例说明汽车配件的查询。

示例一：丰田计算机软件系统查询汽车配件示例

（1）已知车辆的 VIN 码为 LFMARE2C290215565，查询该车 2 号转向中间轴的配件编码。

登录丰田汽车配件查询软件主界面，如图 2-9 所示。

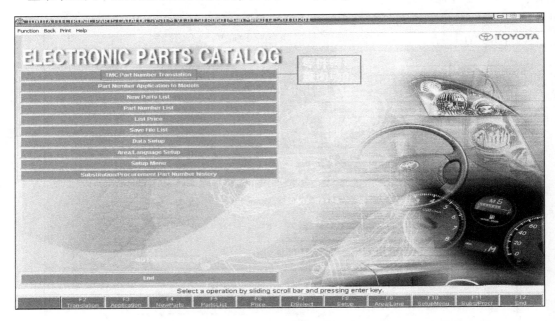

图 2-9　一汽丰田电子配件目录主窗口界面

单击 `TMC Part Number Translation`（零件编号查询功能）进入新界面，如图 2-10 所示。

输入车辆 VIN 码，单击"Search"按钮，如图 2-11 所示。

进入详细车辆信息界面，单击"F10 Exec"按钮，如图 2-12 所示。

进入图 2-13 所示界面，单击"Exec"按钮。

进入系统选择界面，如图 2-14 所示。由于 2 号转向中间轴属于底盘传动系统，因此进入底盘传动系统（Power Train/Chassis Group）部位图，如图 2-15 所示。

进入该界面后，从图 2-15 所示系统中选择"转向柱和转向轴"部分，单击后可以获得该部分的放大图，如图 2-16 所示。

选择 2 号转向中间轴编码并单击，如图 2-17 所示。

获得相应的配件编码"45260-02100"，如图 2-18 所示。

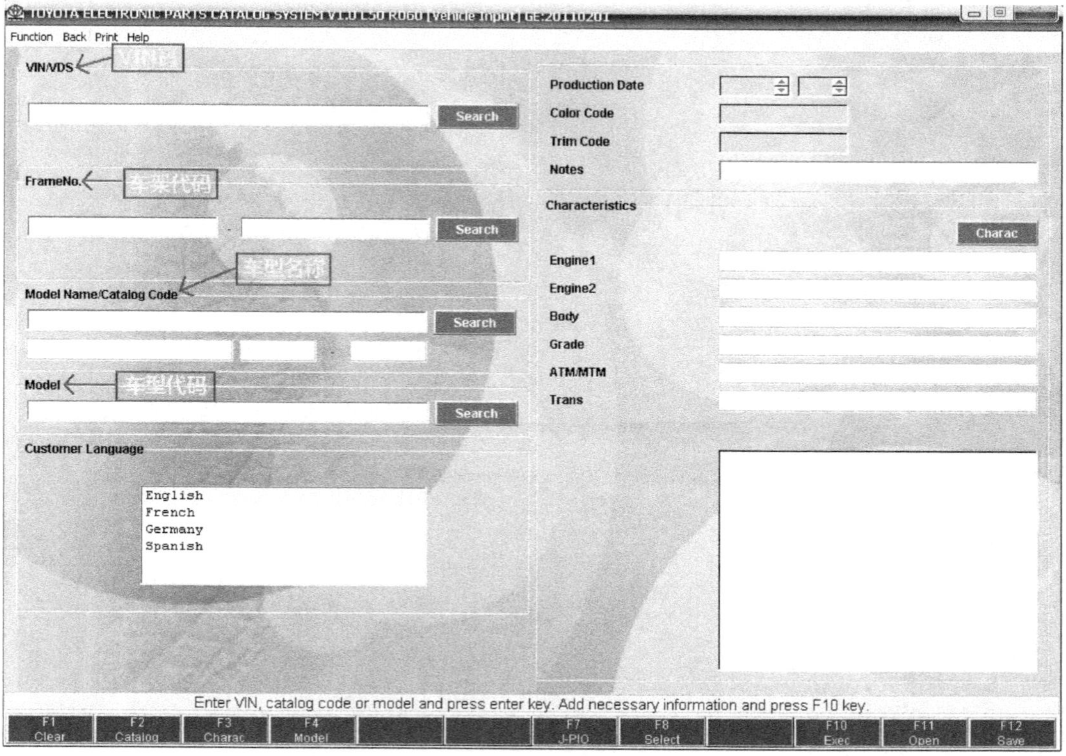

图 2－10　车辆 VIN 码输入界面

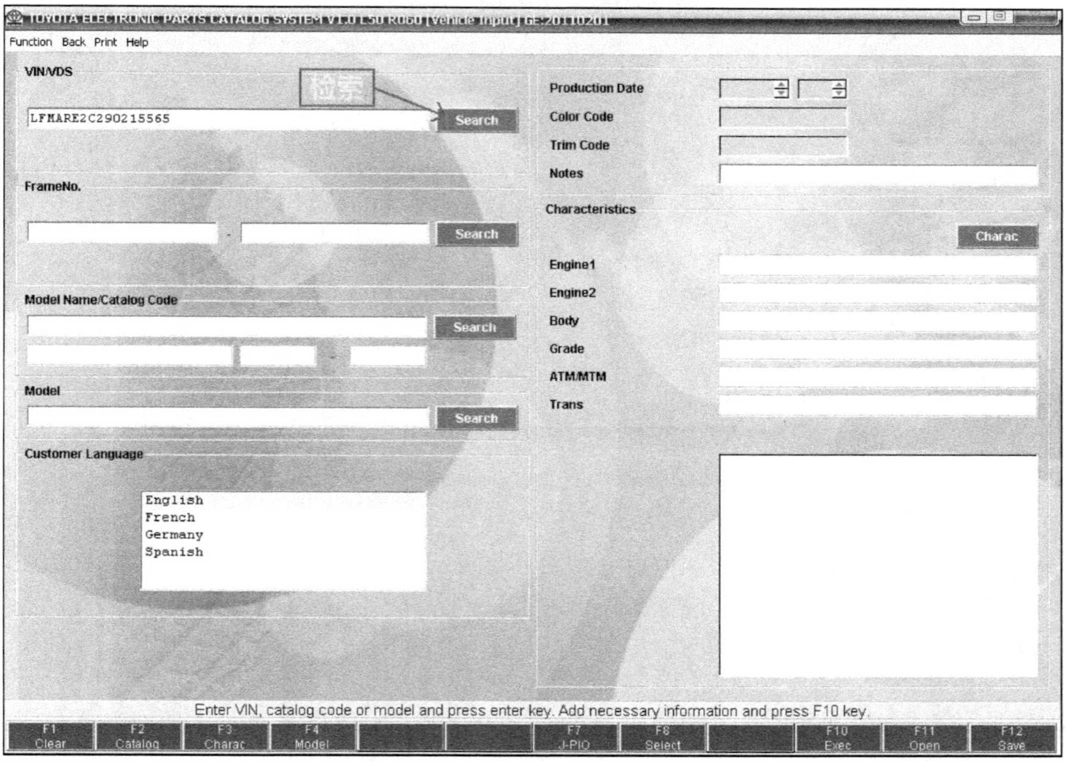

图 2－11　输入车辆 VIN 码

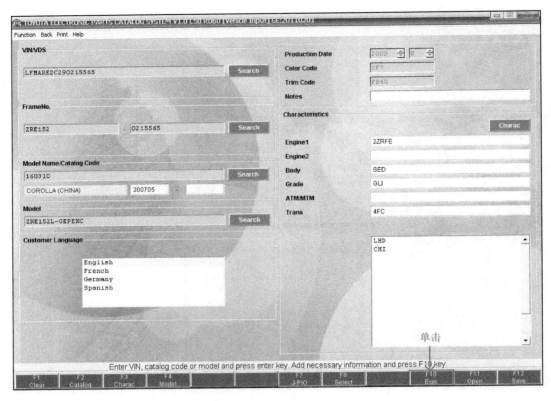

图 2-12　进入详细车辆信息

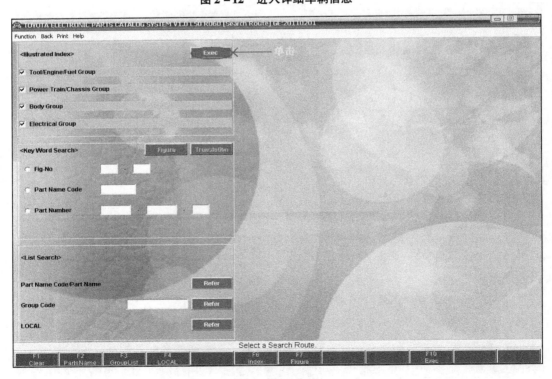

图 2-13　单击"Exec"按钮

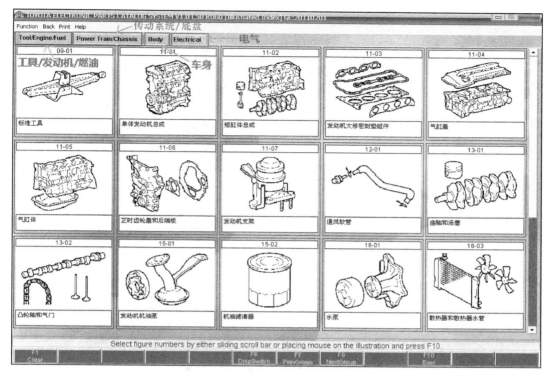

图 2-14 选择底盘传动系统部分

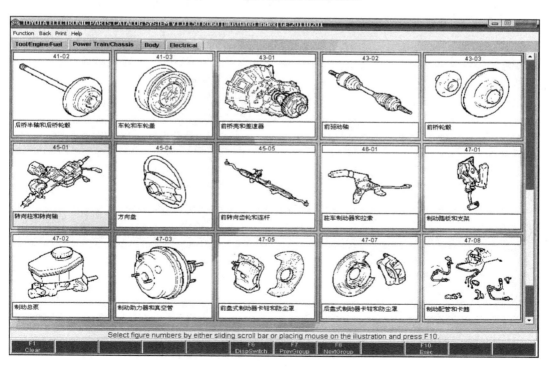

图 2-15 进入底盘传动系统部位图界面

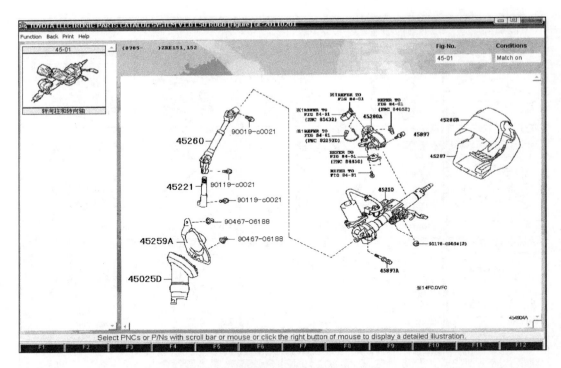

图 2-16 进入转向柱和转向轴的分视图

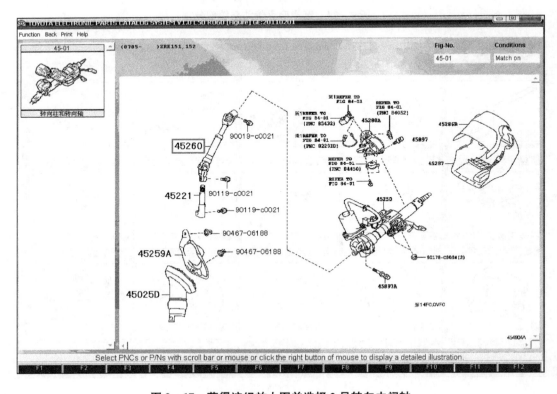

图 2-17 获得该组放大图并选择 2 号转向中间轴

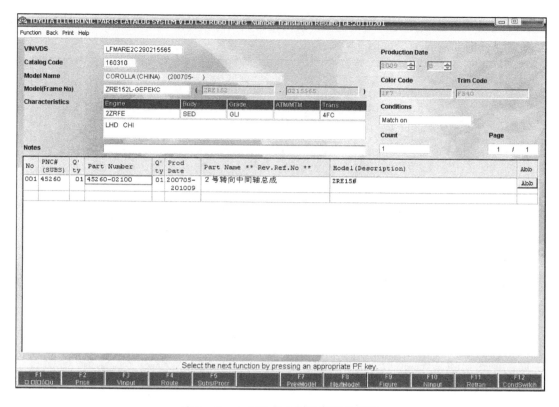

图 2-18　2 号转向中间轴的配件编码

（2）通过配件编号直接查询配件。如输入配件编号 04465-33340，单击查询后即可得到关于该配件的相关信息，如图 2-19 所示。

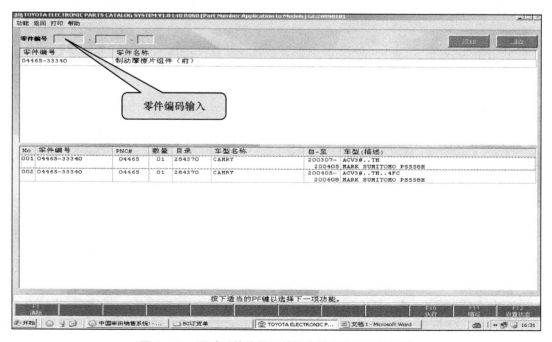

图 2-19　通过配件编号即件号直接查询配件的界面

（3）通过汽车总成分类（图例图号）索引查询。按一汽丰田汽车配件管理软件汽车图例图号索引查询的总界面，如图 2-20 所示。

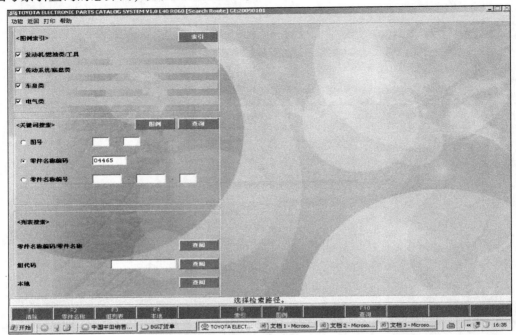

图 2-20　汽车总成分类（图例图号）索引查询界面

如要查发动机活塞件，则单击"工具/发动机/燃油类"条目，进入图 2-21 所示界面，再根据界面所示的图例图号查询所需具体配件。

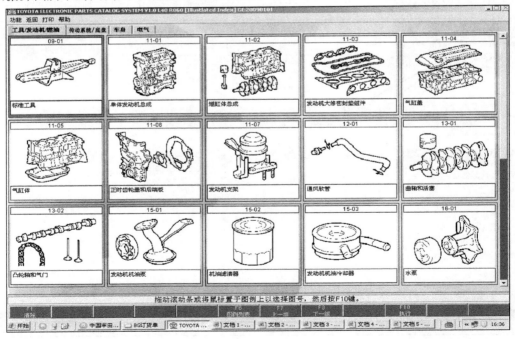

图 2-21　汽车总成分类（图例图号）索引——工具/发动机/燃油类查询界面

其他按总成分类的图例图号分类索引界面，分别如图 2-22~图 2-24 所示。

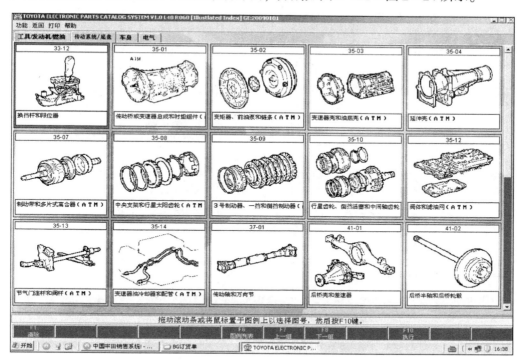

图 2-22 汽车总成分类（图例图号）索引——传动系统/底盘类查询界面

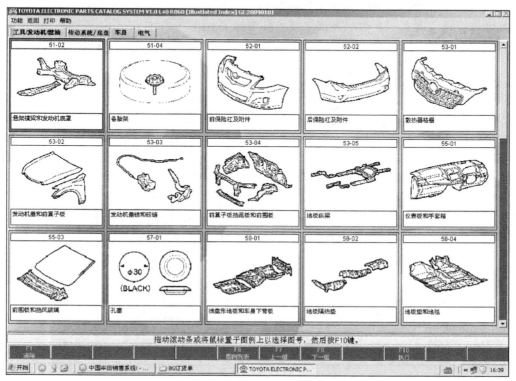

图 2-23 汽车总成分类（图例图号）索引——车身类查询界面

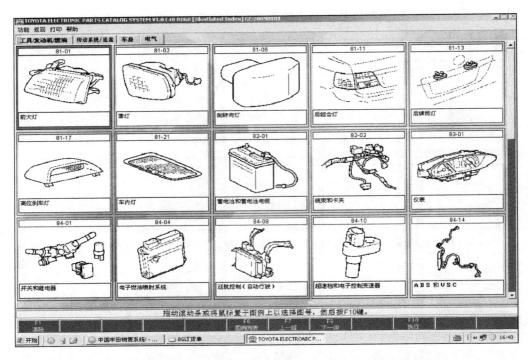

图 2－24　汽车总成分类（图例图号）索引——电气类查询界面

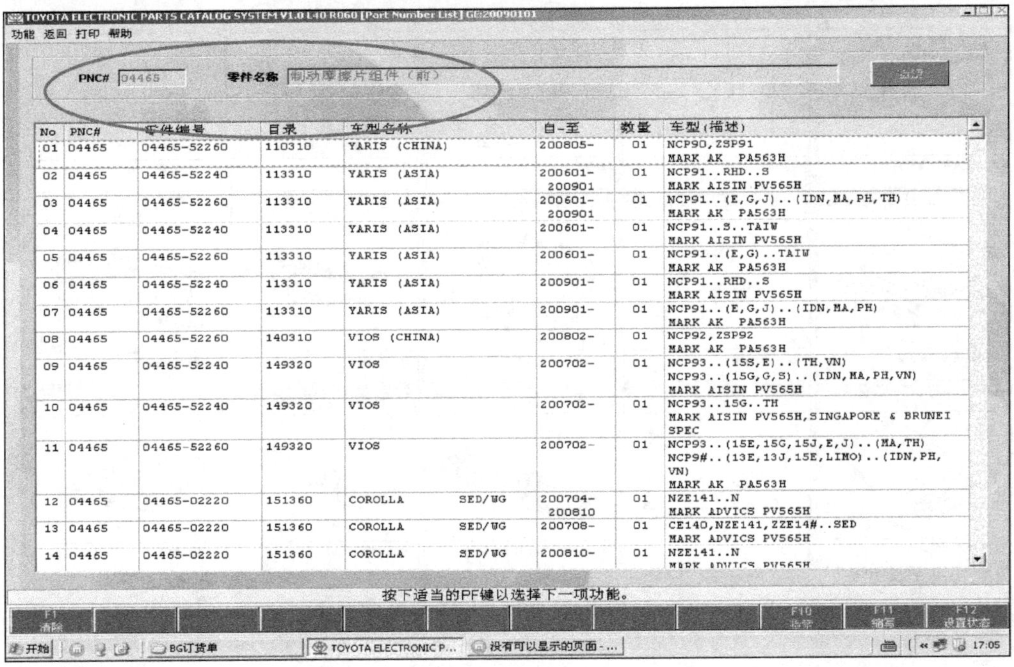

（4）按配件名称编码 PNC（Part Name Code）查询。

查询者已知配件名称编码 PNC，但需确认该零件的形状、位置或适用车型、生产日期、零件名称等信息。图 2－25 所示为按配件名称编码 PNC 查询界面。

No	PNC#	零件编号	目录	车型名称	自-至	数量	车型（描述）
01	04465	04465-52260	110310	YARIS (CHINA)	200805-	01	NCP90,ZSP91 MARK AK PA563H
02	04465	04465-52240	113310	YARIS (ASIA)	200601-200901	01	NCP91..RHD..S MARK AISIN PV565H
03	04465	04465-52260	113310	YARIS (ASIA)	200601-200901	01	NCP91..(E,G,J)..(IDN,MA,PH,TH) MARK AK PA563H
04	04465	04465-52240	113310	YARIS (ASIA)	200601-	01	NCP91..S..TAIW MARK AISIN PV565H
05	04465	04465-52260	113310	YARIS (ASIA)	200601-	01	NCP91..(E,G)..TAIW MARK AK PA563H
06	04465	04465-52240	113310	YARIS (ASIA)	200901-	01	NCP91..RHD..S MARK AISIN PV565H
07	04465	04465-52260	113310	YARIS (ASIA)	200901-	01	NCP91..(E,G,J)..(IDN,MA,PH) MARK AK PA563H
08	04465	04465-52260	140310	VIOS (CHINA)	200802-	01	NCP92,ZSP92 MARK AK PA563H
09	04465	04465-52240	149320	VIOS	200702-	01	NCP93..(15S,E)..(TH,VN) NCP93..(15G,G,S)..(IDN,MA,PH,VN) MARK AISIN PV565H
10	04465	04465-52240	149320	VIOS	200702-	01	NCP93..15G..TH MARK AISIN PV565H,SINGAPORE & BRUNEI SPEC
11	04465	04465-52260	149320	VIOS	200702-	01	NCP93..(15E,15G,15J,E,J)..(MA,TH) NCP9#..(13E,13J,15E,LIMO)..(IDN,PH,VN) MARK AK PA563H
12	04465	04465-02220	151360	COROLLA SED/WG	200704-200810	01	NZE141..N MARK ADVICS PV565H
13	04465	04465-02220	151360	COROLLA SED/WG	200708-	01	CE140,NZE141,ZZE14#..SED MARK ADVICS PV565H
14	04465	04465-02220	151360	COROLLA SED/WG	200810-	01	NZE141..N

图 2－25　按配件名称编码 PNC 查询界面

示例二：长安福特汽车配件电子目录查询示例

（1）长安福特电子配件管理系统登录界面如图 2-26 所示。

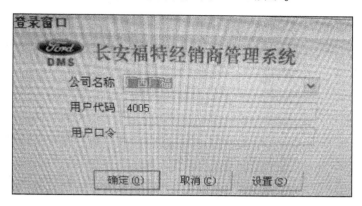

图 2-26　长安福特电子配件管理系统登录界面

（2）进入系统后单击"识别车辆"按钮就可进入要查找车型的界面，如图 2-27 所示。

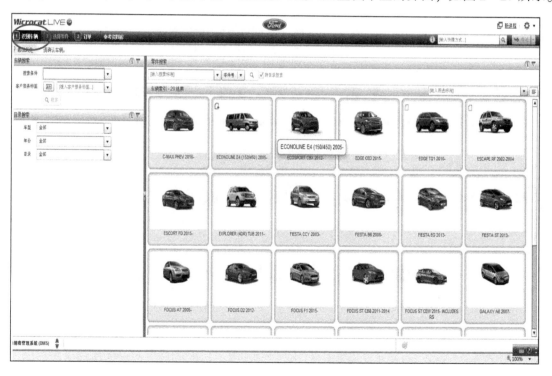

图 2-27　选择车系主窗口界面

（3）比如要找翼虎车型的零件，通过图册选好车型，单击就进入系统选择界面，如图 2-28 所示。

（4）比如我们要找翼虎的刹车盘，就从系统选择界面单击"2 底盘"（见图 2-28），单击后进入零件选择界面，如图 2-29 所示。

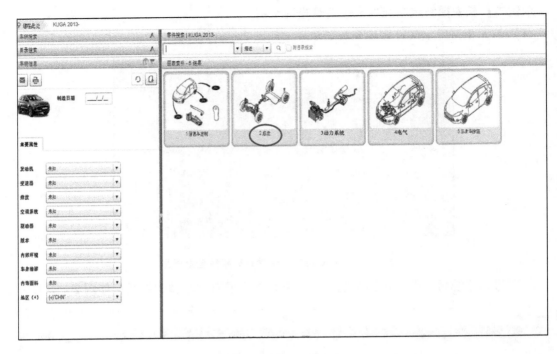

图 2-28　系统选择界面

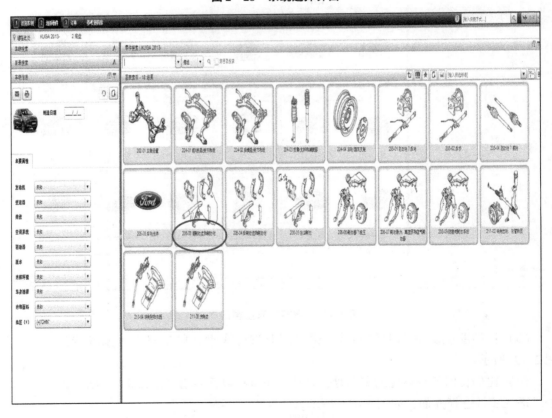

图 2-29　零件选择界面

(5)选择需要找的前刹车盘零件并单击,如图2-29所示,就进入带有零件号的分解图,如图2-30所示。

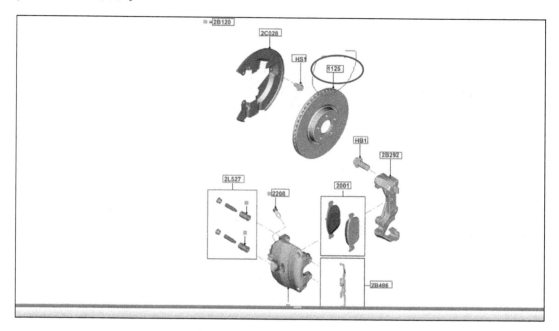

图2-30 选择相应零件所显示界面

(6)单击所需要的零件(见图2-30),系统会显示该配件各型号的详细图片,并显示该配件的配件号和名称,如图2-31所示。

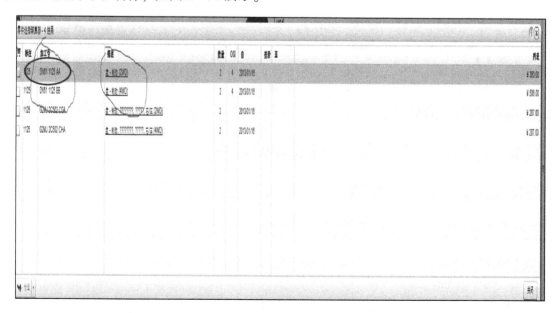

图2-31 所选相应配件界面

(7)复制所需零件的编号(见图2-31),将零件的编号录入长安福特DMS备件信息管理系统并单击查询，就会显示零件的所有信息，如图 2-32 所示。

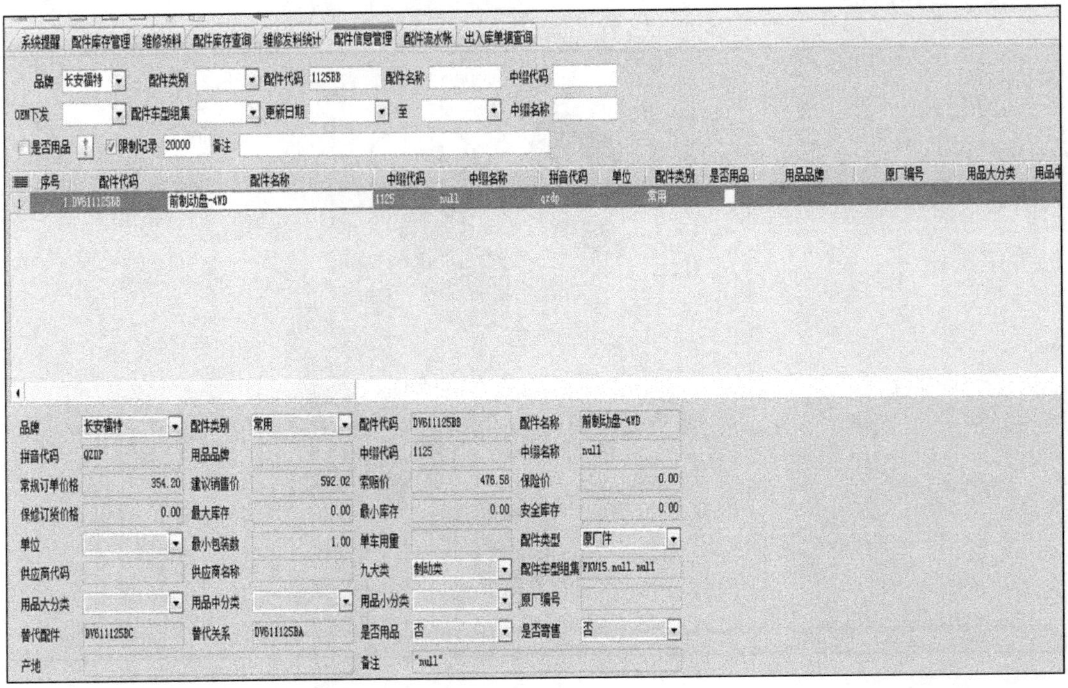

图 2-32　所选零配件的信息界面

以上示例简单介绍了丰田和长安福特的电子目录系统，具体操作应通过模拟训练进行熟悉。实际工作中，配件订货是依据配件电子目录立体插图及配件库存数来完成的。正确找出某一配件插图，理解其结构和原理、功用等，是正确订货的依据。现代汽车是融合了多种高新技术的集合体，其每一个配件都具有严格的型号、规格、工况标准。要做到在不同型号汽车的成千上万个配件品种中为顾客精确、快速查找出所需的配件，就必须有高度专业化的人员，并有计算机管理系统作保障。从业人员既要掌握商品营销知识，又要掌握汽车配件专业知识、材料知识和机械知识等。

本章自测题

一、单选题

1. 汽车 VIN 码中前两位代表世界地理区域，属于分给中国的是（　　）。
   A. L0 - L9　　　　B. 2A - 2Z　　　　C. 1A - 1Z　　　　D. W0 - W9

2. 汽车 VIN 码由一组字母和阿拉伯数字组成（注：VIN 中不包含 I、O、Q 三个英文字母），共（　　）位。
   A. 18　　　　B. 17　　　　C. 16　　　　D. 15

3. 汽车铭牌是标明车辆基本特征的标牌，应将其固定在（　　）结构件上。
   A. 发动机　　　　B. 变速箱　　　　C. 转向器　　　　D. 不易拆除或更换的

4. 发动机号是生产厂家在发动机缸体上打印的出厂号码。按规定，发动机型号应打印或铸在（　　）的易见部位。

A. 气门室盖　　　　B. 油底壳　　　　C. 缸体　　　　D. 气缸盖

5. VIN 码为 ＬＶＳＨＣＦＡＥ３９Ｆ３５４８４３ 的福特福克斯从第十位上可以看出该车是哪一年生产的？（　　）

A. 2009 年　　　　B. 2006 年　　　　C. 2013 年　　　　D. 2015 年

二、多选题

1. 汽车铭牌是标明车辆基本特征的标牌，应包括（　　）。

A. 汽车型号　　　　B. 发动机功率　　　　C. 总质量　　　　D. 出厂编号

2. VIN 码由三个部分组成，分别是（　　）。

A. WMI　　　　B. VDS　　　　C. VIS　　　　D. ABS

3. VIN 码常见位置有（　　）。

A. 仪表板左侧　　　　B. 前横梁　　　　C. 后备厢内　　　　D. 悬架支架上

4. 汽车配件查询工具主要有（　　）形式。

A. 书本配件手册　　　　　　　　B. 微缩胶片配件目录
C. 电子配件目录　　　　　　　　D. 计算机系统

5. VIN 码主要应用在哪些方面？（　　）

A. 车辆管理、车辆检测　　　　　B. 车辆防盗、车辆维修
C. 二手车交易、汽车召回　　　　D. 车辆保险

6. 下列哪些字母在汽车 VIN 码中不能出现？（　　）

A. I　　　　B. H　　　　C. O　　　　D. Q

三、填空题

1. 汽车铭牌是标明车辆基本特征的标牌，应包括汽车型号、发动机功率、总质量、载重量或载客人数、出厂编号、出厂日期及厂名等，并将其固定在＿＿＿＿的汽车结构件上。

2. 发动机号是生产厂家在发动机缸体上打印的出厂号码。按规定，发动机型号应打印或铸在＿＿＿＿的易见部位。

3. 车架号是生产厂家在车架（或车身、底盘）上打印的出厂号码，所以又称为＿＿＿＿。

4. VIN 码由三个部分组成：第一部分，＿＿＿＿；第二部分，车辆说明部分（VDS）；第三部分，车辆指示部分（VIS）。

5. 汽车零配件编码一般采用 10~15 位＿＿＿＿组合而成，构成汽车配件件号，件号是唯一的，一种配件对应一个件号。

6. 丰田零件编号系统可分为：＿＿＿＿、组件、套件（修理包）、专用工具、＿＿＿＿、精品和矿物油 6 个类别。

四、简答题

1. 车辆识别代号（VIN 码）的组成与作用是什么？
2. 车辆识别代号常见的标识位置有哪些？
3. 汽车配件的查询工具主要有哪些？
4. 汽车 VIN 码应用在哪些方面？

项目三
汽车配件订货与采购

1. 能根据企业需求确定安全库存量,科学拟订采购计划;
2. 熟悉配件订货成单流程,包括库存补充件、客户预定件的订货程序,会运用汽车配件计算机管理系统生成配件订单,传给配件供应商或汽车厂商配件部门并进行跟踪;
3. 知道汽车配件采购合同商谈签订的要点,会拟订汽车配件采购合同;
4. 会运用简单的方法鉴别汽车配件质量,具备初步区分假冒伪劣配件的能力。

10 学时。

某品牌汽车4S店在日常营业中有部分零配件需要订购,请对订购的数量和供货商进行分析和选择;对新订购的这批配件进行验收,按照标准验收流程,采用多种验收方法;使用品牌的专业软件进行订货。

❀ 学习任务一 汽车配件市场调查

一、汽车配件市场调查的概念

配件订货是汽车配件管理的重要一环。订货员应培养职业敏感性,及时了解汽车及配件市场信息,对市场进行准确的调研和预测,为制订配件订货计划提供现实依据,并将有关信息反馈给配件供应商及汽车厂商配件科。

1. 市场的概念

市场是商品经济运行的载体或现实表现。一般认为,市场有以下4层含义:
(1)市场是商品交换的场所和领域。
(2)市场是商品生产者和商品消费者之间各种经济关系的汇合和总和。
(3)市场是某种或某类商品的需求量。
(4)市场存在现实顾客和潜在顾客。

2. 汽车配件市场调查

市场调查主要是指运用科学的方法，有目的地、有系统地搜集、记录、整理有关市场营销信息和资料，分析市场情况，了解市场的现状及其发展趋势，为市场预测和营销决策提供客观的、正确的资料。其包括市场环境调查、市场状况调查、销售可能性调查，还可对消费者及消费需求、企业产品、产品价格、影响销售的社会和自然因素、销售渠道等开展调查。

汽车配件市场调查是应用各种科学的调查方式方法，搜集、整理、分析汽车配件市场资料，对汽车配件市场的状况进行反映或描述，以认识汽车配件市场发展变化规律的过程。

3. 汽车配件市场预测

汽车配件市场预测是根据汽车配件市场过去和现在的表现，应用科学的预测方法对汽车配件市场未来的发展变化进行预计或估计，为科学决策提供依据。

二、汽车配件市场调查和预测的作用

（1）为制订合理的汽车配件采购与仓储计划提供科学依据。市场需求是变化的，汽车配件采购与仓储也需要随着市场需求的变化而变化。通过汽车配件市场调查与预测，可以为汽车服务企业制订合理的汽车配件采购与仓储计划提供科学依据。

（2）汽车配件市场调查和预测的作用是汽车配件仓库设计决策的必要条件。对于在建的汽车售后服务企业，无论是汽车配件销售公司、汽车综合维修公司，还是汽车4S店，其汽车配件仓库设计的基础都是汽车配件市场调查与预测的结果，因此，进行市场调查与预测是汽车配件仓库设计决策的必要条件。

（3）对促进和满足汽车配件消费需求有显著作用。对于汽车服务企业而言，合理的汽车配件仓储可以促进汽车配件消费需求的增长，稳定客户群，减少客户流失率。而缺乏仓储的况状会抑制汽车配件消费需求，导致客户流失。

（4）为提高汽车服务企业资金使用效率与效益提供强力支撑。汽车配件管理的使命是最大限度地及时满足用户需求和优化库存带来的低库存金额，以获得良好的营业收益。汽车配件占用汽车服务企业流动资金的很大部分，对于汽车配件销售公司来说，汽车配件占用了流动资金的大部分；在汽车4S店中，存货主要包括新车和汽车配件两个部分，占用了汽车4S店的大部分流动资金。因此，优化库存对提高企业的资金使用效率与效益有重要的现实意义，而要做到这些必须进行汽车配件市场调查并在此基础上进行准确的市场需求预测。

三、汽车配件市场调查的方式与步骤

1. 准备阶段

开展汽车配件市场调查需要进行如下准备工作：
（1）确定调查目的与内容。
（2）组织市场调查精干队伍。
（3）设计调查方案策划与调查表格。
（4）确定调查方法。
（5）制定调查经费预算。

2. 搜集资料阶段

1）调查对象

汽车配件市场调查对象一般有汽车生产商、汽车交易市场、汽车4S店、汽车租赁市场、二手汽车市场、汽车行业协会、公安车辆管理所、汽车购置税征收机构等，也包括汽车媒体和国家统计公布的数据。

2）调查方式

（1）定点专访——专访公安车辆管理所、车辆购置税务机关，合理使用不涉及公民私人信息以及社会实体的车辆档案信息。

（2）大样本调查——向社会公众进行调查，了解公众对汽车配件需求的信息。

（3）小组座谈——邀请车主、汽车维修员工、汽车配件经营商户等方面的代表进行座谈，了解对汽车配件需求、使用等方面的信息。

（4）汽车4S店销售服务数据统计。

3. 市场调查研究阶段

（1）鉴别资料——对市场调查所得的信息进行鉴别，以获得有用的信息。

（2）整理资料——对有用的信息进行分类整理，并列制填写各种图表。

（3）统计分析——对经过分类整理的有用信息进行数理统计分析，以获得具有统计学意义的调查数据。

（4）定性研究——根据调查获得的调查数据进行定性研究，为调查报告的撰写做准备。

4. 市场调查报告撰写阶段

汽车配件市场调查报告是调查工作的最终成果。调查报告的撰写要客观完整、重点突出、紧扣主题、简明扼要、层次分明。

汽车配件市场调查报告应包括以下内容：

（1）前言：概述调查目的、调查资料来源及调查经过、调查方法和技术以及必要的谢辞等。

（2）正文：对调查任务的说明，用各种分析图表及数据对调查结果进行阐述，以及对策建议等。

（3）附件：调查项目负责人及主要参加者的名单、专业特长及分工，数据处理方法及所用软件等；引用的公开发表的政府机关文件、报告、协会发表的各种数据等。

四、汽车配件市场调查方法

汽车配件市场调查的方法可以分为间接调查法和直接调查法。

1. 间接调查法

间接调查法指的是从各种文献档案中获取资料的方法，通常间接调查所获得的都是二手资料，一般又把间接调查法称为二手资料调查法。间接调查法的主要优点表现为获取信息所需的时间和费用较少；不受时间和空间的限制；间接调查收集的资料不受调查人员和被调查者的主观因素干扰，反映的信息比较客观、真实。缺点表现为：间接调查所获取的信息时效性差；间接调查的信息很难与调查活动要求一致，需要进一步加工处理；间接调查的资料分析处理的难度相对较大。

间接调查的资料来源主要是企业内部资料及外部资料。内部资料来源于企业的会计数据、各管理部门提供的相关资料（如进货统计、销售报告、库存动态记录等）以及其他各类记录。外部资料主要来源于政府机构、行业协会、信息咨询机构、图书文献等的一些统计资料。由于间接调查所获得的是二手资料，所反映的信息时效性不强，而且需要进行一定的加工处理，因此在企业的实际调查过程中一般不采用这种方法，只是把它作为一种辅助的调查方法。在汽车配件市场调查中常用的是直接调查法。

2. 直接调查法

直接调查法是指通过实地调查收集资料、获取信息的一种方法。直接调查法所获取的都是一手资料，时效性非常强，更能反映真实的市场情况。直接调查法主要包括访谈法、观察法、实验法三种方法。其中访谈法又是被广泛运用的一种调查方法。

1) 访谈法

访谈法是通过直接或间接问答方式来收集信息的方法，是汽车配件市场调查最常用的方法。通过这种方法，调查人员可以灵活地提出各种设计好的问题，通过被调查人员对问题的回答来收集信息，针对性强。访谈法按具体方式不同又可以分为问卷调查、面谈调查和电话调查三种方法。

（1）问卷调查。问卷调查法也称"书面调查法"，或称"填表法"，是用书面形式间接搜集研究材料的一种调查手段。问卷调查是通过向调查者发出简明扼要的征询单（表），请其填写对有关问题的意见和建议来间接获得材料和信息的一种方法。

问卷调查是目前汽车企业中广泛采用的调查方法，即根据调查目的设计好各类调查问卷，然后采取抽样的方式确定调查样本，通过调查员对样本的访问，完成事先设计的调查项目，最后由统计分析得出调查结果的一种方式。问卷调查的成功与否取决于问卷的设计是否合理。

①问卷的设计原则。问卷的设计应遵循8个方面的原则：紧扣调查的主题；上下连贯，问题间要有一定的逻辑性；设计被调查者愿意回答的问题；被调查者回答问题要方便；问题要有普遍性；问题界定准确；问题不应带有引导性；便于整理、统计与分析。

②问卷的基本结构。

a. 问题及填写说明。应以亲切的口吻问候被调查者，使被调查者感到礼貌、亲切，从而增加回答问题的热情。简要说明填写要求，以提高调查结果的准确性。

b. 调查内容，即问卷的主体部分。

c. 被调查者基本情况，包括被调查者的性别、年龄、职业、文化程度等，根据调查需要，选择性列出，其目的是便于进行资料分类和具体分析。

③问题的设计。问题一般分为四个种类：背景性问题，主要是被调查者个人的基本情况；客观性问题，是指已经发生和正在发生的各种事实和行为；主观性问题，是指人们的思想、感情、态度、愿望等一切主观世界状况方面的问题；检验性问题，为检验回答是否真实、准确而设计的问题。

因此在设计问题时应当遵循：客观性原则，即设计的问题必须符合客观实际情况；必要性原则，即必须围绕调查课题和研究假设设计最必要的问题；可能性原则，即必须符合被调查者回答问题的能力，凡是超越被调查者理解能力、记忆能力、计算能力、回答能力的问题，都不应该提出；自愿性原则，即必须考虑被调查者是否自愿真实回答问题。凡被调查者不可能自愿真实回答的问题，都不应该正面提出。

（2）面谈调查。面谈调查是调查人员与被调查人员进行面对面的谈话，从而获得信息的一种方法。面谈调查可分为个人面谈和小组面谈两种方式。个人面谈是调查员到消费者家中、办公室或在街头与被调查人员进行一对一面谈。小组面谈是邀请6~10名消费者，由有经验的调查者组织对方讨论某一产品、服务或营销措施，从中获得更有深度的市场信息。小组面谈是设计大规模市场调查前的一个重要步骤，它可以预知消费者的感觉、态度和行为，明确调查所要了解的资料和解决的问题。

这种方法的优点有：

①能当面听取被调查者的意见，并观察其反应；回收率高，可以提高调查结果的代表性和准确度。

②可以从被调查者的个人条件推测其经济状况，进而判断对方回答问题的真实程度。

③对于被调查者不愿意回答或回答困难的问题，可以详细解释，启发和激励对方合作，以顺利完成调查任务。

其缺点有：

①调查费用支出大。特别是对于复杂的、大规模的市场调查，人力、财力和物力消耗很大。

②很难对调查员的工作进行监督和控制。如有的调查员为尽早完成调查任务，不按照样本的随机原则抽样；有的调查员在调查了部分样本后即终止调查做出结论；有的调查员甚至不进行实地调查，随意编造调查结果。对于这些问题，调查组织者应采用必要的制度约束和相应的监控手段，加强对调查员的管理。

③对调查员的素质要求较高。调查结果易受调查员的工作态度和技术熟练程度的影响。

（3）电话调查。电话调查指的是调查者按照统一问卷，通过电话向被访者提问，笔录答案。例如打电话定期询问顾客对汽车销售企业服务的感觉如何，有什么需要改进的方面等。

这种调查方法在电话普及率很高的国家很常用，在我国只适用于电话普及率高的人口总体。电话调查速度快，范围广，费用低；回答率高；误差小；在电话中回答问题一般较坦率，适用于不习惯面谈的人，但电话调查时间短，答案简单，难以深入，受电话设备的限制。

2）观察法

观察法是调查者在现场对被调查者的情况直接观察、记录，以取得市场信息资料的一种调查方法。在观察时，调查人员既可以耳闻目睹现场情况，也可以利用照相机、录音机、摄像机等设备对现场情况做间接的观察，以获取真实信息。运用观察法收集资料的优点在于：调查人员与被调查者不发生直接接触，在这种情况下，被调查者的活动不受外在因素的影响，处于自然的活动状态，行为真实，因而获取的资料可以更好地反映实际。但观察法的缺点是：不容易观察到被调查者的内心世界，不易了解内在的东西，有时需要做长时间的观察才能得出结果。

成功使用观察法，并使其成为市场调查中数据收集的工具，必须具备如下条件：首先，所需要的信息必须是能观察到并能够从观察的行为中推断出来的；其次，所观察的行为必须是重复的、频繁的或者是可预测的；最后，被调查的行为是短期的，是可获得结果的。

观察法在汽车市场的调查中也运用得比较广泛，例如车型保有量的观察、汽车营销展厅的现场观察、车辆库存观察等。

3) 实验法

实验法也称实验调查法,就是实验者按照一定实验假设,通过改变某些实验环境的时间活动来认识实验对象的本质及其发展规律的调查。实验调查的基本要素是:实验者,即实验调查的有目的、有意识的活动主体,他们都以一定的实验假设来指导自己的实验活动;实验对象,即实验调查者所要认识的客体,他们往往被分成实验组和对照组两类对象;实验环境,即实验对象所处的各种社会条件的总和,它们可以分为人工实验环境和自然实验环境;实验活动,即改变实验对象所处社会条件的各种实验活动,它们在实验调查中被称为"实验激发";实验检测,即在实验过程中对实验对象所做的检查或测定,其可以分为实验激发前的检测和实验激发后的检测。

实验调查法是在汽车市场调查中,一般会将调查范围缩小到一个比较小的规模上,进行实验后取得一定结果,然后推断出总体可能的结果,通过实验对比来取得市场信息资料的调查方法。具体做法是:从影响调查对象的若干因素中先选出一个或几个因素作为实验因素,在其他因素处于不变的条件下,了解实验因素变化对调查对象的影响。实验完成后,还需用市场调查方法分析这种实验性的推销方法或产品是否值得大规模推行。这种调查方法的优点是比较科学,具有客观性;缺点是实验的时间可能较长,成本较高。

上面讲述了关于汽车配件市场调查的多种方法,在实际的调查过程中,应该根据调查的目标、调查的内容等因素来选择其中最适合的调查方法。

哈尔滨市家用汽车市场调查报告

(1) 目前哈尔滨市的家用汽车保有量中,以 1.6 L 排量的居多,占家用汽车总量的 36.2%;其次是小排量的家用汽车,其占总量的 22.9%;哈尔滨市大排量的家用汽车占总量的 15.2%。

(2) 哈尔滨市家用汽车以经济型为主,其档次以中低为主,其中价格在 10 万~15 万元的家用汽车占总量的近 33%,20 万元以上的占总量的 17.2%。

(3) 哈尔滨市的家用汽车保有量中,从品牌划分来看,现代伊兰特所占份额最大,为 3.1%,其次是哈尔滨市本地生产的汽车,即哈飞赛马与哈飞路宝,分别位居二、三位,所占市场份额分别为 2.8%、2.7%。

(4) 哈尔滨市家用汽车消费者每月在家用汽车上的花费,在 1 000~1 500 元的比例最高,达 34.3%,几乎所有的汽车消费者在汽车贴膜和汽车座椅上都有花费。

(5) 目前车主二次购买家用汽车的比例,占已有家用汽车拥有者总量的 15%,主要集中在购车 "2~3 年" 和 "6 年以上" 这两类家用汽车拥有者。

哈尔滨市家用汽车具体情况分析如下:

1. 家用汽车购买时间及换购意愿调查

拥有家用汽车 1 年以内的消费者占汽车拥有者的比例最高,达 24.8%,与上年相比,增长趋势比较明显;拥有家用汽车在 6 年以上的比例为 9.5%,说明近几年哈尔滨市汽车市场发展比较迅速。

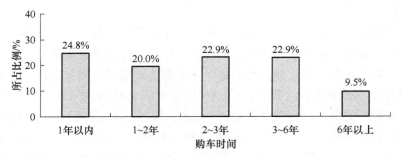

2. 家用汽车排量情况分析

1.4 L及以下家用汽车占总量的22.9%；1.6 L家用汽车所占比例最高，占总量的36.2%；2.0 L家用汽车占总量的17.1%。这说明哈尔滨市家用汽车保有量中，仍以中低档汽车为主。

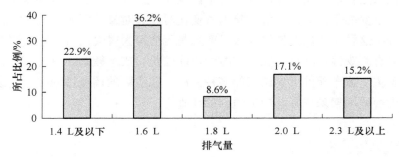

3. 家用汽车价格分布

总的来看，哈尔滨市家用汽车保有量中，以价格在10万~15万元的为主力车型，占总量的23.5%，价格在40万~60万元及100万元以上的家用汽车所占比例最低，均为1%。

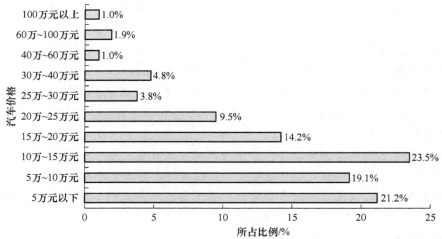

从汽车价格与消费者收入交叉分析图来看，购买中低档汽车的消费者主要集中在一般收入群体；另外，购买中高档汽车的消费者主要集中在中等收入群体，高收入群体次之。

轿车价格与收入交叉分析

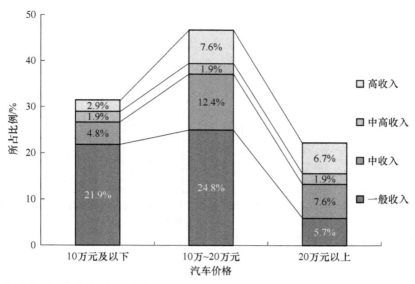

4. 家用汽车保有品牌市场分布

在哈尔滨市的家用汽车中，中低档家用汽车在哈尔滨市场上的占有率比较高，其中现代伊兰特比例最高，为 3.1%，其次是哈飞赛马；而高档车中奥迪、本田 CR－V 所占比例较高，其中奥迪所占比例为 2.3%。

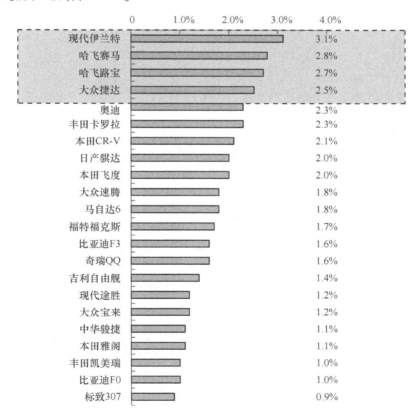

5. 家用汽车选购原因分析

家用汽车拥有者购车主要考虑的因素中,"省油"和"性价比高"是最为重要的两方面原因,其次是品牌和安全性好。

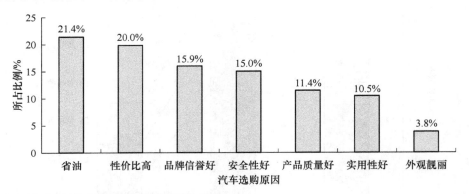

6. 哈尔滨市消费者家用汽车费用月支出

哈尔滨市家用汽车拥有者在汽车上的月平均消费中,1 000~1 499元的最多,占总量的34.3%;其次是500~999元,占总量的27.6%;月花费2 500元以上的比例最小,所占比例不到5%。

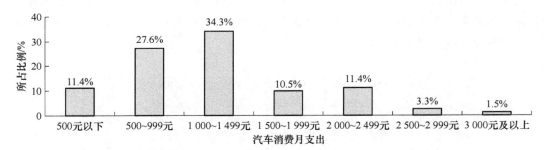

7. 家用汽车额外支出的形式

总的来看,哈尔滨市家用汽车消费者汽车额外支出的方式相对集中:所占比例较大的是"汽车贴膜""汽车座套",较少的是"汽车脚垫""车载气泵"。

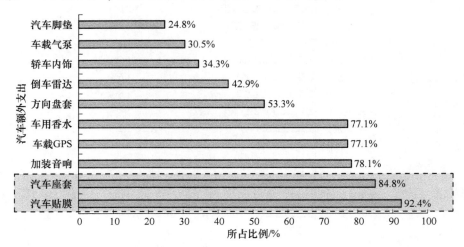

8. 家用汽车拥有者换购分析

现有家用汽车拥有者中有换车意愿的比例为 15%。

在有再次购买意愿的车主中，最近半年换购的比例占现有家用汽车总量的 1%，1 年之内换购者占总量的 2%。

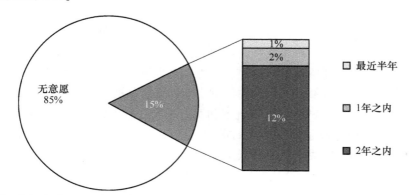

在换购意愿调查中，购车 6 年以上的消费者换购意愿最高，其比例高达 40%。其次是购车 2~3 年的消费者，其换购意愿比例达到 25%。

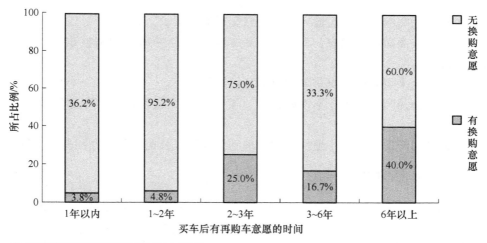

9. 家用汽车拥有者换购汽车的原因

在家用汽车拥有者换购的原因中，"喜欢新车的款式"所占比例最大，选择"新车更能显示自己"的比例最低，仅为 12.5%。

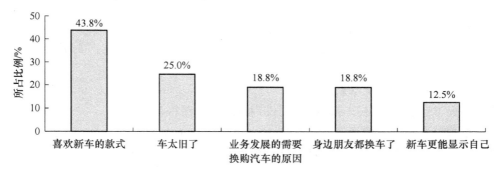

学习任务二　汽车配件订货

一、汽车配件订货员岗位职责

汽车配件订货是一项专业性很强的工作，汽车配件订货的好坏直接影响到汽车配件经营与管理整体流程的顺利进行。汽车配件的订货工作主要由配件计划员即配件订货员完成，配件订货员应具有高度的责任感及敬业精神，熟悉配件订货流程，努力钻研订货业务知识，不断积累配件订货经验，千方百计保证配件供货。配件订货员的主要岗位职责是：

（1）认真贯彻执行公司的采购管理规定和实施细则，努力提高自身采购业务水平。

（2）按时按量按质完成采购供应计划指标，积极开拓货源市场，货（价）比三家，选择物美价平的物资材料，完成下达的降低采购成本的责任指标。

（3）负责与客户签订采购合同，督促合同正常如期履行，并催讨所欠、退货或索赔款项。

（4）严把采购质量关，选择样品供领导审核定样，对购进物料均需附有质保书或当场（委托）检验。协助有关部门妥善解决使用过程中出现的问题。

（5）负责办理物料验收、运输入库、清点交接等手续。

（6）收集一线商品供货信息，对公司采购策略、产品原料结构调整改进，对新产品开发提出参考意见。

（7）填写有关采购表格，提交采购分析和总结报告。

（8）做到以公司利益为重，不索取回扣，馈赠钱物上缴公司，遵守国家法律，不构成经济犯罪。

（9）协助部门经理贯彻执行配件仓库管理制度，完成公司领导交办的其他任务。

二、配件订货计划的制订

科学制订订货计划是配件订货很重要的一项工作。配件订货员要制订一份准确的配件订货计划，下订单之前必须对各零件现有的库存情况、销售情况有足够的了解。订货信息首先来自销售报表，分析零件的销售历史、销售趋势，并结合仓库的库存状态做出订货计划。订货计划在经过审批后按订货日历发出。制订配件订货计划中，选择品种时应该关注以下主要信息：

（1）本企业经营影响区域内的品牌车辆的市场占有情况，主要来源为外部媒体和内部资料。

（2）本企业销售部门的销售能力、销售特点和销售趋势。

（3）本企业售后维修客户的实际保有量、客户流失率、车型分布、使用年限和行驶公里数、维修技术特点。

（4）了解最新的维修技术要求。

（5）掌握本企业的配件库存结构、配件销售历史、销售趋势。

（6）是否是新零件、停产件。

（7）是否是常用件、易损件；是否具有季节性特点；当月是否有促销活动。

（8）配件的质量信息。

（9）配件是否有替换件。

（10）是否有缺件；注意在配件管理系统上查询缺件配件，正常订单的缺件是潜在库存，订货时要加以考虑，避免重复订货。

（11）配件的供货周期及交货时间、交货品种、交货数量误差。

（12）节假日的供货影响等。

三、汽车配件订货追求的目标——良性库存

配件订货追求的目标是"良性库存"，即以最合理的库存最大限度地满足用户的需求。具体来说，良性库存就是在一定时间段内以最经济合理的成本，取得合理的配件库存结构，保证向用户提供最高的配件满足率。配件订货员应该不断完善、优化库存结构，保持经济合理的配件库存，向用户提供满意的服务，才能赢得用户信赖，争取最大的市场份额，获得最大的利润，保证企业的长久发展。

如何做到"良性库存"？汽车配件销售的随机性很大，客户何时需要什么配件很难预测，而一辆汽车的零件总数超过几十万个，不可能所有的零件都有库存，降低库存量和资金占有量与提高配件供货率之间是一对矛盾。汽车配件经销商的主要价值在于如何处理好"用最经济合理的成本，取得最大的经济效益"与"提供最高的配件供货率，不丧失每一个销售机会"。配件供应率和存储成本是衡量存货管理水平的标志，库存成本包括订购成本（采购费、验收入库费）和储存成本（占用资金利息、仓库管理费、罚金）。

订货时间过早，存货必然增加，使存储成本上升；订货时间过晚，存量可能枯竭，缺货成本上升。订货数量过多，资金必然被挤占，并将增加存储耗费；订货量过少，配件将会短缺，并增加订购耗费。由以上分析可知，库存的存在是对资源和资金的占用，然而为了有效防止或缓解供需矛盾，库存又必须存在。提高库存管理水平，制定正确的存货决策，其关键是寻找能保证企业发展需要的物资供应最合理的（而不是最低的）库存成本。库存与费用的关系曲线如图3-1所示。一般地，要提高配件供货率，必须增加库存量，但库存什么配件（库存宽度）、库存多少（库存深度）通常根据以往的销售记录和近期市场反馈信息来确定；订购要适时、适量，从而保证企业的生产、维修和销售顺利进行。

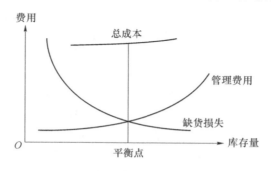

图3-1 库存与费用的关系曲线

四、订货品种和订货数量的确定

良性库存的实现：一是提高零件供应率；二是减少库存，提高收益。具体做法总结起来

就是"精简库存"。实现良性库存的关键在于依据零件的特性和流通等级确定好库存配件种类和每种配件库存量，从而确定订货的品种和数量。

1. 汽车配件流通等级的确定

1）汽车配件流通等级的确定方法

汽车配件的流动具有明显的偏向性，最大的销量往往只集中在较少的品种当中，如丰田汽车的零件编号约有 30 万个，接到零件订货项目的 90% 集中在 3 万个零件号中，这 3 万个零件通常被称为快流件；接到零件订货项目的 7% 集中在 7 万个零件号中，这些零件被称为中流件；剩下的 3% 订货项目是从 20 万个无库存零件号中发出的（慢流件）。丰田公司汽车配件库存件及其销量分布如图 3-2 所示。

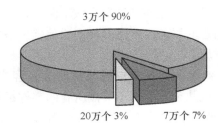

图 3-2 丰田公司汽车配件库存件及其销量分布

汽车配件的流通等级是指汽车配件在流通过程中的周转速度，反映了汽车配件在流通过程中周转速度的快慢程度，一般分为快流件、中流件和慢流件三级，这三个级别的等级确定方法可能因公司不同而不同。如雪铁龙公司把连续三个月经常使用的消耗性零件及周转性较高的产品称为快流件（也称 A 类件）；把连续六个月内发生，但又属于周转性次高的产品称为中流件（B 类件）；把一年内属偶发性的产品或由于各种原因不利于周转的产品称为慢流件（C 类件）。有些企业把易磨损和易失效的零件或材料作为快流件，如离合器片、制动器片、制动总泵/分泵、橡胶密封件、三格、机油、轴承、油封、大小轴瓦、大修包、消声器、排气管、高压泵、柱塞、出油阀、前挡风玻璃、密封条、前后灯具、水箱、冷却散热网、万向节十字轴、雨刮片、火花塞、白金等；有些零件经销商则根据本公司配件销售量来区分快流件、中流件和慢流件，如把年销售量在 25~50 件的零件作为快流件，把年销售量在 6~24 件的零件作为中流件，而把年销售量在 1~5 件的零件作为慢流件。相关统计结果表明，占零件总数仅 10% 的快流件的销售收入占销售总额的 70%，占零件总数 20% 的中流件的销售收入占销售总额的 20%，而占零件总数 70% 的慢流件的销售收入仅占总销售额的 10%。可见，企业库存零配件的 30% 就可以保证获得 90% 的销售收入。所以，应该库存快流件和中流件，其中快流件不能缺货，需要有安全库存。实际工作中我们可运用 ABC 管理法对配件进行分级管理，ABC 管理法又称重点管理法或分类管理法，它是一种从错综复杂、名目繁多的事物中找出主要矛盾，抓住重点，兼顾一般的管理方法。汽车配件管理采用 ABC 管理法，也就是我们要对销量大但品种较少的快流件（A 类件）进行重点管理，对销量一般但品种相对较多的中流件（B 类件）采取次要的管理，对销量很小但品种很多的慢流件（C 类件）可不重点管理，但并不是说对此类不进行管理，而是要采取行之有效的管理办法，如建立可靠快捷的供货渠道、科学合理的订货原则、高效的数据统计分析等。

2）影响配件流通级别的因素

零件的流通级别不是一成不变的，快流件可能会变成中流件，甚至变成慢流件；而中流件和慢流件在一定时期内也可能变成快流件。影响和决定零件流通级别的因素是多方面的，主要有：

（1）车辆投放市场的使用周期。一般车辆使用寿命为10年，前2~3年零件更换少，中间4~5年是更换高峰期，最后1~2年更换又逐渐减少。

（2）制造、设计上的问题。材料选择不当、设计不合理，如日本三菱汽车公司生产的帕杰罗V31、V33型越野汽车就曾因制动器输油管的设计问题，导致不少人身伤害交通事故，从而使该车型的制动器输油管需重新更换。

（3）使用不合理。如某种汽车设计适用于寒冷地区，如果把它用于热带地区，就容易出现故障，造成相关零件损坏。

（4）燃油、机油选择不当或油质有问题，也会影响零件寿命。如使用不洁燃油，易使三元催化转化器损坏失效。

（5）道路状况。如地处山区、丘陵，则制动系统配件的库存量应在正常基础上有所提高；如位于矿区，则空气滤清器、活塞、活塞环等发动机配件库存量应适当提高；如本地区路况较差，则轮胎、减震器、悬架等配件应准备充分。

（6）季节性。夏季来临时，冷却和空调制冷系统配件应多储备；冬季来临前，点火、起动系统配件要准备充足。

因此，在制订汽车配件订货计划时要充分考虑零件流通等级的影响，科学制订订货计划。

2. 订货品种的确定

如果按平均需求量进货，则会出现图3-3所示的问题。

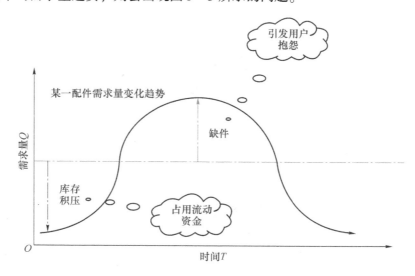

图3-3 按平均需求量进货的缺点

影响和决定零件流通级别的因素是多方面的。例如车辆投放市场的使用周期，一般车辆使用寿命为10年，前2~3年零件更换少，中间4~5年是零件更换高峰期，最后1~2年零件更换又逐渐减少，变化过程如图3-4所示，相应的库存应对方案如图3-5所示。

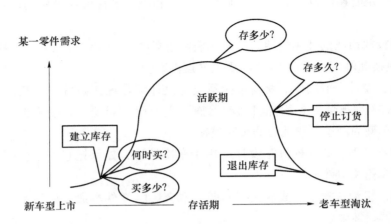

图 3-4　零件生命周期图

针对零件生命周期不同阶段的特点，有的放矢地进行库存管理，将是控制好库存宽度的关键所在。如图 3-5 所示，不同状态的零件项目应采取不同的零件管理原则：零件在增长期的项目属非库存管理项目，应采取需一买一的原则；零件在平稳期的项目属库存管理项目，应采取卖一买一的原则；零件在衰退期的项目属非库存管理项目，应采取只卖不买的原则，这样才能在保证最大零件供应率的同时降低库存金额。

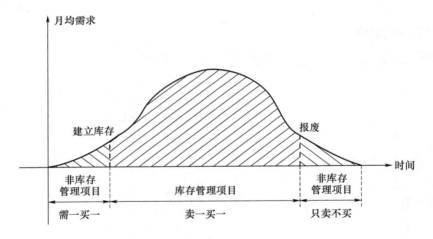

图 3-5　库存状态对应方法

其中，管理库存品种的核心工作就是要确定建立库存和报废的时点。建立库存时点指伴随新车型的上市，原非库存零件开始进行库存管理的时点。报废时点指伴随老车型逐渐从市场中淘汰掉，原库存零件不再进行库存管理的时点。即这两点内的零件项目就是我们需要进行库存管理的项目，这两点外的项目就是我们不需要进行库存管理的项目。为此要制定相应的 Phase-in（建库零件）和 Phase-out（呆滞零件）管理，各经销店可以通过从零件需求的历史记录中统计出来的月均需求（MAD）和需求频度，发现零件需求的规律，从而确定需要库存的零件范围，如表 3-1 所示。

表 3-1　库存宽度的确定

	增长期			平稳期	衰退期	
月均需求	少	较多	较多	多	少（短期）	少（长期）
需求频度	低	低	较高	高	低（短期）	低（长期）
库存状态	不库存	不一定	建立库存	库存管理	"停止库存试验"	

3. 订货量的确定

订货量的确定取决于库存深度的确定，库存深度是针对每个零件件号，在考虑订货周期、在途零件和安全库存的前提下，保证及时供应零件的最大库存数量 MIP，也称零件的标准库存量（Standard Stock Quantity，SSQ）。

标准库存量的确定：

推荐标准库存量计算公式如下：

$$SSQ = MAD \times (O/C + L/T + S/S)$$

式中：SSQ——标准库存量；

　　　MAD——某配件月均需求；

　　　O/C——订货周期；

　　　L/T——到货周期；

　　　S/S——安全库存周期，根据到货周期和市场波动设定。

（1）月均需求 MAD 的确定——通常建议采用前6个月的每月需求量来计算月均需求，含常规的 B/O（客户预定）和 L/S（流失的业务）需求。

（2）订货周期 O/C 的确定——订货周期指相邻的两次订货所间隔的时间，单位为月，如订货周期为2天，则 O/C = 2/30 = 1/15（月）。

（3）到货期 L/T 的确定——到货周期指从配件订货到搬入仓库为止的月数，单位为月，如到货周期为6天，则 L/T = 6/30 = 1/5（月）。

（4）安全库存周期 S/S 的确定——有时由于一些突发的特殊原因（比如，运输车辆途中出现了故障）或因市场的需求经常是起伏不定的导致推迟到货期，如图3-6 所示，第5个月的需求是18个，超出月均需求7个。安全库存周期是考虑受到货期延迟和特殊需求两个因素影响，必须在仓库中保有一定量的安全库存而定的，如图3-7 所示。

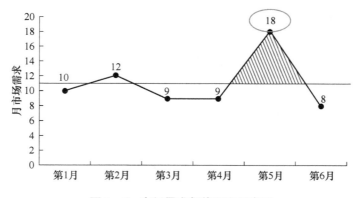

图 3-6　市场需求起伏不定示意图

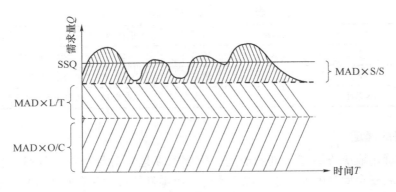

图 3-7 安全库存图解

一般安全库存周期建议 S/S = (L/T + O/C) × 0.7，则安全库存 = 月均需求 × 安全库存周期。

一个配件的最佳库存量是多少？库存量小了，不能保证及时供货，影响顾客的使用和企业的信誉；库存量大了，资金占有量增加，资金周转慢，影响企业的经济效益。因此，制定最低安全库存量很重要，而影响最低安全库存量的因素诸多，主要有：

（1）订货周期。国外订货周期一般为 2~3 个月（船运订货周期 3 个月，空运订货周期 15 天左右），但空运件的价格是船运的两倍；国内订货周期因地而异。

（2）月平均销量。必须掌握某种配件近 6 个月的销量情况。

（3）配件流通级别。如丰田公司建议快流件的最低安全库存量为前 6 个月销量，中流件和慢流件的最低安全库存量为前 3 个月销量。

4. 订货量 SOQ 的确定

1）订货原则

建议采取大——大订货原则，这是在丰田供应体制下推行的一种订货方式，它实行频繁的、周期性的小批量订货和发货，即采取每天订货的方式，使用大——大订货原则进行零件库存补充管理，需要在每次订货时点发出订货单，这就可以减少零件库存深度，通过按时订货，不断补充库存到最大库存量（见图 3-8）。此订货方式的好处是管理精度高，可减少安全库存天数，较小的每单订货数量，易于操作。

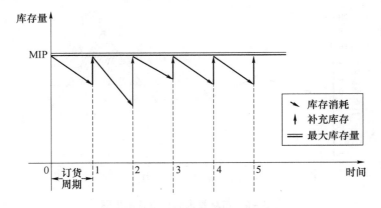

图 3-8 大——大订货原则示意图

2）订货量计算

推荐订货量计算公式如下：

$$SOQ = MAD \times (O/C + L/T + S/S) - (O/H + O/O) + B/O$$
$$= SSQ - (O/H + O/O) + B/O$$

式中：O/H——在库数，指订货时的现有库存数量；

O/O——在途数，指已订货尚未到货的配件数；

B/O——客户预订数，指无库存、客户预订的配件数。

例：某配件的月均需求如图3-6所示，每月订货两次，订货日为每月的15日和30日，到货期1个月，在途数10个，在库数12个，客户预订数5个，试计算该配件订货数为多少。

解：由图3-6可知，该配件的月均需求 $MAD = (10+12+9+9+18+8)/6 = 11$（个）；由题可知每月订货两次，故订货周期O/C为0.5，则

$$SOQ = MAD \times (L/T + O/C + S/S) - (O/H + O/O) + B/O$$
$$= 11 \times (1 + 0.5 + 1.5 \times 0.7) - (12 + 10) + 5 = 11 \text{（个）}$$

通过计算建议订货量，就能准确把握每项零件的订货数量，控制好库存深度。实际订货时每个月根据配件实际库存量、半年内销售量及安全库存量等信息，由计算机根据上述公式计算出一份配件订货数量，配件订货员再根据实际情况进行适当调整。

五、汽车配件的订货程序

图3-9所示为某丰田品牌汽车公司配件订货流程，其根据库存情况把配件订货分为有库存情况、库存补充件（S/O）订货及客户预订件（B/O）订货。

六、配件订货的相关规定

为更好地做好配件订货工作，各品牌经销店对配件订货环节都制定了相关规定，以下是丰田汽车公司对配件订货的相关管理规定。

1. 关于客户预订件（B/O）订单的管理规定

（1）零件仓库每天查看零件订单，对应到货情况，对未到货的零件应立即通知配件订货员，由配件订货员与发货商联系，落实零件的发货时间情况。

（2）订单生成后设专人管理，如有零件不能及时供应，产生B/O订单时专管员应按预计到货的时间进行管理。

（3）B/O的订单与特别订货的订单应分开管理。

（4）B/O的零件到货后应及时把标签贴到零件上，标签必须注明零件名称、车牌号、订货金额、到货时间、S/A联系电话等。

（5）B/O的零件到货后应及时与前台S/A联系，要有书面到货通知单，并要求S/A把与客户联系结果记录到通知单上。

（6）每周查看B/O的零件，对未取货的客户由零件部进行第二次通知，并确认大概取货时间，做好记录，每十天做B/O在库零件整理，报于服务经理。

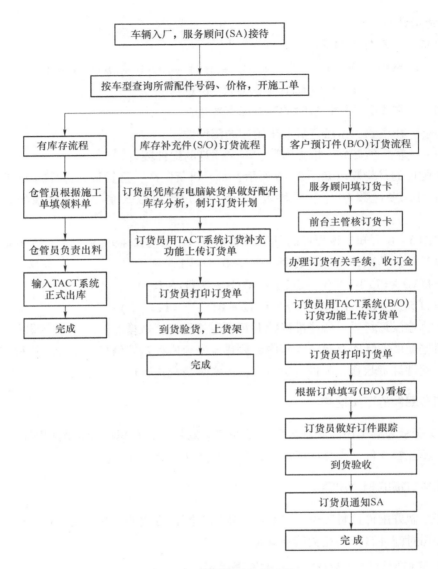

图3-9 各类配件订货流程

(7) B/O零件必须单独存放，以免把B/O零件作为正常库存销售。

(8) B/O的订单应及时整理，对已提B/O订单应按日期排好单独存放，存放时间为6个月。

(9) 订单如发生到货时间变更的情况，应由订货员及时通知S/A或客户，说明可能的到货时间，并用所制书面到货变更单及时下发于S/A。

(10) B/O的订单在3个月以内未取，将作为正常库存进行销售，订金不能返还。

(11) 客户订金收取标准：在国内发货交取零件全额的30%；在国外发货交取零件全额的50%。若未交付订金的零件并未取用，由签字订货的S/A承担全责。

2. 关于特别订货零件（F/O）的管理规定

(1) 诸如服务周、服务月等零件，视为特别订货零件，此零件在进行销售分析时不予以考虑。

（2）对于新车型无零件销售记录的，部分外观零件厂家建议作为初期库存，视为特别订货。

（3）对服务周、服务月作为节前补充的库存零件，应在服务周或服务月即将开始前由配件订货员与服务经理协商，参照以往服务周或服务月情况确定零件数量。

（4）当新车型特别补充订货时，由配件订货员根据销售数据资料，针对本地区的保有量，制定出初期库存补充的最初订货单，由零件主管审核后方可订货。

（5）特别订货的订货单一式三联（服务部、零件前台、零件仓库），由客户确认金额，数量准确无误后，签字确认，零件部根据返回一联进行再次确认，交由配件订货员订货。

（6）特别订货的零件如车未在厂，通过到货通知单及时通知 S/A，并记录好客户大约来厂更换时间，做好预约工作。

（7）特别订货零件出库时应仔细核对该零件所贴标签资料是否与领料车牌相符，避免出错。

（8）对于特别订货零件到期未取的零件，应再次通知 S/A 与客户取得联系，约定下次维修时间，及时出库，避免造成死库存。

（9）特别订货零件如客户在 2 个月内未取，应再次通知客户，并提醒客户如若 3 个月内不取，我们有权处理所订零件。

（10）特别订货零件 3 个月未取，应对此零件的车型、部位进行分析，如市场上有此车型，而且很有可能销售出去，将作为正常库存管理。

（11）对于 3 个月未取的特别订货零件，如进行分析后，市场上此种车型已不多见，此件又不可能在 6 个月内销售出去，应督促客户尽快更换。

（12）对于 3 个月未取的特别订货零件，如此车型在市场上有，但订购的零件基本没有可能销售，应及时与各大保险公司联系，可以低价出售。

（13）对于 3 个月未取的特别订货零件，如此车型在市场上已没有或老款车型，应及时把传真发给外地配件商或修理厂进行降价处理，如还是无法销售，将在年底作为死库存处理。

学习任务三　汽车配件采购

一、保证汽车配件进货质量

1. 汽车配件进货的原则

汽车配件进货应遵循的原则：

（1）坚持数量、质量、规格、型号、价格综合考虑的购进原则，合理组织货源，保证配件满足用户的需要。

（2）坚持依质论价，优质优价，不抬价，不压价，合理确定配件采购价格的原则；坚持按需进货，以销定购的原则；坚持"钱出去，货进来，钱货两清"的原则。

（3）购进的配件必须加强质量的监督和检查，防止假冒伪劣配件进入企业，流入市场。

在配件采购中，不能只重数量而忽视质量，只强调工厂"三包"而忽视产品质量的检查，对不符合质量标准的配件坚决不进，不进人情货。

（4）购进的配件必须有产品合格证及商标。实行生产认证制的产品，购进时必须附有生产许可证、产品技术标准和使用说明。

（5）购进的配件必须有完整的内、外包装，外包装必须有厂名、厂址、产品名称、规格型号、数量、出厂日期等标志。

（6）要求供货单位按合同规定按时发货，以防所订配件应期不到或过期到货，造成配件积压或缺货。

（7）价值高的零件落实好客户后方可进货，如发动机、车架等。

（8）坚决反对吃回扣等不正之风。

2. 对所购配件产品进行分类检验

为了提高工作效率和达到择优进货的目的，可以把产品分成以下几种检验类型：

（1）名牌和质量信得过产品基本免检，但名牌也不是终身制，而且有时会遇到仿冒产品，所以应对这些厂家的产品十分了解，并定期进行抽检。

（2）对于多年多批进货后，经使用发现存在某些质量问题的产品，可采用抽检几项关键项目的方法，以检查其质量稳定性。

（3）对于以前未经营过的配件，采用按标准规定的抽检数，在技术项目上尽可能做到全检，以求对其质量得出一个全面的结论，作为今后进货的参考。

（4）对于以前用户批量退货或少量、个别换货的产品，应尽可能采取全检，并对不合格部位重点检验的办法。若再次发现问题，不但拒付货款，而且注销合同，不再进货。

（5）一些小厂的产品，往往合格率低，而且一旦兑付货款，很难索赔，因此尽量不进这类产品，如确需进货，检验时一定要严格把关。

3. 汽车配件货源质量的鉴别

汽车配件货源质量的鉴别很重要，直接影响服务质量和客户的满意度及维修水平，配件管理人员在入库、出库及每次买卖配件时都要留意检查。

1）货源鉴别的常用工具

汽车配件质量的优劣，关系到消费者的利益和销售企业的商业信誉以及维修企业维修水平、维修质量的发挥，但配件产品涉及范围广，要对全部配件做出正确和科学的质量结论，所需的全部测试手段是中、小型汽配企业难以做到的。可以根据企业的实际情况，添置必备的技术资料，如所经营主要车型的图纸、汽车零配件目录、汽车电子零配件目录和质保书、使用维护保养说明书及各类汽车技术标准等，这些资料都是检验工作的依据。购置一些通用检测仪表和通用量具，如游标卡尺、千分尺、百分表、千分表、量块、平板、粗糙度比较块、硬度计以及汽车万用表等，以具有一定的检测能力。

2）汽车配件质量的鉴别方法

购买汽车配件要注意多"看"，看文件资料，看零件表面（或材料）的加工精度、热处理颜色等。首先要查看汽车配件的产品说明书及零件目录。产品说明书是生产厂进一步向用户宣传产品，为用户做某些提示，帮助用户正确使用产品的资料。通过产品说明书可增强用户对产品的信任感。一般来说，每个配件都应配一份产品说明书（有的厂家配用户须知）。

电子零件目录是帮助专业人员用计算机管理系统正确查询或检索零部件的图号、名称、数量及装配位置、立体形状、价格等的技术资料。书本零件目录是人工检索汽车配件的工具。

"5看"鉴别汽车配件质量：

（1）看商标。要认真查看商标上面的厂名、厂址、等级和防伪标记是否真实。因为对有短期行为的仿冒制假者来说，防伪标志的制作不是一件容易的事，需要一笔不小的支出。在商品制作上，正规的厂商在零配件表面有硬印和化学印记，注明了零件的编号、型号、出厂日期，一般采用自动打印，字母排列整齐，字迹清楚，小厂和小作坊一般是做不到的，如图3–10所示。

图3–10 上海大众减震器的表面

（2）看包装。汽车零配件互换性很强，精度很高，为了能较长时间存放、不变质、不锈蚀，需在产品出厂前用低度酸性油脂涂抹。

正规的生产厂家，对包装盒的要求十分严格，要求无酸性物质，不产生化学反应，有的采用硬型透明塑料抽真空包装。考究的包装能提高产品的附加值和身价，箱、盒大都采用防伪标记，常用的有镭射、条码、暗印等。在采购配件时，这些很重要。

例如，正品机油滤清器的包装精良，壳体上的字迹都是经过排版与设计的，印刷质量也很好，因此清晰、规范、美观。假冒机油滤清器由于追求低成本，一般在印刷上十分粗糙、字体模糊、不规范，如图3–11所示。

（3）看文件资料。首先要查看汽车配件的产品说明书，产品说明书是生产厂进一步向用户宣传产品，为用户做某些提示，帮助用户正确使用产品的资料。通过产品说明书可增强用户对产品的信任感。一般来说，每个配件都应配一份产品说明书（有的厂家配用户须知）。如果交易量相当大，还必须查询技术鉴定资料。

图3–11 机油滤清器对比

进口配件还要查询海关进口报关资料。国家规定，进口商品应配有中文说明，一些假冒进口配件一般没有中文说明，且包装上的外文，有的文法不通，甚至写错单词，一看便能分辨真伪。

（4）看表面处理。鉴别金属机械配件，可以查看表面处理。所谓表面处理，即电镀工艺、油漆工艺、电焊工艺、高频热处理工艺。汽车配件的表面处理是配件生产的后道工艺，商品的后道工艺尤其是表面处理涉及很多现代科学技术。国际和国内的名牌大厂在利用先进工艺上投入的资金是很大的，特别对后道工艺更为重视，投入资金少则几百万元，多则上千万元。制造假冒伪劣产品的小工厂和手工作坊有一个共同特点，就是采取低投入掠夺式的短期经营行为，很少在产品的后道工艺上投入技术和资金，而且没有这样的资金投入能力。例如，正品传动轴的外球笼外星轮内腔经过中频淬火，且球面球道均经过硬车磨削，光洁度很好，如图3-12所示。

图 3-12　外球笼的外星轮内腔

（5）看非使用面的表面伤痕。从汽车配件非使用面的伤痕，也可以分辨产品是正规厂生产的产品还是非正规厂生产的产品。表面伤痕是在中间工艺环节由于产品相互碰撞留下的。优质的产品是靠先进科学的管理和先进的工艺技术制造出来的。生产一个零件要经过几十道甚至上百道工序，而每道工序都要配备工艺装备，其中包括工序运输设备和工序安放的工位器具。高质量的产品有很高的工艺装备系数作保障，所以高水平工厂的产品是不可能在中间工艺过程中互相碰撞的。凡在产品不接触面留下伤痕的产品，肯定是小厂、小作坊生产的劣质品，如图3-13所示。

3）用简单技术手段鉴别汽车配件质量

对于一些从表面处理上无法确定质量状况的产品，可以采用简单技术手段鉴别。利用一些简单的计量工具，从产品的表面硬度是否合格、几何尺寸是否变形、总成部件是否缺件、转动部件是否灵活、装配标记是否清晰、胶接零件是否松动、配合表面有无磨损等方面通过测量、敲击、对比等方式确定产品质量。

（1）检视法。利用目测或简单的操作方式对汽车配件进行质量的鉴别，主要包括以下几个方面：

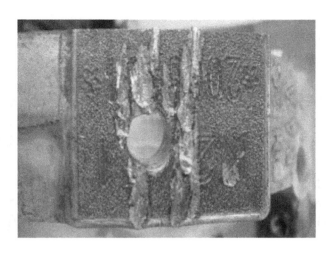

图 3-13　非使用面的表面伤痕

①表面硬度是否达标。配件表面硬度都有规定的要求，在征得厂家同意后，可用钢锯条的断茬去试划（注意试划时不要划伤工作面）。划时打滑无划痕的，说明硬度高；划后稍有浅痕的，说明硬度较高；划后有明显划痕的，说明硬度低。

②接合部位是否平整。零配件在搬运、存放过程中，由于振动、磕碰，常会在接合部位产生毛刺、压痕、破损，影响零件使用，选购和检验时要特别注意。

③几何尺寸有无变形。有些零件因制造、运输、存放不当，易产生变形。检查时，可将轴类零件沿玻璃板滚动一圈，看零件与玻璃板贴合处有无漏光来判断是否弯曲。选购离合器从动盘钢片或摩擦片时，可将钢片、摩擦片举在眼前，观察其是否翘曲。选购油封时用手来回搓几下，应乌黑发亮，没毛刺飞边，带骨架的油封端面呈正圆形，能与玻璃板贴合无挠曲；无骨架油封外缘应端正，无毛刺，用手搓乌黑发亮，用手握使其变形，松手后应能恢复原状。选购各类衬垫时，也应注意检查其几何尺寸及形状。

④总成部件有无缺件。

⑤转动部件是否灵活。在检验机油泵等转动部件时，用手转动泵轴，应感到灵活、有吸力、无卡滞。检验滚动轴承时，一手支撑轴承内环，另一手打转外环，外环应能快速自如转动，无沙哑声，然后逐渐停转，如图 3-14 所示。若转动零件发卡、转动不灵，则说明内部锈蚀或产生变形。

⑥装配记号是否清晰。

⑦接合零件有无松动。由两个或两个以上的零件组合成的配件，零件之间是通过压装、胶接或焊接的，它们之间不允许有松动现象。如油泵柱塞与调节臂是通过压装组合的；离合器从动毂与钢片是铆接结合的；摩擦片与钢片是铆接或胶接的；纸质滤清器滤芯骨架与滤纸是胶接而成的；电气设备是焊接而成的。检验时，若

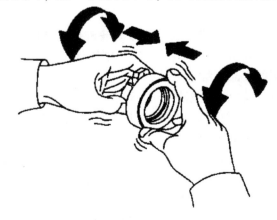

图 3-14　转动部件是否灵活

发现松动应予以调换。

⑧配合表面有无磨损。若配合零件表面有磨损痕迹，或涂漆配件拨开表面油漆后发现旧漆，则多为旧件、翻新件。当表面磨损、烧蚀，橡胶材料变质时，如目测看不清楚，可借助放大镜观察。

（2）敲击法。判定大壳体和盘形铸件零件是否有裂纹、用铆钉连接的零件有无松动以及轴承合金与钢片的结合是否良好时，可用小锤轻轻敲击并听其声音。如果发出清脆的金属声音，则说明零件状况良好；如果发出沙哑的声音，则可以判定零件有裂纹、松动或结合不良。

浸油锤击是一种探测零件隐蔽裂纹最简便的方法。检查时，先将零件浸入煤油或柴油中片刻，取出后将表面擦干，撒上一层白粉（滑石粉或石灰），然后用小锤轻轻敲击零件的非工作面，如果零件有裂纹，通过振动会使浸入裂纹的油渍溅出，裂纹处的白粉呈现黄色油迹，可看出裂纹所在。

（3）比较法。用标准零件与被检零件做比较，从而鉴别被检零件的技术状况。例如气门弹簧、离合器弹簧、制动主缸弹簧和轮缸弹簧，可以用被检弹簧与同型号的标准弹簧（最好用纯正部品，即正厂件）比较长短，即可判断被检弹簧是否符合要求。

（4）测量法。借助测量工具，用正确的方法测量标准尺寸，在此不做赘述，参看工具的使用方法即可。

（5）试装法。这是检查配套件或技术配对件是否匹配、质量是否合格、是否拿错配套件的最好方法。如销售某销轴，可用销轴套试装一下，应杜绝拿错易混或配套配件。

4）进口零配件的鉴别

由于众多进口汽车的车牌、车型繁杂，而某一具体车型的实际保有量又不多，因此除正常渠道进口的配件外，各种假冒伪劣产品也大量涌现，鱼目混珠，转卖伪劣汽车配件以牟取暴利的现象屡见不鲜。汽车维修和配件销售企业采购人员只有了解并熟悉国外汽配市场中的配套件（OEM parts）、纯正件（genuine parts）、专厂件（replacement parts）的商标、包装、标记及相应的检测方法和数据，才能做到有的放矢，保护好自身和消费者的正当权益。到货后，一般应"由外到里，由大包装到小包装，由外包装到内包装，由包装到产品标签，由标签到封签，由零件编号到实物，由产品外观质量到内在质量"逐步进行详细检查，具体总结为"8看"：

（1）看外部包装。一般原装进口配件的外部包装多为7层胶合板或选材较好、做工精细、封装牢固的木板箱，纸箱则质地细密、紧挺不易弯曲变形、封签完好；外表印有用英文注明的产品名称、零件编号、数量、产品商标、生产国别、公司名称，有的则在外包装箱上贴有反映上述数据的产品标签。

（2）看内部包装。国外产品的内部包装（指每个配件的单个小包装盒）一般用印有该公司商标图案的专用包装盒。

（3）看产品标签。日本的日产、日野、三菱、五十铃等汽车公司的正品件都有"纯正部品"的标签，一般印有本公司商标及中英文的公司名称、英文或日文配件名称编号（一般为图号），有英文 MADE IN JAPAN（日本制造）及长方形或正方形标签，而配套件、专厂件的配件的标签无纯正部品字样，但一般有用英文标明适用的发动机型或车型、配件名称、数量及规格、公司名称、生产国别，同时，标签形状不限于长方形或正方形。

（4）看包装封签。进口配件目前大多用印有本公司商标或检验合格字样的专用封签封口。例如，德国 ZF 公司的齿轮、同步器等配件的小包装盒的封签，日本大同金属公司的曲轴轴承的小包装盒的封签，日产公司的纯正件的小包装盒的封签，五十铃公司纯正件的小包装封签等。也有一些公司的配件小包装盒直接用标签作为小包装盒的封签，一举两得。

（5）看内包装纸。德国奔驰汽车公司生产的金属配件一般用带防锈油的网状包装布进行包裹，而日本的日产、三菱、日野、五十铃等汽车公司的纯正件的内包装纸均印有本公司标志，并用一面带有防潮塑料薄膜的专用包装纸包裹配件。

（6）看外观质量。从日本、德国等地进口的纯正件、配套件及专厂件，做工精细，铸铁或铸铝零件表面光滑，精密无毛刺，油漆均匀光亮。而假冒产品则铸造件粗糙，喷漆不均匀，无光泽，真假两个配件在一起对比有明显差别。

（7）看产品标记。原装进口汽车配件，一般都在配件上铸有或刻有本公司的商标和名称标记。例如，日本自动车工业株式会社生产的活塞在活塞内表面铸有凸出的 IZUMI 字样；日本活塞环株式会社（NPR）的活塞环在开口平面上，一边刻有 N，另一边刻有 1NK7、2NK7、3NK7、4NK7 字样；日本理研株式会社（RIK）的活塞环在开口处平面上一边刻有 R。

（8）看配件编号。配件编号也是签订合同和配件验收的重要内容。各大专业生产厂都有本厂生产的配件与汽车厂配件编号的对应关系资料，配件编号一般刻印或铸造在配件上（如德国奔驰纯正件）或标明在产品的标牌上，而假冒配件一般无刻印或铸造的配件编号。在配件验收时，应根据合同要求的配件编号或对应资料进行认真核对。

针对近年来汽配市场出现假冒进口汽车配件的实际问题，经营者必须详细了解并熟悉国外主机厂、配套厂、专业厂的商标、包装、标记及一般的检测方法和数据。

5）常见的假冒伪劣汽车配件的危害与鉴别

近几年来，在利益驱使下，各种假冒伪劣汽车配件充斥市场，假冒的汽车配件与正宗的商品虽然在外观上相差不大，但在内在质量和性能上悬殊，车辆装用假冒伪劣配件后会给车主造成极大的损失，轻则返工复修造成经济损失，重则危及行车安全，甚至造成交通事故。比如，有些机油的质量不过关，只会损坏发动机，使其使用期限降低，但如果制动蹄片、油管造假，就不仅是汽车性能方面受到影响，甚至会导致重大交通事故。据公安部交通管理局统计，最近几年全国每年发生的交通事故都在 30 万起以上。其中，有三成是刹车失灵造成的，而劣质制动蹄片又是造成刹车失灵的主要原因。了解一些常见的假冒伪劣汽车配件的危害与鉴别，对配件订货采购人员而言是非常必要的，如表 3 – 2 所示。

表 3 – 2　常见的假冒伪劣汽车配件的危害与鉴别

配件名称	纯正件特征	假冒件特征	使用假冒件危害
燃油滤清器	材料及工艺考究，滤纸质感好，粗细均匀，有橡胶密封条。能有效过滤汽油中可能存在的杂质颗粒，与燃油管匹配精确	构造粗糙，滤纸低劣，疏密不匀，无橡胶密封条。过滤效果差，与燃油管的匹配精度低	假冒汽油滤清器过滤效果差，可能会引起汽油泵及喷油嘴等部件的过早损坏，导致发动机出现工况不良、动力不足及油耗增加等情况

续表

配件名称	纯正件特征	假冒件特征	使用假冒件危害
燃油滤清器	真假对比图		
机油滤清器	采用专业的滤纸材料，过滤性能良好，有可靠的回流阻止机构	内部材料及制造工艺粗糙，过滤性能差，无回流阻止机构或机构不可靠	假冒机油滤清器由于过滤效果差，容易引起曲轴及轴瓦等主要部件的过早磨损，大大缩短发动机的使用寿命
	真假对比图		
空气滤清器	制造材料优质，密封效果好，除尘效率高，为发动机发挥最佳工作性能提供保障	材料粗糙，过滤效果差，匹配精度低，不能有效滤除空气中的悬浮颗粒物	假冒空气滤清器密封效果差，杂质颗粒容易被吸进发动机，轻则加速发动机气缸和活塞的磨损，重则造成气缸拉伤，缩短发动机的使用寿命
	真假对比图		
火花塞	优质金属材料，电极是一体加工完成的，并非焊接上去，间隙均匀，导热性能出色，即使在车速到达 200 km/h，电极的温度也只有 800 ℃。内部有专门设计的电阻，以减少外界电波的干扰	绝缘材质差，甚至有气孔，防导电的性能也相对较弱，并且内部一般不会安装电阻，所以容易受到外界电波干扰。电极间隙一般不够均匀，绝缘体使用的材料也不够好，导热性能差。车速超过130 km/h后电极温度已达到 1 100 ℃，临近电极熔断点	由于火花塞的工作环境是高温高压，因此伪劣产品的电极非常容易烧蚀，造成电极间隙过大，火花塞放电能量不足，结果就是冷起动困难，发动机内部积炭增多，起步、加速性能下降，油耗增加

续表

配件名称	纯正件特征	假冒件特征	使用假冒件危害
火花塞	真假对比图		
刹车片	正规厂家生产的刹车片，包装印刷比较清晰，上有许可证号，还有指定摩擦系数、执行标准等。而包装盒内则有合格证、生产批号、生产日期等。采用先进材料制作而成，可最大限度地降低刹车盘的磨损和热损；制动性能稳定、可靠，保证车辆能安全、精准地停车	厚度及形状通常与真品不一致，材质手感粗糙，噪声和振动大，质量和制动性能不稳定	使用假冒刹车片，可能引起制动力不足或制动失灵等情况发生，导致车辆不能正常制动，危害安全行车
	真假对比图		
正时皮带	采用优质复合材料制作，无明显气味，制造工艺精良，匹配精度高，抗疲劳性能强	制造材料及工艺粗糙，有一股臭胶味，匹配精度差，容易磨损和断裂	假冒正时皮带使用寿命短，影响发动机工况，高速行驶时安全隐患较大
	真假对比图		

二、汽车配件进货程序

1. 进货渠道的选择

汽车配件经营企业大都从汽车配件生产厂家进货，进货渠道应选择以优质名牌配件为主的进货渠道。但为适应不同层次消费者的需求，也可进一些非名牌厂家的产品。进货时可按 A 类厂、B 类厂、C 类厂顺序选择进货渠道。

A 类厂是主机配套厂。这些厂知名度高，产品质量优，大多是名牌产品。这类厂应是进货的重点渠道。合同签订形式可采取先订全年需要量的意向协议，以便于厂家安排生产，具体按每季度、每月签订供需合同，双方严格执行。B 类厂生产规模和知名度不如 A 类厂，但配件质量有保证，配件价格也比较适中。订货方法与 A 类厂不同，一般可以只签订较短期的供需合同。C 类厂是一般生产厂，配件质量尚可，价格较前两类厂家低。这类厂的配件可作为进货中的补充。订货方式也与 A、B 类厂有别，可以采取电话、电邮的办法，如需签订供需合同，以短期合同为宜。

必须注意：绝对不能向那些没有进行工商注册、生产"三无"及假冒伪劣产品的厂家订货和采购。

2. 供货方式的选择

（1）对于需求量大、产品定型、任务稳定的主要配件，应当选择定点供应直达供货的方式。

（2）对需求量大但任务不稳定或一次性需要的配件，应当采用与生产厂签订合同直达供货的方式，以减少中转环节，加速配件周转。

（3）对需求量少，如一个月或一个季度需求量在订货限额或发货限额以下的配件，宜采取由配件供销企业的门市部直接供货的方式，以减少库存积压。

（4）对需求量少但又属于附近厂家生产的配件，可由产需双方建立供需关系，由生产厂家按协议供货。

3. 进货方式的选择

汽车配件零售企业在组织进货时，要根据企业的类型、各类汽车配件的进货渠道，以及汽车配件的不同特点，合理安排组织进货。汽车配件零售企业的进货方式一般有：

（1）现货与期货。现货购买灵活性大，能适应需要的变化情况，有利于加速资金周转，但是对需求量较大而且消耗规律明显的配件，宜采用期货形式，签订期货合同。

（2）一家采购与多家采购。一家采购指对某种配件的购买集中于一个供应单位，它有利于采购配件质量稳定，规格对路，费用低，但无法与他家比较，机动性小。多家采购是将同一订购配件分别从两个以上的供应者订购，通过比较可以有较大的选择余地。

（3）向生产厂购买与向供销企业购买。这是对同一种配件既有生产厂自产自销又有供销企业经营的情况所做的选择。一般情况下，向生产厂购买时价格较为便宜，费用较省，产需直接挂钩可满足特殊要求。供销企业因网点分布广，有利于就近及时供应，机动性强，尤其是外地区进货和小量零星用料向配件门市部购买更为合适。

（4）成立联合采购体，降低零配件采购成本。联合采购就是几个配件零售企业联合派出人员，统一向汽车配件生产单位或到外地组织进货，然后给这几个配件零售企业分销，这样能够相互协作，节省人力，凑零为整，拆零分销，有利于组织运输；其困难在于组织工作比较复杂。

如据 2006 年 6 月 26 日《第一财经日报》报道，为降低零配件成本，2006 年 6 月 23 日，由巴士集团牵头，国内四家大型客车企业以及上海车辆物资采购网在沪签署了组建联合采购体的合作备忘录，国内首个客车制造企业联合采购体由此诞生。参与联合采购体的四家客车生产企业分别是：郑州宇通客车股份有限公司、厦门金龙汽车集团股份有限公司、上海申沃客车有限公司和上海万象（大宇）汽车制造有限公司。这四家企业占据国内大型客车60%的销售份额。降低零配件采购成本是四大客车生产商共同的目标。

（5）电子采购。电子采购也称为网上采购，具有费用低、效率高、速度快、业务操作简单、对外联系范围宽广等特点，是当前最具发展潜力的企业管理工具之一。

（6）招标采购。招标采购是在众多的供应商中选择最佳供应商的有效办法，适合大量、大规模采购。它体现了公平、公开和公正的原则，可能以更低的价格采购到所需的配件，更充分地获取市场利益。

（7）即时制采购。即时制采购是一种先进的采购模式，是在恰当的时间、恰当的地点，以恰当的数量、恰当的质量采购恰当的配件，如按季节采购配件。

上述几种类型各有各的长处，企业应根据不同的情况适当选择，并注意在实践中扬长避短，不断完善。

4. 供货商的选择

供货商的选择主要从价格和费用、产品质量、交付情况、服务水平四个方面进行评价。

（1）价格和费用。价格和费用的高低是选择供货商的一个重要标准。固定市场中存在固定价格、浮动价格和议价，要做到货比三家，价比三家，择优选购。在选择供货商时不仅要考虑价格因素，而且要考虑运输费用因素。价格和费用低可以降低成本，增加企业利润，但不是唯一标准。

（2）产品质量。价格和费用虽低，但如果由于供应的配件质量较差而影响修车质量，反而会给用户和企业信誉带来损失，所以选购配件时要选购名牌产品或配件质量符合规定要求的产品。

（3）交付情况。要考虑供货商能否按照合同要求的交货期限和交货条件履行合同，一般用合同兑现率来评价。交货及时、信誉好、合同兑现率高的供货商，当然是选择的重点。

（4）服务水平。要考虑供货商可能提供的服务，如服务态度、方便用户措施和服务项目等。另外，在选择供货商时，要注意就近选择。这样可以带来许多优点，如能加强同供货单位的联系和协作、能得到更好的服务、交货迅速、临时求援方便、节省运输费用和其他费用、降低库存数量等。同时，要考虑其他供货商的特点，比较各供货商的生产技术能力、管理组织水平等，然后做出全面的评价。

为了做出恰当的评价，可以根据有日常业务往来的单位及市场各种广告资料编制各类配件供货商一览表，然后按表内所列的项目逐项登记，逐步积累，将发生的每一笔采购业务都填写补充到该表中去，在此基础上进行综合评价，选出重点、长久订货的供货商。

三、汽车配件采购合同的签订

1. 签订采购合同应遵循的原则

常见的关于汽车配件的合同有买卖合同、运输合同、保险合同等，其中最主要的是汽车

配件买卖合同，即采购合同。

在与配件供货商进行交易行为时，应当与供货商签订书面采购合同，采购合同是供需双方的法律依据，应是当事人双方真实意思的体现，因此，签订合同必须贯彻"平等互利、协商一致、等价有偿、诚实信用"的原则。合同依法成立后，当事人之间法律地位是平等的，权利和义务也是对等的。任何一方不得以大压小、以强凌弱、以上压下，也不能以穷吃富。经济合同必须建立在真实、自愿、平等互利、等价有偿的基础上。国家法律不允许签订有损于对方合法权益的"不平等条约"或"霸王合同"。一切违背平等互利、协商一致、等价有偿原则的合同，都应确认为全部无效或部分无效的经济合同。

2. 汽车配件采购合同的关键条款

合同是约束双方的权利与义务的法律文书，合同的内容要简明，文字要清晰，字意要确切。品种、型号、规格、单价、数量、交货时间、交货地点、交货方式、质量要求、验收条件、付款方式、双方职责、权利都要明确规定。签订进口配件合同时，更要注意这方面的问题，特别是配件的型号、规格、生产年份、零件编码等不能有一字差别。近几年生产的进口车，可利用标识码（17位码）来寻找配件号。此外，在价格上也要标明何种价，如离岸价、到岸价等，否则会导致不必要的损失。

为避免在执行合同时出现争议，在采购合同中必须写明一些关键性的条款，具体有以下几条：

（1）汽车配件的品名、品牌、规格、型号。其有时也称为"标的"，是合同当事人双方的权利、义务共同指向的对象。

（2）汽车配件的数量和质量。在确定数量时应考虑汽车配件常见的包装规范，一般以个、件、副、千克等计算；质量是合同的主要内容，一般是型号、等级等。

（3）汽车配件的价格、合同价款。价格是指汽车配件的单件（位）价格；合同价款是指合同涉及汽车配件的总金额。

（4）履行的期限、地点和方式。履行期限是指当事人各方依照合同规定全面完成自己合同的时间。履行地点是指当事人依照合同规定完成自己的合同义务所处的场所。履行方式是指当事人完成合同义务的方法。

（5）违约责任。违约责任是指合同当事人因过错而不履行或不完全履行合同时应承受的经济制裁，如偿付违约金、赔偿金等。

此外，根据法律规定，以及当事人一方要求必须规定的条款，也是买卖合同的主要条款。

3. 签订配件采购合同时应注意的问题

配件采购合同依法成立之后，即具有法律约束力。当事人必须对合同中的权利和义务负责，必须承担由此引起的一切法律后果。因此，在签订经济合同时一定要慎重、认真，不可马虎、草率。应注意以下几个方面的问题：

（1）尽可能了解对方。为了慎重签订经济合同，使合同稳妥可靠，应该尽可能了解对方，知己知彼。了解对方，虽然不是签订经济合同的法定程序，但是根据实践经验来看是非常必要的。在签订合同以前，应该了解对方以下问题：一是对方是否具有签订经济合同的主体资格（社会组织必须具备法人资格；个体工商户必须经过核准登记，领有营业执照）；二是合同主体是否具有权利能力和行为能力，是否具备履行合同的条件；三是法定代表人签订合同是否具有合法的身份证明，代理人签订合同是否具有委托证明；四是代签合同单位是否具有委托单位的委托证明等。只有了解对方，才能心中有数，合同才能稳妥可靠。

（2）遵守国家法律、法规的要求。

（3）合同的主要条款必须齐备。经济合同必须具备明确、具体、齐备的条款；文字表达必须清楚、准确，切不可用含混不清、模棱两可和一语双关的词汇；语言简练、标点使用正确；产生笔误不得擅自涂改。

（4）明确双方违约责任。合同的违约责任是合同内容的核心，是合同法律约束力的具体表现。当事人双方必须根据法律规定或双方约定明确各自的违约责任。合同的违约责任规定得不明确或没有违约责任，合同就失去了约束力，不利于加强双方责任心，不利于严肃地、全面地履行合同；在发生合同纠纷时，缺少解决纠纷的依据。因此，当事人应该自觉地接受法律监督，明确规定各自的违约责任。

（5）合同的变更与解除。经济合同依法成立后，即具有法律约束力，任何一方不得擅自变更或解除。但是，在一定条件下，当事人在订立经济合同后，可通过协商或自然地变更或解除合同。

4. 国内采购合同格式

采购合同格式如下：

购货合同

于_____年_____月_____日，_____先生_____
_____有限公司（以下简称售方），_____先生_____
_____有限公司（以下简称购方），鉴于售方同意出售，购方同意购买_____（以下简称合同货物），其合同货物的质量、性能、数量经双方确认，并签署本合同，其条款如下：

（1）合同货物：_____
（2）数量：_____
（3）原产地：_____
（4）价格：_____FOB[①]
（5）装船：第一次装船应于接到信用证后_____天至_____天内予以办理。从第一次装船，递增至终了，应在_____个月内完成。
（6）优惠期限：为了履行合同，若最后一次装船时发生延迟，售方提出凭证，购方可向售方提供_____天的优惠期限。
（7）保险：由购方办理。

---

① FOB 是国际贸易中常用的贸易术语之一，FOB 的全文是 Free on Board，即船上交货（指定装运港），习惯称为装运港船上交货。

（8）包装：用新牛皮纸袋装，每袋为_____千克；或用木箱装，每箱为_____千克。予以免费包装。

（9）付款条件：签订合同后_____天（公历日）内购方通过开证行开出以售方为受益人，经确认的、全金额100%的、不可撤销的、可分割的、可转让的、允许分期装船的信用证，见票即付并出示下列证件：

①全套售方商业发票；

②全套清洁、不记名、背书提单；

③质量、重量检验证明。

（10）装船通知：购方至少在装货船到达装货港的_____天前，将装货船到达的时间用电传通知售方。

（11）保证金。

①通知银行收到购方开具的不可撤销信用证时，售方必须开具信用证_____%金额的保证金。

②合同货物装船和交货后，保证金将原数退回给售方。若出于任何原因（本合同规定的第12条除外），发生无法交货（全部或部分），则按数量比例将保证金作为违约予以没收支付给购方。

③若由于购方违约或购方不按照本合同第（9）条规定的时间内（第（12）条规定除外），开具以售方为受益人的信用证，必须按保证金相同的金额付给售方。

④开具的信用证必须满足合同所规定的条款内容。信用证所列条件应准确、公道，售方能予以承兑。通知银行收到信用证后应给开证银行提供保证金。

（12）不可抗力：售方或购方均不承担由于不可抗力的任何原因所造成的无法交货或违约，不可抗力的任何原因包括战争、封锁、冲突、叛乱、罢工、雇主停工、内乱、骚动、政府对进出口的限制、暴动、严重火灾或水灾或为人们所不能控制的自然因素。

交货或装船时间可能出现延迟，购方或售方应提出证明予以说明实情。

（13）仲裁：因执行本合同所发生的一切争执和分歧，双方应通过友好协商方式解决。若经协商不能达成协议，则提交仲裁解决。仲裁地点在_____ 由仲裁委员会仲裁，按其法规裁决。仲裁委员会的裁决，对双方均有约束力。仲裁费用应由败诉方承担。除进行仲裁的那部分外，在仲裁进行的同时，双方将继续执行合同的其余部分。对仲裁结果不服者可到法院诉讼解决。

（14）货币贬值：若美元货币发生法定贬值，售方保留按贬值比率对合同价格予以调整的核定权利。

（15）有效期限：本合同签字后，若在____天内购方不能开出以售方为受益人的信用证，本合同将自动失效。但购方仍然对第（11）条中②、③项规定的内容负责，支付予以补偿。

本合同一式两份，经双方认真审阅并遵守其规定的全部条款，在见证人出席下经双方签字。

售方：_____

购方：_____

见证人：_____

学习任务四　汽车配件订货系统应用示例

当通过配件管理系统及配件目录系统生成订单后,我们就要向供应商订货,把正式的订单发给供应商,这就要用到配件订购系统。配件订购系统是指与互联网技术相结合,供应商在网上建立一个订购系统,实行实时订货。配件订购系统除了可以直接向供应商订购零件外,还可以实时查询供应商的库存数量,准确预测零件的到货日期,查询零件替代状况、零件的价格以及订单的处理情况等。以下我们以丰田 TACT 系统的订货功能为例来说明汽车配件订购系统的运用。

一、相关名词释义

(1) 丰田 TACT 系统:TACT 系统是丰田认定经销店的标准业务系统,是各经销店在日常零件业务工作中,遵循丰田 JIT 理念管理库存的科学解决途径,其中的零件功能是完全基于 TSM 标准设计开发的。

(2) B/O 零件:客户预定件,当没有库存或库存不足时所发生的替客户做的追加订货件。

(3) S/O 零件:补充库存件。

(4) F/O 零件:特别配给件,如服务推广活动而需存货的零件;配合新车销售而准备存货的零件;为特别修理情况而库存的零件,如因质量问题召回车辆维修所需的零件。

(5) 纯牌零件:经过丰田汽车公司严格质量检验的零件称为"丰田纯牌零件"。

二、订货系统操作说明

丰田汽车公司的管理规范性在汽车行业鼎鼎有名,在汽车配件管理与营销方面也不例外,在配件仓库管理中,采用丰田公司独有的操作系统,下面以该系统为例,详细介绍其订货操作过程的具体过程。

1. 丰田订货系统主界面(见图 3-15)

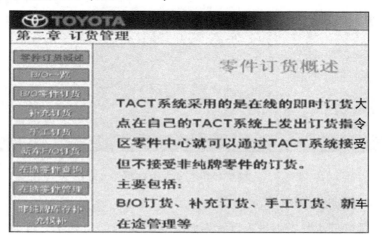

图 3-15　丰田订货系统主界面

2. B/O 一览操作顺序

单击"B/O 一览"按钮进入检索界面（见图 3 – 16），输入查询条件，单击"检索"按钮，系统将弹出 2 张报表：纯牌和非纯牌的 B/O 零件一览表，如图 3 – 17 所示。

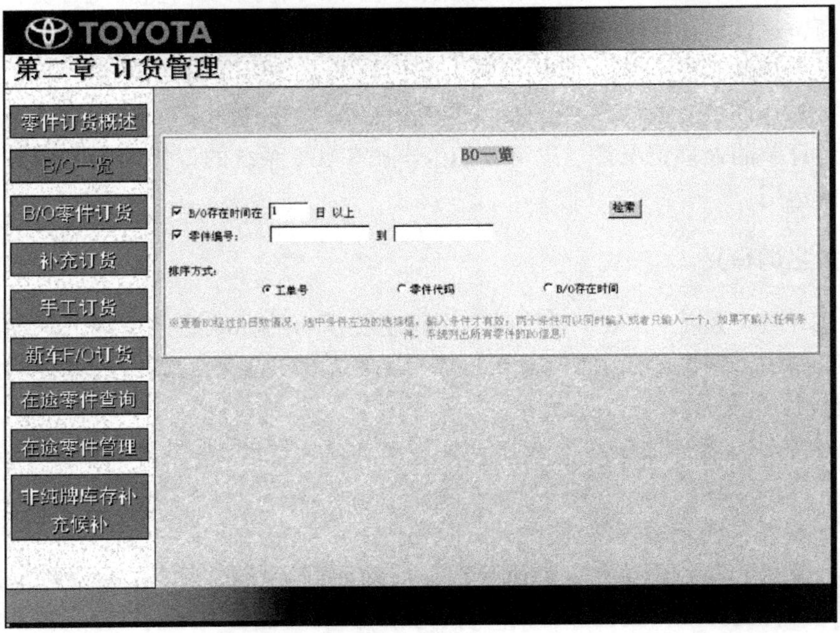

图 3 – 16　B/O 检索界面

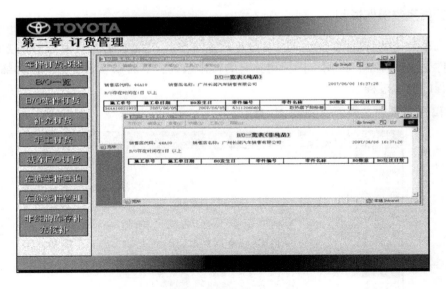

图 3 – 17　纯牌和非纯牌的 B/O 零件一览表

3. B/O 零件订货操作顺序

单击"B/O 零件订货"按钮进入订货界面（见图 3 – 18），系统会自动算出订货数，如有必要，配件订货员可根据需要调整订货数。单击"订货确认"按钮，即可发出订单。弹出的窗口显示 B/O 零件订货一览表，包含纯牌与非纯牌，如图 3-19 所示。

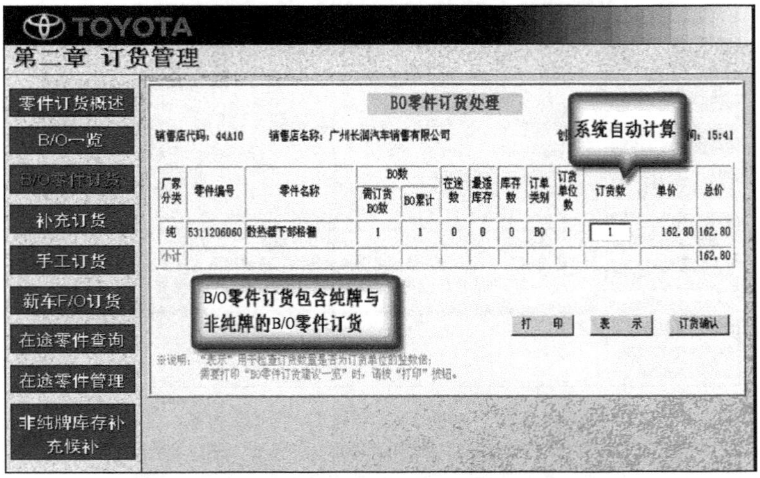

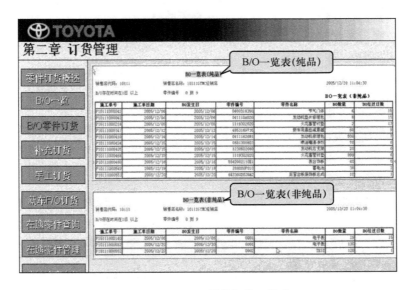

图 3-18　B/O 零件订货界面

图 3-19　B/O 零件订货一览表

4. 库存补充（S/O）订货操作顺序

单击"补充订货"按钮进入订货计算界面，单击"执行"按钮，系统自动计算出需要补充的零件及数量，根据实际需求修改（见图 3-20）；单击"订货确认"按钮，完成订货，弹出的窗口显示 S/O 零件订货结果一览表，只包含纯牌（见图 3-21）。

5. 手工订货操作顺序

单击"手工订货"按钮进入订货界面，选择订单类别，单击"补充订货"，新增行数，然后输入零件编号及订货数，单击"订货确认"按钮，完成订货（见图 3-22）。弹出的窗口显示手工订货结果一览表，只包含纯牌（见图 3-23）。

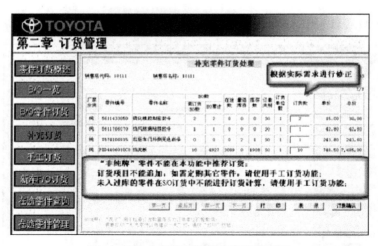

图3-20 库存补充零件订货计算界面

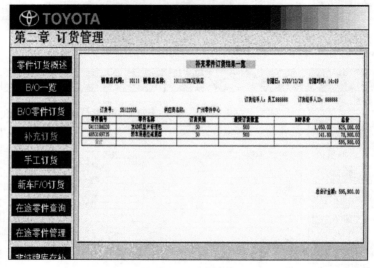

图3-21 库存补充零件订货结果一览表

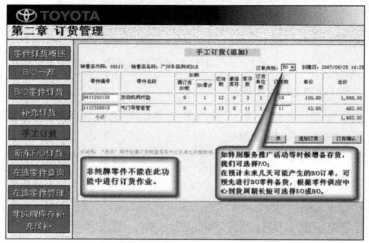

图3-22 手工订货（追加）界面

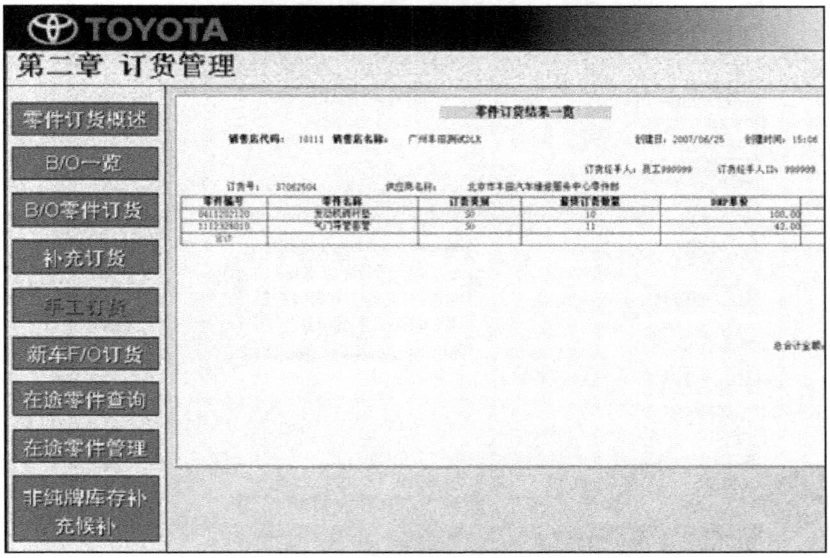

图 3 – 23　手工订货结果一览表

6. 新车 F/O 零件订货操作顺序

单击"新车 F/O 订货"按钮进入新车 F/O 零件订货处理界面，如果厂家已经上传了零件订货信息，则会出现相应链接（见图 3 – 24），单击链接后，出现订货确认界面，单击"订货确认"按钮，完成订货（见图 3 – 25）。

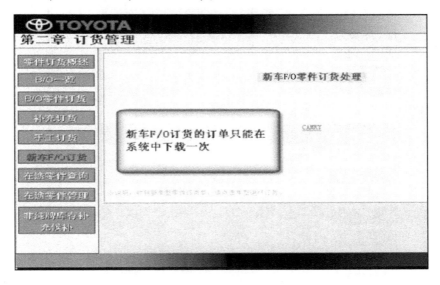

图 3 – 24　F/O 零件订货界面

7. 在途零件查询操作顺序

单击"在途零件查询"按钮进入查询输入界面，输入查询条件，单击"检索"按钮（见图 3 – 26），即可查询出所有在途零件信息（见图 3 – 27）。

图 3-25　新车 F/O 零件订货界面

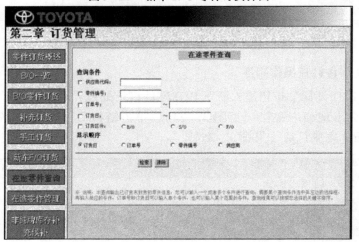

图 3-26　在途零件查询检索界面

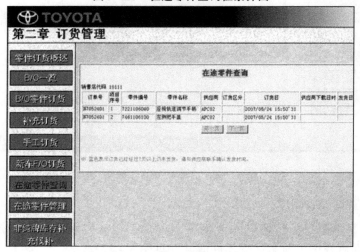

图 3-27　在途零件信息界面

8. 在途零件删除操作顺序

单击"在途零件管理"按钮进入操作界面,输入订单号或零件编号,单击"检索"按钮,将查询出在途零件信息(见图3-28);在查询结果画面上可以选择删除某些已经过期的订单(见图3-29)。

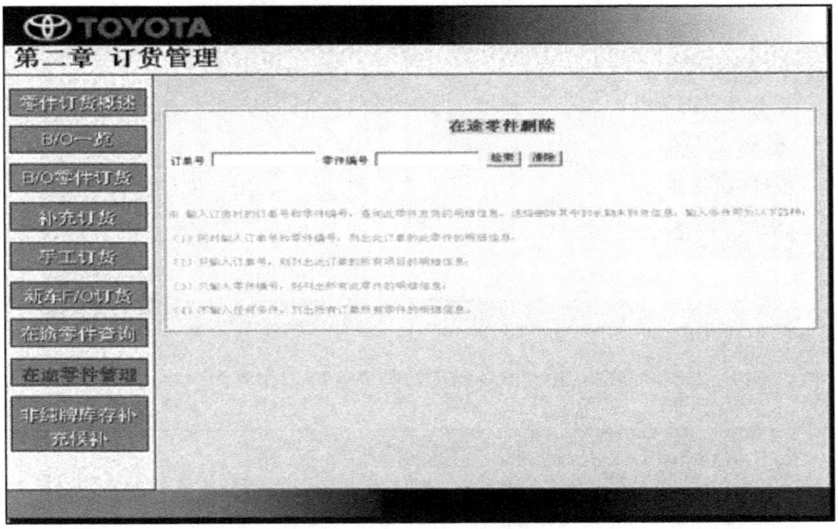

图3-28 在途零件管理删除操作界面

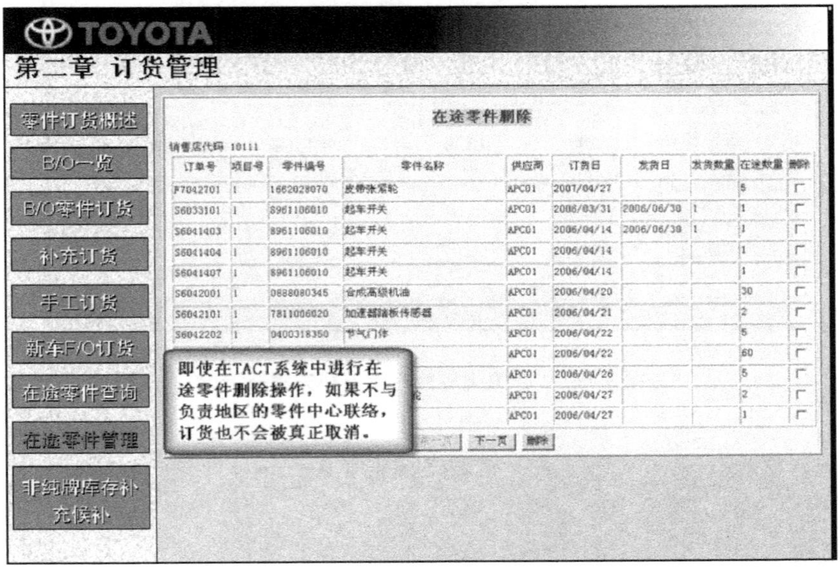

图3-29 在途零件删除

9. 非纯牌库存补充候补操作顺序

单击"非纯牌库存补充候补"按钮进入查询界面,设定条件后单击"表示"按钮(见图3-30);弹出的窗口显示非纯牌零件的库存补充候补清单(见图3-31)。

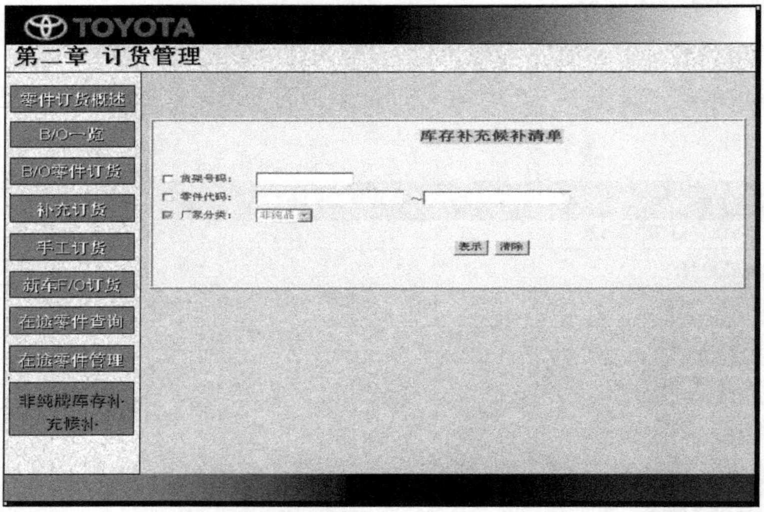

图 3-30 非纯牌库存补充候补查询界面

图 3-31 非纯牌零件的库存补充候补清单

本章自测题

一、单选题

1. 汽车配件市场调查是应用各种科学的调查方式方法，搜集、整理、分析汽车配件市场资料，对汽车配件市场的状况进行反映或描述，以认识（　　）发展变化规律的过程。
   A. 汽车配件市场　　B. 市场　　C. 汽车销售　　D. 配件

2. 汽车配件市场调查的方法可分为间接调查法和（　　）。
   A. 直接调查法　　B. 访谈法　　C. 实验法　　D. 看商标

3. 汽车配件订货是一项专业性很强的工作，汽车配件订货好坏直接影响到（　　）与管理整体流程的顺利进行。

A. 汽车配件经营　　　B. 汽车销售　　　C. 汽车配件　　　D. 配件订购

4. （　　）又称重点管理法或分类管理法，它是一种从错综复杂、名目繁多的事物中找出主要矛盾，抓住重点，兼顾一般的管理方法。

A. ABC 管理法　　　B. 访谈法　　　C. 实验法　　　D. 配件管理法

5. 供货商的选择主要从价格和费用、产品质量、交付情况、（　　）四个方面进行评价。

A. 协商一致　　　B. 服务水平　　　C. 等价有偿　　　D. 平等互利

二、多选题

1. 市场是商品经济运行的载体或现实表现。一般认为，市场有（　　）含义。

A. 商品交换场所和领域　　　B. 商品交换
C. 某种或某类商品的需求量　　　D. 市场存在现实顾客和潜在顾客

2. 属于市场调查阶段的是（　　）。

A. 鉴别资料　　　B. 整理资料　　　C. 统计分析　　　D. 定性研究

3. 汽车配件市场调查报告应包括以下什么内容？（　　）

A. 前言　　　B. 正文　　　C. 附件　　　D. 概述

4. 汽车配件市场调查方法可以分为（　　）。

A. 间接调查法　　　B. 直接调查法　　　C. 实验法　　　D. 访谈法

5. 下面哪种属于鉴别汽车配件质量的方法？（　　）

A. 看商标　　　B. 看包装　　　C. 看文件资料　　　D. 看表面处理

6. 签订汽车配件合同必须贯彻（　　）的原则。

A. 平等互利　　　B. 协商一致　　　C. 等价有偿　　　D. 诚实信用

三、填空题

1. 供货商的选择主要从价格和费用、_____、交付情况、_____四个方面进行评价。

2. 在与配件供货商进行交易行为时，应当与供货商签订书面采购合同，采购合同是供需双方的法律依据，应是当事人双方真实意思的体现，因此，签订合同必须贯彻"_____、协商一致、_____、诚实信用"的原则。

3. 汽车配件市场调查是应用各种科学的调查方式方法，搜集、整理、分析汽车配件市场资料，对汽车配件市场的状况进行反映或描述，以认识_____发展变化规律的过程。

4. 汽车配件管理的使命是最大限度地及时满足_____和_____带来的低库存金额，以获得良好的营业收益。

5. 配件订货追求的目标是"_____"，即以最合理的库存最大限度地满足用户的需求。

6. 良性库存的实现：一是_____；二是减少库存，提高收益。具体做法总结起来就是"_____"。

7. ABC 管理法又称_____或_____，它是一种从错综复杂、名目繁多的事物中找出主要矛盾，抓住重点，兼顾一般的管理方法。

四、简答题

1. 什么是汽车配件市场调查？
2. 配件订货员的职责是什么？
3. 怎样才能做好汽车配件订货计划？
4. 什么是良性库存？
5. 在订立采购合同时要注意哪些事项？

项目四
汽车配件入库管理

1. 叙述汽车配件入库相关要求;
2. 知道汽车配件入库具体操作流程;
3. 能运用正确的方法对汽车配件进行验收,并对验收结果提出合理的处理方案;
4. 会对验收合格的汽车配件按入库的规范与流程完成入库作业;
5. 养成良好的职业素养和科学的工作方式。

6 学时。

某品牌汽车 4S 店新订购的一批配件已经到货,按规定进行各项检验并验收,对验收结果进行正确的处理,合格的配件要放置到合理的地方,并做好入库登记工作;能对入库的配件进行准确的记录存档和科学化管理。

学习任务一　汽车配件验收

一、验收流程

配件验收是汽车配件经营与管理中不可缺少的一个重要环节,在验收过程中,对配件的相关资料、配件质量进行规范的检验,判断配件质量、数量是否合格,再根据验收结果采取相应的措施进行处理。验收流程如图 4-1 所示。

1. 验收准备

首先熟悉收受凭证及相关订货的资料;准备并校验相应的验收工具,如磅秤量尺、卡尺等,保证计量的准确;准备堆码、搬运用的搬运设备、工具以及材料;配备足够的人力,根据到货产品数量及保管要求,确定产品的存放地点和保管方法等。

2. 核对资料

入库产品应具备下列资料:主管部门提供的产品入库通知单;发货单位提供的产品质量

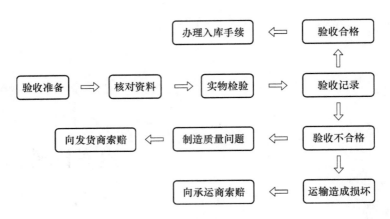

图 4-1 验收流程

证明资料（一般是产品合格证）；产品发货单（见图 4-2）、装箱单、磅码单；承运部门提供的货运单及必要的证件。仓库需对上述资料进行整理和核对，无误后即可进行实物检验。

订单编号	1231		接单日期	2005-01-18		销售员	李世	
客户名称	北方机械厂					客户编号	123	
序号	产品名称	计量单位	单价	数量		金额	备注	
1	轴承	个	230	10		2 300		
						0		
						0		
						0		
						0		
合计金额						￥2 300.00		
合计金额（大写）								
审批日期：		审批人：			审批意见：			
发货日期：		发货人：						

图 4-2 产品发货单

3. 实物检验

实物检验包括对产品数量和产品质量两个方面的检验。数量检验是查对到货产品的名称、规格、型号、件数等是否与入库通知单、货运单、发货明细表一致。在验收时，仓库应采取与供货方一致的计量方法，即按质量供货者，应以千克称量；按件数供货者，应清点件数；按理论换算供货者，应以尺计量换算。质量检验包括对产品的包装状况、外观质量和内在质量的检验。一般仓库只负责包装和外观质量的检验，通过验看外形判断产品质量状况。需要进行技术检验确定产品质量的，应通知企业技术部门并取样送请专业检验部门检验。例如对轮胎的检验（见图 4-3）。

4. 验收记录

对产品验收结果应当及时做出验收记录。验收记录内容主要包括产品名称、规格、供货单位、出厂日期（或批号）、货运单号、到达日期、验收完毕日期、应收数量、实收数量、抽查数量、质量情况等。凡遇数量短缺或包装破损的，应注明短缺数量及残损程度，并进行原因分析，附承运部门的现场验收签证或照片，应及时与供货单位交涉，或报上级管理部门处理。处理期间，产品应另行存放，不得与合格产品混存，更不得发放使用，但仍需妥善保管。

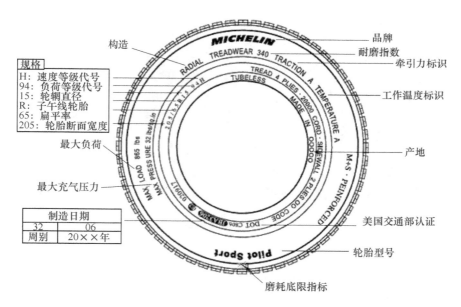

图 4-3 对轮胎的检验

5. 办理入库手续

产品经验收合格后即应办理入库手续，进行登账、立卡，建立产品档案，妥善保管产品的各种证件、说明、账单资料。

二、汽车配件的验收步骤

配件验收步骤如图 4-4 所示。

图 4-4 配件验收步骤

1. 清点箱数

（1）接收送货单（或货运单）。货运公司送货到门口时，首先接收送货单（或货运单），一式两联，做收货准备。

（2）确认送货单（或货运单）内容。确认送货单（或货运单）上收货单位为本公司名称，确认本次收货的日期和收货箱数，准备收货。

（3）清点数量。按一个包装标签为一个箱头（件数）进行清点，包装标签如图 4-5 所示。

清点时确认零件包装标签上的公司名称是本公司的名称，确认包装标签下的发货日期与送货单（或货运单）上的相符，清点后确认收到的件数（符合上述要求的箱头）与送货单（或货运单）上的一致。

图4-5 包装标签

2. 检查包装

对收到的零件逐一检查外包装的完好性,收到的零件外包装不良时,如图4-6~图4-9所示,应打开不良的包装对内装零件进行检查,内装零件破损时,在货运单上必须注明,拍照后向供货商申请索赔。

图4-6 外包装破损

图4-7 零件渗漏

图4-8 外装木散架

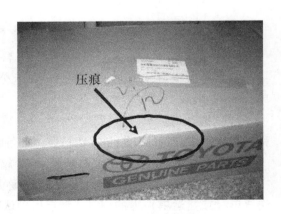

图4-9 外包装有明显痕迹

3. 签收

必须按以上流程验收后，才能签署送货单（或货运单），签署样本如图 4-10 所示。

收货单位: _____							0910842	
地　址: _____				电话: _____			年　月　日	
货号	名称及规格	单位	数量	单价	金　　　额		备注	
					十万千百十元角分			
	实收捌件，欠贰件							
合　计	佰　拾　万　仟　佰　拾　元　角　分				￥			

送货单位(盖章)　　　　　　　　送货单位(盖章)
及经手人　　　　　　　　　　　及经手人

图 4-10　送货单

（1）货物无异常时，签收字样为"实收××件，签收人×××，收货日期×年×月×日"。

（2）货物数量不符时，签收字样为"实收××件，欠××件，签收人×××，收货日期×年×月×日"。

送货单（或货运单）签署后一联 DLR 留存做申请索赔备用，一联交物流公司带回。

4. 明细验收

（1）取出发票清单。在包装箱上找到标有"内附清单"字样的箱头（见图 4-11（a）），打开包装，在红色胶袋内取出发票清单（见图 4-11（b）），准备验货。

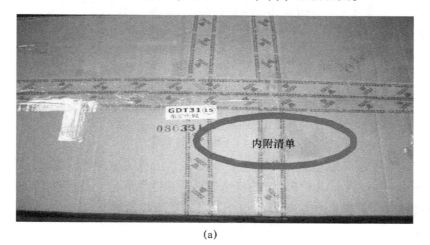

(a)

图 4-11　包装箱标识及发票清单
（a）包装箱标识

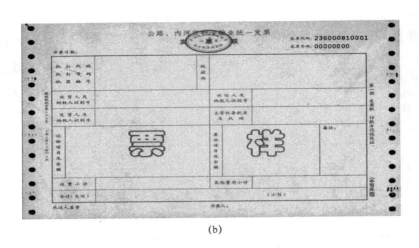

(b)

图 4-11　包装箱标识及发票清单（续）

(b) 发票清单

（2）准备验收工具。准备手推车、篮筐，将到货清单平整夹好，准备开箱验货，如图 4-12 所示。

（3）确认发票清单为本公司清单。确认全部待验收的发票清单客户名称为本公司的名称。

（4）根据发票清单逐一验收零件。根据发票清单验收零件，逐一核对零件编码、数量，确认零件是否属于开箱检查的范围。

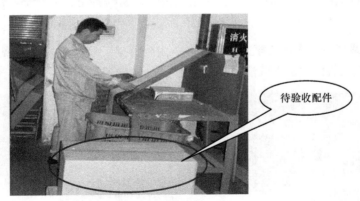

图 4-12　准备验收工具

（5）以下零件必须开箱检查：零件包装不良（包括有明显碰撞痕迹、破损、漏油等）；易损件，如图 4-13～图 4-16 所示；高价值零件，零件单价在 1 000 元以上的零件。

在验收过程中，经常会出现表 4-1 所示几种不良验收的情况。

5. 填验收表

经过以上四个步骤以后，验收员可以填写验收表格，如表 4-2 所示。

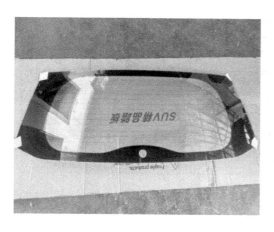

图 4-13 易损件——玻璃

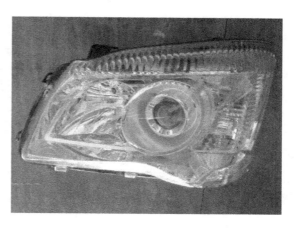

图 4-14 易损件——灯具

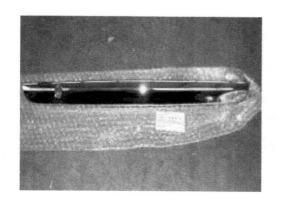

图 4-15 易损件——饰条

图 4-16 易损件——塑胶制

表 4-1 不良验收示例

序号	不良验收情况	易造成的问题
1	零件从外包装取出后放置在地上进行验收	①验收时容易踩踏零件，造成零件损伤； ②验收与未验收零件不易明确区分，容易造成验收差错
2	先将零件从箱中全部取出，丢弃外包装后再进行验收	①容易出现零件未完全取出，验收完毕后发现短缺，在垃圾堆中找回零件； ②发生货损时未能真实反映零件装箱情况，令供应商装箱改善工作难以到位
3	验收时未将所有包装完全打开进行验收	容易出现点漏或点错零件的情况
4	零件到货后未验收先出库，或未验收已上架	容易遗漏验收零件，向 FPD 申报错误短缺报告

表 4-2 配件验收表

年　月　日　　　　　　　编号

采购单号		零件名称				料号											
供应商						数量											
检验项目	标准	抽样结果记录															
		1	2	3	4	5	6	7	8	9	10	11	12	13	14	15	16
结果	及格	审核								检验者							
	不及格																

三、汽车配件的验收方法

1. 目测法

目测法主要适用于缺少完备检测手段的汽车配件经销企业，而且只适用于机械、橡胶、塑料类的汽车配件产品检测，一般不用于汽车电子产品检测。目测法能够识别的是产品表面质量及表面处理工艺，如电镀工艺、油漆工艺、高频热处理工艺、包装工艺等。主要可归结为以下"五看"：

（1）看商标。要认真查看商标，查看上面的厂名、厂址、等级和防伪标记是否真实，因为对有短期行为的仿制假冒者来说，防伪标志的制作不是一件容易的事，需要一笔不小的支出；另外，在商品制作上，正规的厂商在零配件表面有硬印和化学印记，注明了零件的编号、型号、出厂日期，一般采用自动打印，字母排列整齐，字迹清楚，小厂和小作坊一般是做不到的。

（2）看包装。汽车零配件互换性很强，精度很高，为了能较长时间存放、不变质、不锈蚀，需在产品出厂前用低度酸性油脂涂抹。正规的生产厂家，对包装盒的要求也十分严格，要求无酸性物质，不产生化学反应，有的采用硬型透明塑料抽真空包装。考究的包装能提高产品的附加值和身价，箱、盒大都采用防伪标记，常用的有镭射、条码、暗印等，在采购配件时，这些很重要。

（3）看文件资料。一定要查看汽车配件的产品说明书，产品说明书是生产厂进一步向用户宣传产品，为用户做某些提示，帮助用户正确使用产品的资料。通过产品说明书可增强用户对产品的信任感。一般来说，每个配件都应配一份产品说明书（有的厂家配用户须知）。如果交易量相当大，则必须查询技术鉴定资料，进口配件还要查询海关进口报关资料。国家规定，进口商品应配有中文说明，一些假冒进口配件一般没有中文说明，且包装上的外文，有的文法不通，甚至写错单词，一看便能分辨真伪。

（4）鉴别金属机械配件，可以查看表面处理。所谓表面处理，即电镀工艺、油漆工艺、电焊工艺、高频热处理工艺。汽车配件的表面处理是配件生产的后道工艺，商品的后道工艺尤其是表面处理涉及很多现代科学技术。国际和国内的名牌大厂在利用先进工艺上投入的资金是很大的，特别对后道工艺更为重视，投入资金少则几百万元，多则上千万元。一些制造假冒伪劣产品的小工厂和手工作坊有一个共同特点，就是采取低投入掠夺式的短期经营行为，很少在产品的后道工艺上投入技术和资金，而且没有这样的资金投入能力。

（5）看非使用面的表面伤痕。从汽车配件非使用面的伤痕，也可以分辨是正规厂生产的产品还是非正规厂生产的产品。表面伤痕是在中间工艺环节由于产品相互碰撞留下的。优质的产品是靠先进科学的管理和先进的工艺技术制造出来的。生产一个零件要经过几十道甚至上百道工序，而每道工序都要配备工艺装备，其中包括工序运输设备和工序安放的工位器具。高质量的产品有很高的工艺装备系数作保障，所以高水平工厂的产品是不可能在中间工艺过程中互相碰撞的，以此推断，凡在产品不接触面留下伤痕的产品，肯定是小厂、小作坊生产的劣质品。

2. 简单技术手段鉴别法

对一些从表面处理上无法确定质量状况的产品，可以采用简单技术手段鉴别。利用一些简单的计量工具，标准的产品样件，从产品的表面硬度是否合格、几何尺寸是否变形、总成部件是否缺件、转动部件是否灵活、装配标记是否清晰、胶接零件是否松动、配合表面有无磨损等方面通过测量、敲击、对比等方式确定产品质量。

3. 试验法

试验法适用于单件产品价值高、产品技术含量高和产品质量要求高的汽车配件。需要利用专用的检测试验设备进行产品性能测试。

汽车配件产品的验收方法多种多样，各种手段需要综合运用，根据不同的配件采用不同的验收方法，并综合运用。

四、验收注意事项

汽车配件采购员在确定了进货渠道及货源，并签订了进货合同之后，在约定的时间、地点，对配件的名称、规格、型号、数量、质量检验无误后，方可接收。

1. 对配件品种的检验按合同规定的要求，对配件的名称、规格、型号等认真查验

如果发现产品品种不符合合同规定的要求，应一方面妥善保管，另一方面在规定的时间内向供方提出异议。

2. 对配件数量的检验对照进货发票，先点收大件，再检查包装及其标识是否与发票相符

整箱配件，一般先点件数，后抽查细数；零星散装配件需点验细数；贵重配件应逐一点数；对原包装配件有异议的，应开箱开包点验细数。验收时应注意查验配件分批交货数量和配件的总货量。无论是自提还是供方送货，均应在交货时当面点清。供方代办托运的应按托运单上所列数量点清，超过国家规定合理损耗范围的应向有关单位索赔。如果实际交货数量与合同规定交货的数量之间的差额不超过有关部门规定，双方互不退补；超过规定范围的要按照国家规定计算多交或少交的数量。双方对验收有争议的，应在规定的期限内提出异议，超过规定期限的，视为履行合同无误。

3. 对配件质量的检验

（1）采用国家规定质量标准的，按国家规定的质量标准验收；采用双方协商标准的，按照封存的样品或样品详细记录下来的标准验收。接收方对配件的质量有异议的应在规定的期限内提出，否则视为验收无误。当双方在检验或试验中对质量发生争议时，按照《中华人民共和国标准化管理条例》规定，由标准化部门的质量监督机构执行仲裁检验。

（2）在数量庞大、品种规格极其繁杂的汽车配件的生产、销售中，发现不合格品、数量短少或损坏等，有时是难以避免的。如果在提货时发现上述问题，应当场联系解决。如果货到后发现，验收人员应分析原因，判明责任，做好记录。一般问题填写"运输损益单""汽车配件销售查询单"查询，问题严重或牵涉数量较多、金额较大时，可要求供货方派人来查看处理。

（3）汽车配件从产地到销地，要经过发货单位、收货单位（或中转单位）和承运单位三方共同协作来完成，所以必须划清三方面的责任范围，责任划分的一般原则是：

①汽车配件在铁路、公路交通运输部门承运前发生的损失和由于发货单位工作处理不善造成的损失，由发货单位负责。

②从接收中转汽车配件起，到交付铁路、公路交通运输部门运转时止，所发生的损失和由于中转单位工作处理不善造成的损失，由中转单位负责。

③汽车配件到达收货地，并与铁路公路交通运输部门办好交接手续后，所发生的损失和由于收货单位工作的问题发生的损失，由收货单位负责。

④自承运汽车配件起运（承运前保管的车站、港口从接收汽车配件时起）至汽车配件交付收货单位或依照规定移交其他单位时止发生的损失，由承运单位负责。但由于自然灾害、汽车配件本身性质和发、收、中转单位的责任造成的损失，承运单位不负责任。

五、异常情况的处理

1. 零件短缺（见表4-3）

表4-3 零件短缺

分类		情况描述			备注
		订单清单	出库清单	实际到货	
零件短缺	零件少发	A A A	A A A	少货 A A	订单上采购A的数量与出库一致，但实际到货零件数量少
	零件空包装	A	A	空箱	订单上采购零件A，实际到货零件A为空箱，没有零件或少件

2. 零件多发（见表4-4）

表4-4 零件多发

分类		情况描述			备注
		订单清单	出库清单	实际到货	
零件多余	零件多发	A A	A A	多箱 A A A	订单上采购A的数量与出库一样，但实际到货零件数量多

3. 零件错误（见表4-5）

表4-5 零件错误

分类		情况描述			备注
		订单清单	出库清单	实际到货	
零件误件	零件错发	A	A	零件错误 B	订单上采购零件A，出库清单上为零件A，但实际到货零件是B

在验收过程中发现以上三项异常问题时，可以按照表4-6要求，提交资料给供货商，以寻求索赔。

表4-6 异常问题处理

原因	提供文件			
	报告书	相片	其他文件	申报时间
短缺	●		送货单或货运单	收货后一天以内
多余	●	●	送货单或货运单	收货后一天以内
误件	●	●		

除上述几种情况以外，在汽车配件验收的过程中还经常会遇到采购零件在货运过程中发生破损甚至整箱丢失的情况，此时应按照货运单、发票清单的内容填写零件到货报告书（见图4-17），并及时要求货运公司出具货运证明，以此向货运公司或者供货商进行索赔。

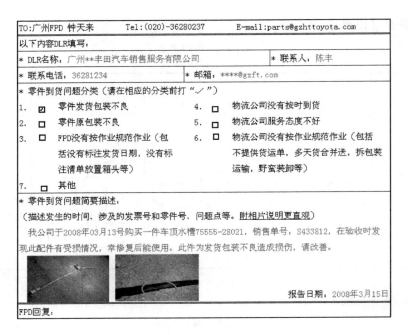

图 4-17 零件到货报告书

学习任务二 汽车配件入库

一、配件入库有关制度

（1）配件采购回来后首先办理入库手续，由采购人员向仓库管理员逐件交接。库房管理员要根据采购计划单的项目认真清点所要入库物品的数量，并检查好物品的规格、质量，做到数量、规格、品种、价格准确无误，质量完好，配套齐全，并在接收单上签字（或在入库登记簿上共同签字确认）。

（2）对于在外加工货物应认真清点所要入库物品的数量，并检查好物品的规格、质量，做到数量、规格、品种准确无误，质量完好，配套齐全，并在接收单上签字。

（3）配件入库根据入库凭证，现场交接，必须按所购物品条款内容、物品质量标准，对物品进行检查验收，并做好入库登记。

（4）配件验收合格后，应及时入库。

（5）配件入库，要按照不同的主机型号、材质、规格、功能和要求，分类、分别放入货架的相应位置储存，在储存时注意做好防锈、防潮处理，保证货物的安全。

（6）配件数量准确、价格不乱。做到账、标牌、货物相符合。发生问题不能随意更改，应查明原因，判断是否有漏入库、多入库。

（7）精密、易碎及贵重配件要轻拿轻放，严禁挤压、碰撞、倒置，要做到妥善保存，其中贵重物品应入公司内小仓库保存，以防盗窃。

（8）做好防火、防盗、防潮工作，严禁让与配件部门无关的人员进入仓库。

（9）仓库保持通风，保持库室内整洁，由于仓库的容量有限，货物的摆放应整齐紧凑，做到无遮掩，标牌要醒目，便于识别辨认。

二、配件入库相关流程

配件入库流程如图 4-18 所示。

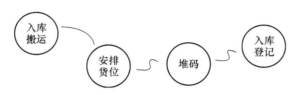

图 4-18 配件入库流程

1. 入库搬运

配件入库搬运的第一步是卸车。由于汽车配件种类繁多，且特征不同，因此多数卸车是靠人力完成的。

配件的入库搬运包括配件在仓库设施内的所有移动。仓库收到配件后，为了库存管理和出库的需要，有必要在仓库内搬运货物并将其定货位。当配件需要出库时，就将所需配件集中起来并将其运送到配件发料区。

一般来说，配件在仓库中至少要有两次或两次以上搬运。第一次移动是将配件搬运进库并放置在指定的储存位置上。第二次移动是在仓库内部进行的，这次移动是为了配件分选。当需要分选时，配件就被搬运至拣选区。如果配件体积大，则第二次移动可省去。第三次移动是把汽车公司作业需要的配件从仓库运到发料区。

在搬运当中应当注意的事项主要有：

（1）尽量使用工具搬运，如小型手推车、平板车等，以提高效率。

（2）尽量减少搬运次数，减少搬运时间。

（3）尽量缩短搬运距离，节省人力。

（4）通道不可有障碍物，以免阻碍运输。

（5）应注意人身及产品安全。

（6）各类配件应有明确的产品及路程标识，不可因搬运混乱而造成生产混乱。

2. 安排货位

货位就是指仓库中配件存放的具体位置，在库区中按地点和功能进行划分，来存放不同类别的货物。货位的合理设置，方便仓库中对货物的组织，以及出入库时对货物的管理。汽车配件仓库货位的安排主要应遵循以下原则：

（1）尽量充分地利用库存空间，货位布置要紧凑，提高仓容利用率。

（2）能够以最快的速度找到所需配件。

（3）尽量减少在库房中行走的距离，降低搬运配件的劳动强度。

（4）分别存储形状相似配件，降低拿错配件的概率。

（5）随时调整货位安排，满足以上要求。

3. 堆码

堆码就是将配件整齐、规则地摆放成货垛的作业过程，一般对堆码的作业都要做到图4-19所示要求。

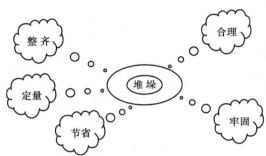

图4-19 对堆码的要求

由于汽车配件种类繁多，因此在汽车配件堆码的实际操作中还需要注意：
（1）同类产品按生产日期、规格单独存放。
（2）不同品种的货物分别放置在不同的托盘上。
（3）贴有"标签"的物品，"标签"应向外与通道平行。
（4）严禁倒置，严禁超过规定的层级堆码。
（5）货架上物品存放质量不得超过货架设计载荷。
（6）在托盘上码放货物时，托盘间应预留合理距离，以便于移动，并避免货物错放。
（7）手工操作的，每一货物托盘上应放置一张"储位卡"。

4. 入库登记

产品经验收无误后即应办理入库手续，进行登账、立卡等手续，妥善保管产品的各种证件、说明书、账单资料。入库登记流程如图4-20所示。

图4-20 入库登记流程

登账：仓库对每一种规格及不同质量（级别）的产品都必须建立收、发、存明细账，以及时反映产品存储动态。登账时必须以正式的收发凭证为依据。

立卡：料卡是一种活动的实物标签，反映库存产品的名称、规格、型号、级别、储备定额和实存数量。一般料卡直接挂在货位上。

建档：历年的产品技术资料及出入库有关资料应存入产品档案，以利查询，积累产品报告经验。产品档案应一物一档，统一编号，做到账、卡、物三者相符，以便查询。

学习任务三 汽车配件入库操作示例

汽车配件管理软件在汽车配件部门的运用实现一些初步的计算机化的管理，代替了传统的人工管理方式，在降低成本的同时提高了企业的工作效率。

一般软件包括强大的数据存储、查询和汇总功能，提供多角度的业务分析报表和数据查询；严谨的权限和业务流程控制、系统自动维护和备份功能，确保数据的安全性；智能化预警功能监测存货的短缺、超储等异常状况，确保企业生产经营正常进行。

作为汽车配件管理人员，应该掌握的基本技能除了汽车配件专业知识以外，还有汽车配件管理软件的运用，才能完成与汽车配件相关的工作。

下面通过一款汽车配件管理软件的操作示例来介绍如何进行配件的入库操作。

一、汽车配件入库程序

汽车配件经过验收环节后即可入库，并且保证配件必须先入库后出库。

1. 到货验收

到货后，首先核对货运单及包装标签，核准无误后，方可卸货并核查到货件数与送货单上的货物件数是否相符，核查一致后在货运单上签字确认。验货时注意查看包装上的配件编码、名称与内装实物是否相符；查看配件编码与内装实物是否左右、前后相符；查看配件编码与内装实物是否相符。

当到货实物检查完毕、确认可以入库时，可以直接单击页面中最左侧的订货单号，直接进行入库输入操作页面。

2. 入库录入

先登录系统，如图4-21所示，进入系统。

图4-21 登录系统

单击选定的相应配件，如图4-22所示。

进入配件明细输入界面，修改、填写相关数据，然后单击"入库处理"按钮，如图4-23所示。

系统会自动生成清单，即配件入库单，如图4-24所示。

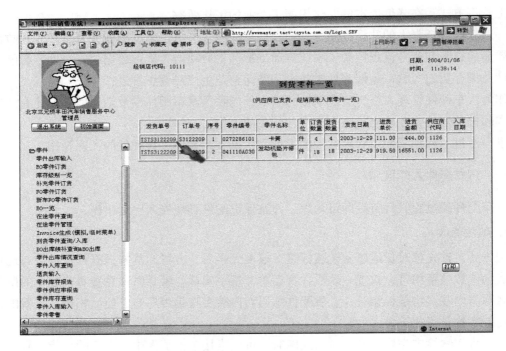

图4-22 系统界面

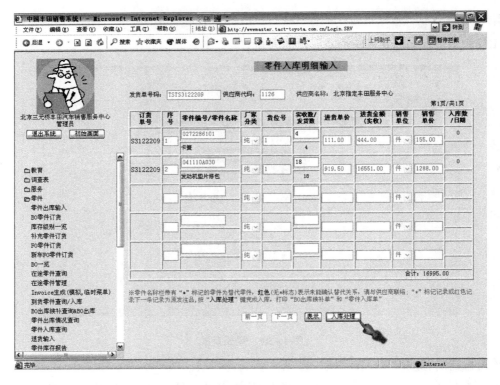

图4-23 配件明细输入界面

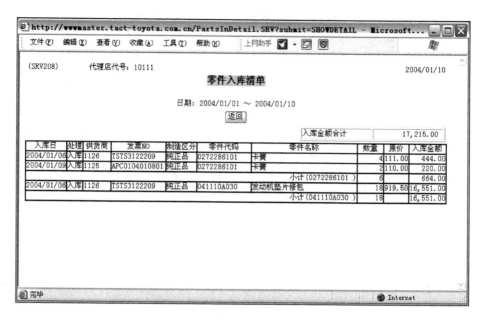

图 4-24 配件入库单

3. 上架

配件录入系统后,应该在第一时间上架。在实际入库前,首先应当取得有入库配件号、名称、数量、货架号等信息的入库单。在入库处理后生成的配件入库单中,就标有这些信息,可以直接作为入库单使用。

进入上架指示清单功能,如图 4-25 所示。

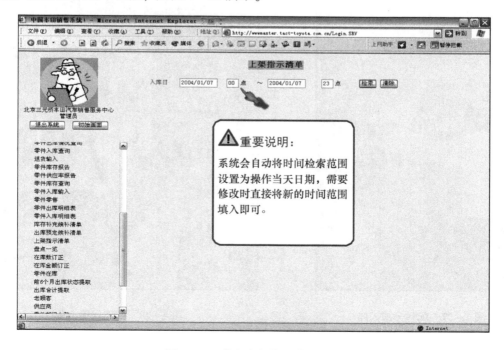

图 4-25 获取上架指示清单操作

单击"检索"按钮，即可获得上架指示清单，如图4－26所示。

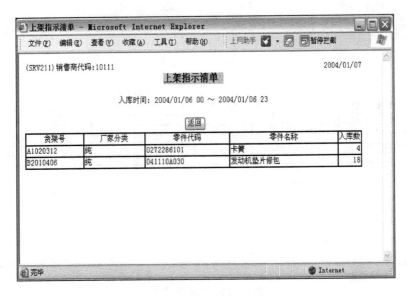

图4－26 上架指示清单

接下来使用打印出的上架指示清单，就可以根据货架号将配件放入货架了，即我们所说的入库作业。将配件按配件编码分类分拣放上配件车，按入库单上配件标识的货位，将配件放入相应货位，如图4－27和图4－28所示。

图4－27 配件分拣入库

图4－28 配件入库上架

本章自测题

一、单选题

1. 以下哪个是汽车配件经营与管理中不可缺少的一个重要环节？（   ）
   A. 配件验收　　　B. 付款　　　C. 质量判断　　　D. 核对数量
2. 检查包装应主要检查外包装的（   ）。
   A. 唯一性　　　B. 美观性　　　C. 完好性　　　D. 通用性
3. 以下零件必须开箱检查的是（   ）。
   A. 零件包装完整　　　　　　　　B. 零件包装不良
   C. 零件包装颜色偏差　　　　　　D. 零件包装大小偏差
4. 发现产品品种不符合合同规定应当（   ）。
   A. 直接退货　　　　　　　　　　B. 妥善保管并告知供方
   C. 拒收　　　　　　　　　　　　D. 视而不见
5. 由于自然灾害，汽车配件本身性质和发、收、中转单位的责任造成的损失，承运单位（   ）。
   A. 负1/4责任　　　B. 负一半责任　　　C. 负全责　　　D. 不负责任

二、多选题

1. 汽车配件的验收步骤有（   ）。
   A. 清点箱数　　　B. 检查包装　　　C. 签收　　　D. 明细验收
   E. 填验收表
2. 验收记录内容主要包括（   ）。
   A. 产品名称　　　　　　　　　　B. 供货单位
   C. 出厂日期（或批号）　　　　　D. 货物价格
3. 以下哪些是堆码的作业都要做到的？（   ）。
   A. 牢固　　　B. 合理　　　C. 定量　　　D. 节省
4. 验收时应注意查验配件的什么？（   ）。
   A. 分批交货数量　　　　　　　　B. 配件的总货量
   C. 交货数量　　　　　　　　　　D. 配件的箱数
5. 精密、易碎及贵重配件需注意什么？（   ）
   A. 轻拿轻放　　　B. 严禁挤压　　　C. 严禁碰撞　　　D. 严禁搬运
6. 以下哪些属于入库流程？（   ）
   A. 登账　　　B. 建档　　　C. 立卡　　　D. 结算
7. 一般软件包括（   ）。
   A. 数据存储　　　B. 数据建模　　　C. 数据查询　　　D. 数据汇总
8. 一般仓库只负责（   ）的检验，通过验看外形判断产品质量状况。
   A. 尺寸　　　B. 包装　　　C. 材料　　　D. 外观质量

三、填空题

1. 实物检验包括对_____和_____两个方面的检验。
2. 汽车配件验收方法中的目测法主要看的方面可归结为_____、_____、_____、_____和_____。
3. 配件入库搬运的第一步是_____。
4. 在汽车配件验收过程中出现_____、_____、_____、_____问题的零件必须开箱检查。
5. 试验法适用于_____、_____和_____的汽车配件。
6. 质量检验包括对产品的_____、_____和_____的检验。
7. 目测法能够识别的是产品表面质量、表面处理工艺，比如_____、_____、_____、_____等。
8. 优质的产品是靠_____和_____制造出来的。
9. 汽车配件从产地到销地，要经过_____、_____和_____三方共同协作来完成。
10. 作为汽车配件管理人员，应该掌握的基本技能除了_____以外，还应该掌握_____的运用，才能完成与汽车配件相关的工作。

四、简答题

1. 汽车配件验收遵循什么流程？
2. 对到货配件的验收包括哪些方法？验收的注意事项有哪些？
3. 汽车配件入库主要包括哪些环节？
4. 汽车配件仓库货位的安排主要应遵循什么原则？

项目五
汽车配件出库管理

1. 叙述汽车配件出库相关要求；
2. 知道汽车配件出库具体操作流程；
3. 会对汽车配件按出库的规范与流程完成出库作业；
4. 懂得在日常生产中配件出库的完整手续，并进行相关的财务核算；
5. 养成良好的职业素养和科学的工作方式。

4学时。

某品牌汽车4S店按维修规定进行各项配件的出库处理，并做好入库登记工作；最后能对出库的配件进行准确的记录存档和科学化管理。

学习任务一 汽车配件出库

对于配件的出库，一定要做到迅速和准确，必须依据合法的出库凭证，同时要贯彻合理的发放和出库的原则，防止配件长期积压、生锈或辅料过期变质。通过不同的出库核算方法对库存进行核算，对出库凭证不全等一定不出库，在出库后要做好配件出库的登记。

一、汽车配件出库相关制度

以下为某品牌汽车专营店的配件出库管理制度：

出库管理规定

第一条 仓管部门应在下列几种情况下出货：
1. 维修作业领料。
2. 维修换件借用。
3. 顾客购买。
4. 索赔。

第二条 除上述各项出库外,公司仓库部可视实际情形的需要出库。

第三条 各项出库均需有不同的领料单证,同时由领取人亲笔签名方可领取。

第四条 使用部门、个人急需用料情形下,库管员可事先电话通知部门负责人方,可按领用人的要求正确填写出库单并出库,但事后要补签手续。

第五条 任何出货仓管人员均应于出货当日将有关资料入账,以便存货的控制。

第六条 各部门人员向仓管部门领货时应在仓库的柜台办理,不得随意自行进入仓库内部,各仓管人员应阻止任何人擅自入内。

第七条 发料人在配件出库时应详细检查商品的性能品质及附件是否优良或齐全。

第八条 配件领出后严禁出货人擅自将所领出的物品移转给其他人或部门。

第九条 库存配件外借,出库后一律限于当天归还仓库。

二、出库流程

汽车配件出库流程如图 5-1 所示。

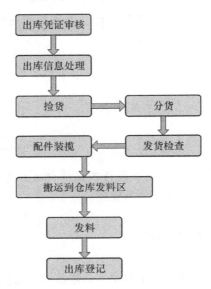

图 5-1 汽车配件出库流程

三、出库类型和出库单示范

1. 维修作业正常领料

例如:某客户桂 A-D6375 正常维修作业需要领料,则由维修班组派人领料,并由领料人在领料单上签字确认方可领料。出库单上类型注明是维修。图 5-2 所示为维修出库单。

2. 维修换件借用

有些情况,车辆在维修的过程中,需要换上新件来判断旧件是否损坏,这时维修人员就会向配件部门借一个新件。这种情况就需要填维修借件单,图 5-3 所示为维修借件单。

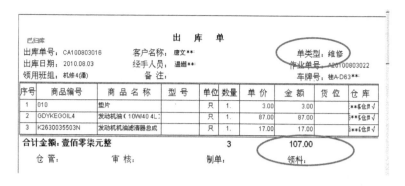

图 5-2 维修出库单

图 5-3 维修借件单

3. 客户购买销售出库单

一般情况配件是不允许销售的，但是特殊情况下少数的配件允许销售。这些允许销售的配件一般是更换时操作比较简单的，如机油、冷却液、滤清器等，或者是销售给自己品牌的其他网点。

如广州本田允许该品牌4S店外销配件的特点：用户可自行更换；品种包括机油、机油滤清器、空气滤清器、灯泡、轮胎、空调滤芯、火花塞、电池、雨刮器、雨刮片等；操作方式及要求：外销对象必须是直接用户，必须有客户签名的详细记录单，必须执行标准价格。

这类配件销售的出库单必须在类型上注明是销售。图 5-4 所示为顾客购买销售单。

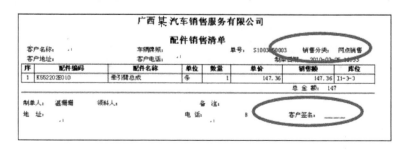

图 5-4 顾客购买销售单

4. 索赔出库单

由于索赔件的特殊性，索赔件的出库也必须特别注明。图 5-5 所示为索赔件出库单。

图 5-5　索赔件出库单

5. 预出库的情况

什么是预出库呢？这种情况一般是指在车辆维修的过程中，需要更换的一些配件在配件仓库里面没有，但是又急需更换，这就需要预定货，即其他章节提到的客户订单。这种情况由车主确认后先付款然后发出订单订货，等配件到达即交给维修部门作业。这种情况与一般的出库情况不同，因此单独采用一个预出库单，如图5-6、图5-7所示。

通过库存量查询，该配件库存量为零，因此需要进行预定货。

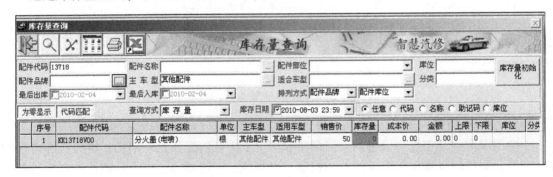

图 5-6　库存量查询

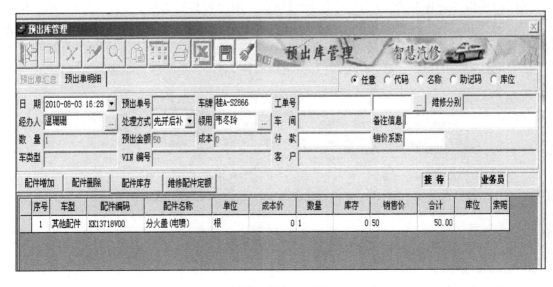

图 5-7　预出库管理

四、出库核算方法

汽车维修企业一般采用先进先出法、加权平均法或个别计价法确定发出存货的成本。

1. 先进先出法

先进先出法是指根据先购进的存货、先发出的成本流转假设对存货的发出和结存进行计价的方法。采用这种方法的具体做法是先按存货的期初余额的单价计算发出的存货的成本，领发完毕后，再按第一批入库的存货的单价计算，以此从前向后类推，计算发出存货和结存货的成本。

先进先出法是存货的计价方法之一。它是根据先购入的商品先领用或发出的假定计价的。用先进先出法计算的期末存货额，比较接近市价。

先进先出法是以先购入的存货先发出这样一种存货实物流转假设为前提，对发出存货进行计价的一种方法。采用这种方法，先购入的存货成本在后购入的存货成本之前转出，据此确定发出存货和期末存货的成本。

例：假设库存为零，1日购入A产品100个，单价2元；3日购入A产品50个，单价3元；5日销售发出A产品50个，则发出单价为2元，成本为100元。

先进先出法假设先入库的材料先耗用，期末库存材料就是最近入库的材料，因此发出材料按先入库的材料的单位成本计算。

以先进先出法计价的库存的商品存货则是最后购进的商品存货。在市场经济环境下，各种商品的价格总是有所波动的，在物价上涨过快的前提下，先购进的存货其成本相对较低，而后购进的存货成本就偏高。这样发出存货的价值就低于市场价值，产品销售成本偏低，而期末存货成本偏高。但因商品的售价按近期市价计算，因而收入较多，销售收入和销售成本不符合配比原则，以此计算出来的利润就偏高，形成虚增利润，实质为"存货利润"。

由于虚增了利润，加重企业所得税负担，以及向投资人分红增加，从而导致企业现金流出量增加。但是从筹资角度来看，较多的利润、较高的存货价值、较高的流动比率意味着企业财务状况良好，这对博取社会公众对企业的信任、增强投资人的投资信心有利，而且利润的大小往往是评价一个企业负责人政绩的重要标尺。不少企业按利润水平的高低来评价企业管理人员的业绩，并根据评价结果来奖励管理人员。此时，管理人员往往乐于采用先进先出法，因为这样做会高估任职期间的利润水平，从而多得眼前利益。

2. 加权平均法

加权平均法也称为全月一次加权平均法，是指以当月全部进货数量加上月初存货数量作为权数，除当月全部进货成本加上月初存货成本，计算出存货的加权平均单位成本，以此为基础计算当月发出存货的成本和期末存货的成本的一种方法。

$$存货加权平均单位成本 = \frac{月初存货成本 + 本月购入存货成本}{月初存货数量 + 本月购入存货数量}$$

$$月末库存成本 = 月末库存数量 \times 存货加权平均单位成本$$

$$本期发出存货成本 = 本期发出存货数量 \times 存货加权平均单位成本$$

或 $$本期发出存货成本 = 期初存货成本 + 本期收入存货成本 - 期末存货成本$$

加权平均法，在市场预测里，就是在求平均数时，根据观察期各资料重要性的不同，分别给不同的权数加以平均的方法。其特点是：所求得的平均数，已包含了长期趋势变动。

加权平均法的优点是计算手续简便。缺点：一是，采用这种方法，必须到月末才能计算出全月的加权平均单价，这显然不利于核算的及时性；二是，按照月末加权平均单价计算的期末库存材料价值，与现行成本相比，有比较大的差异。

我们知道，资产负债表中的数据是一个时点数，而利润表中的数据是时期数，财务比率是财务报表中数据的比值，如果在计算某一比率时，其中一个数据来自于资产负债表，而另一数据来自于利润表，来自于资产负债表的数据在整个期间（如一年）内可能是变化的，如股本数、净资产、总资产等，由于取数方法的不同就出现了全面摊薄和加权平均的概念。全面摊薄是指计算时按照期末（如年末）数计算，不取平均数，如用年末股数计算的全面摊薄每股收益。加权平均法是计算平均值的一种方法，是按照权数来进行平均的。还有一种就是简单平均法，如计算存货周转率时就采用了简单平均法。

3. 个别计价法

个别计价法又称"个别认定法""具体辨认法""分批实际法"。采用这一方法时假设存货的成本流转与实物流转相一致，按照各种存货，逐一辨认各批发出存货和期末存货所属的购进批别或生产批别，分别按其购入或生产时所确定的单位成本作为计算各批发出存货和期末存货成本的方法。

个别计价法的优点是计算发出存货的成本和期末存货的成本比较合理、准确。但在实务操作中工作量繁重，困难较大。其适用于容易识别、存货品种数量不多、单位成本较高的存货计价。

个别计价法的计算公式：

发出存货的实际成本 = 各批（次）存货发出数量 × 该批次存货实际进货单价

例：某工厂本月生产过程中领用 A 材料 2 000 kg，经确认其中 1 000 kg 属第一批入库材料，其单位成本为 25 元；其中 600 kg 属第二批入库材料，单位成本为 26 元；其中 400 kg 属第三批入库材料，单位成本为 28 元。本月发出 A 材料的成本计算如下：

发出材料实际成本 = 1 000 × 25 + 600 × 26 + 400 × 28 = 51 800（元）

一般配件部门通过服务率来统计配件的出库效率。配件部门与维修部门协作旨在减少维修技工的闲置时间，增加维修车间和配件部门的生产力，提高顾客便利性和满意度，并提高经销商利润。

最大限度让顾客满意的关键在于 4S 店应依据承诺将完工车辆交还顾客。维修部门的服务率应在 90% ~ 95%，并且每月进行监控。在大多数情况下，维修部门是配件部门最重要的顾客，并且经销店最大的配件收益还是由向维修部门的配件服务来获得的。因此，经销店库存水平能够持续稳定地向维修部门提供他们所需的配件是非常重要的。如果要检查上述执行情况，经销店应每月监控服务率。服务率的监控方法，如以下两个公式所示：

$$服务率 = \frac{当月出库总件数 - 缺货件数}{当月出库总件数} \times 100\%$$

或者按照每天的供应情况统计服务率，则更加精确：

$$服务率 = \frac{当天接受的订货中立即出库率在 50\% 或以上的零部件}{当天接受订单的总件数} \times 100\%$$

请参考以下示例：

维修部门一个月的总施工单数为 752 个，其中有 728 个施工单需要更换配件。此 4S 店配件库存可以满足的施工单有 672 个，则该配件部门当月的服务率为：

$$\frac{672（有配件库存的施工单）}{728（所有需要配件的施工单）} \times 100\% = 92\%$$

另外，除了统计服务率之外，销售配件的品种和数量对于配件的库存和订货也有着重要的指导意义，所以配件部门对每天销售的配件的品种和数量进行统计，如图5-8所示。

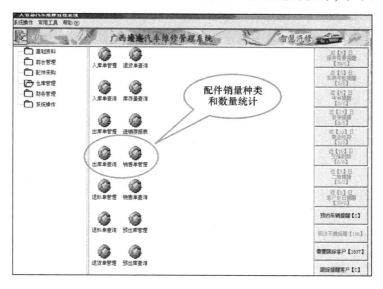

图5-8　进销存报表查询

单击进销存报表，可进入图5-9所示的某4S店某天销售配件数量和品种的统计，也可以按照时间段、类别、仓库、商品名称等相关此条归类查询所需信息，如图5-9所示。

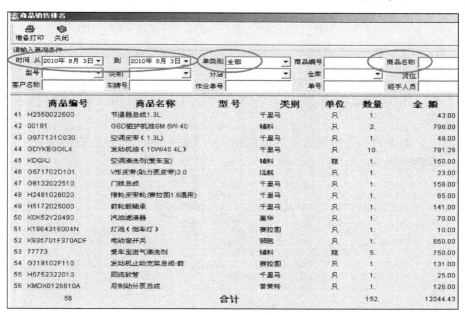

图5-9　配件销售情况查询

五、出库要求

发货时必须先通过系统打印出库单，再由发货人和领料人共同验货、清点，确认名实相符、数量正确、质量合格后在出库单上签字确认。

不允许先发出配件，事后补办领料手续。打印出库单前，必须认真核对，确认相关料位码、配件编码、名称、适用车型等信息与需求配件完全一致，杜绝出库配件名实不符现象。仓库管理员发货时，应根据入库日期，按照先进先出原则进行操作。仓库管理员每收发一项配件都必须及时准确录入系统，及时在进销存卡上准确记录收发时间和数量，进销存卡必须对应货位、配件名称、配件编码，不可乱放乱记。

维修车间因外出救援或判断疑难故障而借用配件时，应填写配件借用出库表，经服务经理签字确认后方可借用，并确保当日归还并且单据要整洁、完好。仓库管理员应主动跟进，及时收回借出的配件，配件主管必须在每天下班前检查所借出的配件是否收回。

汽车配件出库要求做到"三不三核五检查"。

1. 三不

"三不"，如图 5-10 所示，即未接单据不登账、未经审单不备货、未经复核不出库。

2. 三核

"三核"，如图 5-11 所示，即在发货时，要核实凭证、核对账卡、核对实物。

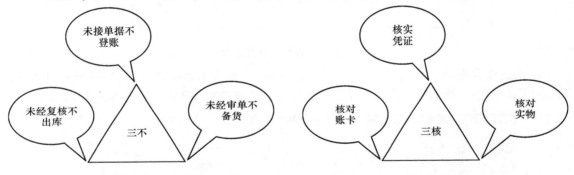

图 5-10 配件出库要求——"三不"　　图 5-11 配件出库要求——"三核"

3. 五检查

"五检查"，如图 5-12 所示，即对单据和实物要进行品名检查、规格检查、包装检查、件数检查、重量检查。

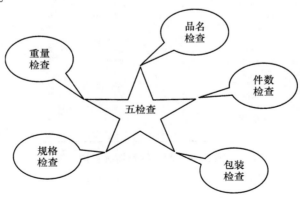

图 5-12 配件出库要求——"五检查"

学习任务二 汽车配件出库操作示例

1. 出库

出库时必须确认工单号和领料清单，即配件员根据工单上要求领的配件打印领料清单，然后按照领料清单上的零件编码及数量，清点零件，最后配件员及机修工在领料台上逐一确认零件无误后，在领料单上相应栏目签字确认。

确认工单号，如图 5-13 所示，在确认后会进入出库处理界面。

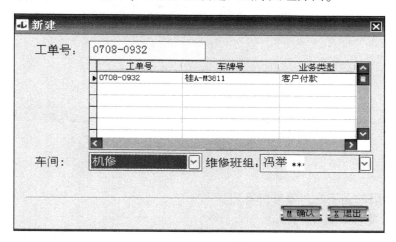

图 5-13 确认工单号

按提示勾选相应的项目，单击"出库"按钮，如图 5-14 所示。即可生成并打印零件出库单，如图 5-15 所示。

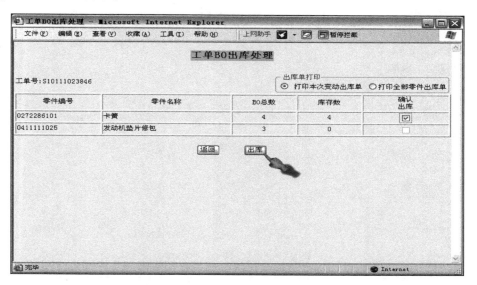

图 5-14 出库处理界面

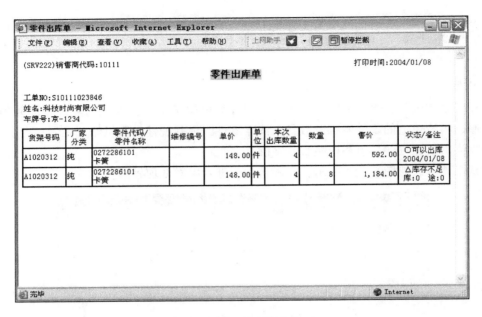

图 5-15 零件出库单

2. 销售出库

这种情况针对的是不在厂维修的客户。

（1）选择"零件零售"选项。

（2）在"客户名"栏中输入客户名称，单击"检索"按钮，如图 5-16 所示。

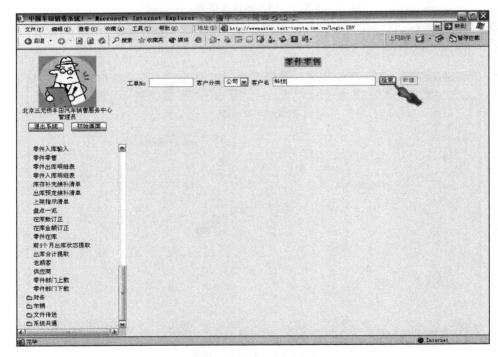

图 5-16 选择"零件零售"选项

(3) 选择/新建顾客信息。此步骤与零件内销的操作方法相似,如果是曾经来过厂的老顾客,就可以直接单击相应的顾客 ID 进入零件零售页面;如果是第一次来厂的新顾客,则需要单击页面右上方的"新建"按钮,如图 5–17、图 5–18 所示。

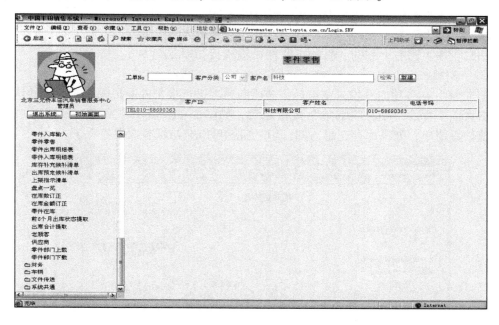

图 5–17　新建客户名称

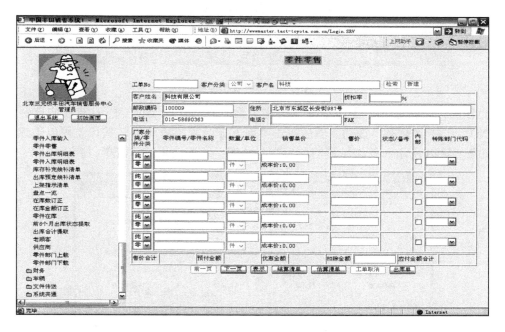

图 5–18　进入零件零售页面

(4) 输入零件出库信息。
(5) 打折处理。

在零件零售中的打折，除了和零件内销中一样可以直接输入希望打折的金额外，还可以输入折扣率对总额进行打折。单击"表示"按钮后，打折后的结果可以在页面下方的优惠金额栏中看到。

例：某一零件外销的总额为 150 元，需要减去 30 元，这时怎样进行打折？

方法一：在页面右下方的"扣除金额"栏中直接输入 30，减去 30 元。

方法二：在页面右上方的"折扣率"栏中输入折扣率 20（%）。

$$30 \div 150 \times 100\% = 20\%$$

（6）估算。在各项内容输入结束后，需要向顾客进行报价并取得顾客对报价的认可。

单击页面下方的"估算明细单"按钮之后，如图 5-19 所示，系统会根据刚才输入的信息生成估算清单，如果库存充足，则打印之后就可以交与顾客取得签字了。

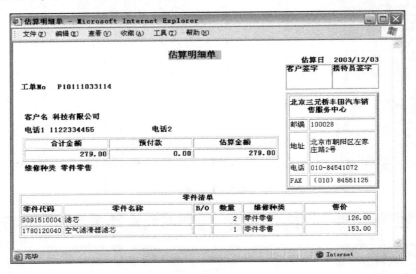

图 5-19　估算明细单

（7）结算。再次进入"零件零售"的主页面，在"工单 NO"栏中输入估算明细单中的工单 NO，单击"检索"按钮。然后单击页面下方的"结算清单"按钮就可以生成结算明细单，如图 5-20 所示。打印结算清单后交与顾客，顾客使用结算清单付款。

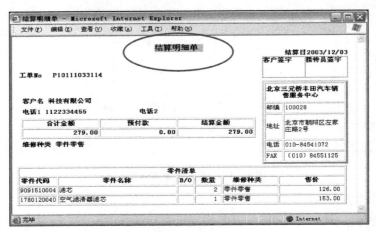

图 5-20　结算明细单

顾客付款完毕后，零件仓库管理人员需要从相应货架上将零件取下，如图 5-21 所示，交给顾客。

图 5-21 发料和领料台

在将零件交给顾客时，要注意再次核对配件相应信息，避免错发，核对信息主要包括顾客需求配件型号、电脑系统记录型号和配件包装的零件号等。

在配件出入库操作中，要把"5S"做到实处，每个环节都要整洁有序，按照规范的流程操作，细致、细心，严守岗位职责，这样才能最大限度地减少错误的出现。

本章自测题

一、单选题

1. 库存配件外借，出库后一律限于（　　）归还仓库。
   A. 当天　　　　　　B. 第二天　　　　　C. 第三天　　　　　D. 一个星期后
2. 下列不属于配件出库流程的是（　　）。
   A. 分货　　　　　　B. 发料　　　　　　C. 出库登记　　　　D. 质量核对
3. 一般配件部门通过（　　）来统计配件的出库效率。
   A. 发货率　　　　　B. 服务率　　　　　C. 出库率　　　　　D. 存货率
4. 销售配件的（　　）对于配件的库存和订货也有着重要的指导意义。
   A. 品种和质量　　　　　　　　　　　　B. 品种和数量
   C. 数量和质量　　　　　　　　　　　　D. 品种和价格
5. 先进先出法是（　　）的计价方法之一。
   A. 订货　　　　　　B. 调货　　　　　　C. 存货　　　　　　D. 发货

二、多选题

1. 个别计价法又可以称为（　　）。
   A. 个别认定法　　　B. 分批实际法　　　C. 综合辨认法　　　D. 具体辨认法

2. 仓管部门应在下列哪几种情况下出货？（　　　）
   A. 维修作业领料　　　B. 维修换件借用　　　C. 顾客购买　　　D. 索赔
3. 下列哪些属于"三不三核五检查"中的"三核"？（　　　）
   A. 核实凭证　　　B. 核对账卡　　　C. 核对质量　　　D. 核对实物
4. 下列哪些属于汽车配件出库流程？（　　　）
   A. 核实凭证　　　B. 捡货　　　C. 出库信息处理　　　D. 核对实物
5. 仓管员每收发一项配件都必须及时准确录入系统，及时在进销存卡上准确记录收发（　　　），进销存卡必须对应货位、配件名称、配件编码，不可乱放乱记。
   A. 时间　　　B. 名称　　　C. 代码　　　D. 数量

三、填空题

1. 汽车维修企业一般采用_____、_____或_____确定发出存货的成本。
2. 汽车配件出库的"三不三核五检查"中"三不"指_____、_____和_____。
3. 汽车配件出库的"三不三核五检查"中"五检查"指_____、_____、_____、_____和_____。
4. 配件出库时配件员必须确认_____、_____这两项内容。
5. 配件员在打印出库单前，必须认真核对，确认相关_____、_____、_____、_____等信息与需求配件完全一致，杜绝出库配件名实不符现象。
6. 发料人在配件出库时应详细检查_____及_____。
7. 先进先出法是指根据先购进的存货先发出的成本流转假设对存货的_____和_____进行计价的方法。
8. 加权平均法的优点是_____。
9. 个别计价法的缺点是在实务操作中_____和_____。
10. 汽车配件员在发出配件前必须办理_____。

四、简答题

1. 简述汽车配件出库流程。
2. 如何理解先进先出法？
3. 简述预出库情况。

项目六

汽车配件仓库管理

1. 掌握配件库存管理基本要求；
2. 掌握小型配件仓库的建设与规划，能够对配件仓库进行设计和规划，对配件部门进行合理的区域划分，选择合适的货架及数量，进行合理的货架摆放；
3. 掌握货架货位的设计和编排，对货位号进行科学合理的编排，掌握不同流动速度的配件摆放原则，掌握不同类型配件的存储原则；
4. 掌握配件仓库库存管理要求，掌握 ABC 类型配件的计算方法，对库存配件进行 ABC 类型分类，掌握 ABC 类型配件的存储要求，掌握合理的安全库存方法；
5. 掌握配件盘点方法，掌握定期盘点和不定期盘点的流程，能够对盘盈、盘差情况进行分析总结及处理。

10 学时。

为某 4S 店配件部进行合理规划场地，并对配件仓库进行合理布局，对存储配件进行科学规划，对存储配件进行库存管理。具体任务为：

（1）为某 4S 店合理设计规范一个配件部。
（2）对配件库存项目及数量进行合理规划。
（3）对配件仓库进行动态盘点和定期盘点，并对盘盈、盘亏结果进行分析及处理。

学习任务一　汽车配件仓储管理

一、配件仓储管理概述

配件仓储管理的基本任务就是搞好汽车配件的入库验收、保管、出库工作。它有两个职能：一是迅速、准确响应生产需求的职能；二是保护汽车配件使用价值的职能。具体来说有四个方面的内容。

1. 把好质量关

汽车配件的入库验收是采购管理的一个重要环节，是维修企业质量控制系统的质量控制点之一。因此，在接收汽车配件产品的时候必须对照采购合同条款，依据汽车配件产品质量标准进行验收检查。检查视具体产品不同可以采取"普检"或"抽检"的方式进行。检查的内容包括包装外观检查、产品外观检查，必要的时候还要采取抽样化验的方法进行内在品质检查。汽车配件产品入库的质量检验是仓储管理的首要任务。

汽车配件产品受搬运不当、存储环境不良、存储时间较长等因素影响，可能会在存储期间出现物理或化学改变，因此仓储管理的质量检验不仅仅是入库验收，也包括库房存储期间的日常质量巡检和出库检验。

2. 保护好汽车配件的使用价值

汽车配件的存储管理属于企业的流动资产管理。库房里的配件都是钱，如果汽车配件丧失了使用价值，就相当于企业损失了财产。在汽车配件存储期间如何保持其使用价值不发生改变是仓储管理的主要任务。

汽车配件产品有金属制品、橡胶制品、化学制品等许多种类。有的不能磕碰；有的不能沾水；有的需要一定的温度条件；有的混放会产生化学反应等。因此必须了解不同汽车配件产品的物理、化学性能，制定科学的存储方法，保持汽车配件的使用价值不发生改变。

3. 及时满足生产需求

维修企业储存一定数量汽车配件的目的就是及时、迅速地保证生产需求。如果因为仓储方法不合理，杂乱无序，寻找一件配件需要很长时间，就违背了储存配件的目的。因此，仓储管理的任务之一是必须采用合理有序、查找简便的方法管理仓储配件，一旦有需求，可以迅速响应。

4. 准确反映库存配件信息

仓储管理的一项重要任务是准确反映库存配件信息，即库存材料账管理。什么时间入库了什么品种的配件，什么时间谁领走了哪些配件，库存配件还结存了哪些品种和数量，有没有货损货差现象发生，这些信息都需要真实地记录并提供给企业内的相关部门。

在现代采购管理环境下，采购计划人员要随时根据库存状态变化来调整采购进货安排，库存材料账的"日清月结"方式显然不能满足这个需求。因此，需要仓储管理人员实时记录库存的进、出、存信息，计算机管理软件的应用为实时记录提供了便捷条件。

为了完成仓储管理的这些任务，需要有合理的库房设置，需要有具备专业知识和责任心的仓储管理员，需要有完备和科学的仓储管理方法和管理手段。

二、仓储管理的六项任务

仓库管理的基本任务，就是搞好汽车配件的进库、保管和出库，在具体工作中，要求完成以下六项基本任务。

1. 保质

保质就是要保持库存配件原有的使用价值，为此，必须加强仓库的科学管理。在配件入库和出库的过程中，要严格把关，凡是质量问题或其包装不合规定的，一律不准入库和出库；对库存配件，要进行定期检查和抽查，凡是需要进行保养的配件，一定要及时进行保养，以保证库存配件的质量随时都处于良好状态。

2. 保量

保量指仓库保管按照科学的储存原则，实现最大的库存量。在汽车配件保管过程中，变动因素较多，比如配件的型号、规格、品种繁多，批次不同，数量不一，长短不齐，包装有好有坏，进出频繁且不均衡，性能不同的配件的保管要求不一致等，要按不同的方法分类存储，既要保证配件方便进出库，又要保证仓库的储量，这就要求仓库管理员进行科学合理的规划，充分利用有限的空间，提高仓库容量的利用率。同时要加强对配件的动态管理，配件在入库和出库过程中，要严格执行交接点验制度，不仅要保证质量好，而且要保证数量准确无误。

3. 及时

在保证工作质量的前提下，汽车配件在入库和出库的各个环节中，都要体现一个"快"字。在入库验收过程中，要加快接货、验收、入库的速度；在保管过程中，要安排好便于配件进出库的场地和空间，规划好货位，为快进快出提供便利条件；在出库过程中，组织足够的备货力量，安排好转运装卸设备，为出库创造有利条件。对一切烦琐的、可要可不要的手续要尽量简化，要千方百计压缩配件和单据在库的停留时间，加快资金周转，提高经济效益。

4. 低耗

低耗指配件在保管期间的损耗降到最低限度。配件在入库前，由于制造或运输、中转单位的原因，可能会发生损耗或短缺，因此应严格进行入库验收把关，剔除残次品，发现数量短缺，并做好验收记录，明确损耗或短缺责任，以便为降低保管期间的配件损耗或短缺创造条件。配件入库后，要采取有效措施，如装卸搬运作业时，要防止野蛮装卸，爱护包装，包装损坏了要尽量维修或者更换；正确堆码铺垫，合理选择垛型及堆码高度，防止压力不均倒垛或挤压坏产品及包装。对上架产品，要正确选择货架及货位。散失产品能回收尽量回收，以减少损失，千方百计降低库存损耗。同时要制定各种产品保管损耗定额，限制超定额损耗，把保管期间的损耗降低到最低限度。

5. 安全

安全指做好防火、防盗、防霉变残损以及防工伤事故、防自然灾害等工作，确保配件、设备和人身安全。

6. 节省费用

节省费用指节省配件的进库费、保管费、出库费等成本。为达到这些目的，必须加强仓库的科学管理，挖掘现有仓库和设备的潜力，提高劳动生产率，把仓库的一切费用成本降到最低水平。

三、配件的存储保管

汽车配件的存储保管是仓储管理的主要工作。它包括两个基本方面，一是汽车配件存储位置的合理安排；二是如何进行保管养护。其目的是保护好汽车配件的使用价值，迅速、准确地满足生产需求。我们还可以用四句话来概括仓储管理的方法，即保持环境，合理布局，定位管理，科学码放。

仓储环境管理：保持良好的仓储环境对保护汽车配件的使用价值是非常重要的。环境因素中对汽车配件产生的影响主要来源于温度、湿度、辐射、灰尘、动物几个方面，我们应该针对不同配件的特性对这些影响采取有效措施来加以避免和防范，保持仓储环境的相对稳定。

1. 控制库房的温湿度

仓库内的温湿度变化，对汽车配件的质量保持存在着影响。虽然汽车配件在出厂时都采取了相应的工艺处理和保护措施，但如果在存储环节不注意保护，还是会给配件质量带来危害。

不同的汽车配件产品对存储环境的温湿度要求是不一样的，例如，钢铁生锈临界相对湿度值一般是 75%，超过这个临界点，就会加速氧化生锈；相对湿度大于 85%，气温在 30 ℃以上时，会使电器配件及绝缘制品受潮，性能下降；轮胎的存储温度以 –10 ~ 30 ℃为宜，相对湿度以 50% ~ 80% 为宜等。一般来讲，仓库的存储环境温度应该保持在 20 ~ 30 ℃，相对湿度不超过 70%。我们应该在每新入库一种配件时，都向生产厂家询问其存储要求，便于有针对性地采取保护措施。观察温湿度变化的措施是，在仓库的中部放置温湿度表，其高度按视平线 1.5 m 左右；在库外的适宜地方放置百叶窗箱，内置温湿度表，以便对比观察仓库内外温湿度的变化数值。在出现温湿度变化异常时，可以采取开启或关闭仓库的门窗及通风洞的方法来控制自然空气的对流。在高温多雨天气频发地区，也可设置吸湿机或排气风扇（仓间上部）和造风风扇（仓间下部）来予以调节。

2. 注意辐射

润滑油类、油漆类、汽车养护产品等汽车配件用品在阳光强辐射下有易燃和变质的可能性，一些塑料、橡胶配件制品在阳光强辐射下会加快老化进度，因此要注意避免阳光对上述配件产品的强辐射。

3. 注意防尘

灰尘对库存配件的影响不能忽视，一些精密偶合件会因为灰尘的影响降低精密度，灰尘还能破坏电气元件的绝缘性能等。因此，配件仓库要注意防尘，特别是对裸露的配件要加防尘包装。

4. 防止动物性损坏

鼠啃、虫蛀、飞鸟粪便对库存配件以及仓储设施的损害也不能忽视。例如，织布、橡胶类配件容易受到老鼠的啃咬；木制包装箱和木制货架层板容易受到蛀虫、白蚁的蛀蚀；高大空间的库房容易飞进鸟类，鸟类的粪便和羽毛容易对配件造成污染。应该采取投放防鼠、防虫蚁药剂和加防鸟窗网等方式加以防范。保持仓储环境还有另外一个方面需要注意，就是每一次仓储作业完成之后，应该及时对作业场地进行清理。废弃包装物、油渍应及时清除，一方面保持环境卫生；另一方面避免对其他配件造成污染。

学习任务二　汽车配件仓库建设与规划

一、仓库设置的基本原则

1. 仓库规模要与企业生产相适应

汽车维修企业的仓库设置要与企业的生产相适应，主要从以下几个方面考虑：

（1）根据维修作业项目确定基本储存配件品种。

（2）根据需求分析和采购预测确定配件的周转期和周转数量。

（3）选择满足上述条件的仓储设备进行优化配置。

通过这些推算，我们可以大致确定仓库的规模。在仓库建设面积一定的情况下要尽量考虑扩大仓库容积。表示仓库大小的标准有两个，一个是仓库面积；另一个是仓库容积，也就是仓库的内部空间。现在城市占地费用昂贵，建一座修理厂的占地成本不菲，增加仓库容积是一个好办法，即把仓库尽量建得高一点。

2. 仓库设计要符合国家有关仓库设计标准

汽车维修企业的仓库设计要符合国家有关仓库设计和施工的标准，这些标准包括《物资仓库设计规范》、《商业仓库设计规范》和《仓库防火安全管理规则》等。仓库建筑层高要恰当，符合通风防潮要求，有自然通风或机械通风设施。地面及墙面应有隔潮层。地面承重能力应符合仓储要求。同时应耐压，不易裂缝，不起尘，易清洁。仓库应有防鼠、防虫蚁、防鸟的设施和措施。其中最重要的是仓库消防安全，一是仓库建筑本身要符合防火要求；二是仓库与生产车间及其他重点消防建筑要有安全的防火间距。仓库建筑的防火标准和防火、防爆设施应达到消防部门的标准并验收合格。仓库应有避雷设施。

为了保证通风干燥，配件仓库大门上方要开窗，并安装排气扇，配件仓库要吊顶，且不得高于仓库正上方工字钢横梁的下沿，仓库的屋顶不能与售后区域的屋顶相连，仓库屋顶与售后屋顶之间要有一定的间隙，以保证空气流通，如图6-1和图6-2所示。

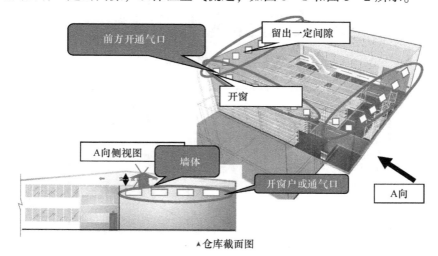

图6-1 配件仓库保证通风效果

图6-2 仓库开窗通风

配件仓库设置吊顶，同时要设置采光带（与售后屋顶的采光带要平行，设有采光板），如图6-3所示。

仓库吊顶保证仓库的封闭，防尘防噪；仓库顶与售后屋顶有间隙，保证空气流通，注意夏季防热冬季保温；仓库屋顶有采光带，保证仓库光线充足。

3. 要按配件不同特性设置独立库房

汽车配件中的油液类、油漆类产品以及一些维修辅助材料属于易燃危险品，应该建设不同的独立库房，分别储存。图6-4所示为某配件仓库规划，其中为危险品规划了专用仓库（见图6-5）。

图6-3 采光带和吊顶

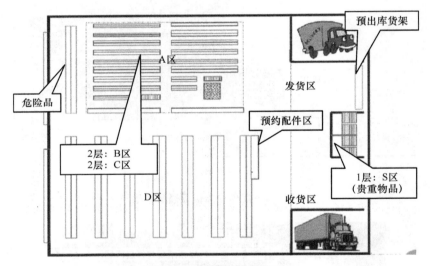

图6-4 设置危险品仓库

图6-5 设置独立的油液仓库

二、配件库房布置及存储设备的基本要求

1. 划分仓库内区域

为了便于管理和作业，仓库内部应该进行区域划分，区分为办公区和仓储区。图6-6所示为办公区和仓储区应贴牌，"配件办公室"指示牌粘贴在办公室大门上沿；"配件仓库"指示牌粘贴在配件仓库大门上沿。

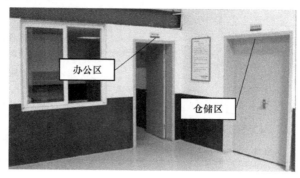

图6-6 办公区和仓储区

一般4S店的配件仓库面积都不大，大约200 m^2，为了有效地利用空间，一般将配件仓库层高设计得比较高，并设计为上下两层，上层一般用钢架隔开，上下层层高一般能够放下2 m高的货架。图6-7所示为某品牌4S店配件仓库布局，设计为上下两层，根据配件存储情况划分了不同的存储区域和相应数量的货架。

因此，仓储布局规划就是对库存配件存储位置的安排，主要考虑四个方面的内容：一是根据库存配件的种类、性质和数量，确定分区规划和货架规格及数量配置；二是根据库存配件的分类规划，考虑采用何种储存设施能够有效利用仓库容积进行仓位布局，既符合配件的存储要求，又充分利用仓库空间；三是采取科学方法对仓位进行划分和标记；四是科学地为配件分配仓位。

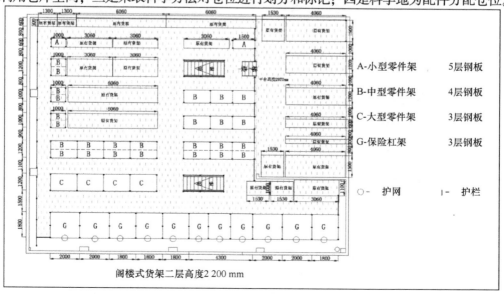

图6-7 配件仓库布局

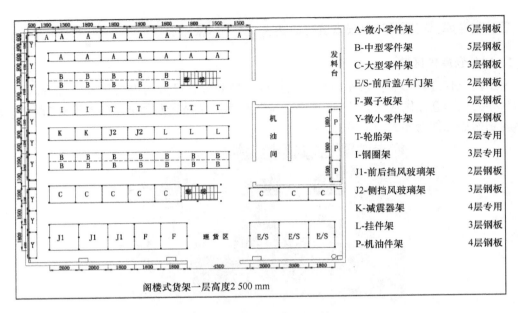

图6-7 配件仓库布局（续）

配件部及配件仓库划分比较复杂，因此对各不同功能的区域应该划线进行区分，并在不同区域进行明确标识。图6-8表明仓库不同区域应该划分区域分隔线，图6-9所示为检查中发现的不按要求对仓库不同区域划分区域分隔线的情况。

图6-8 不同区域划分区域分隔线

1）入库检查区

这是汽车配件仓库的第一个区域，用于配件入库时进行检查，包括数量清查、质量检查等。配件在此卸货并进行入库前的检查。图6-10（a）表明标准卸货区应该有屋檐和卸货区标识，图6-10（b）所示为卸货区无屋檐，图6-10（c）所示为卸货区无标识。

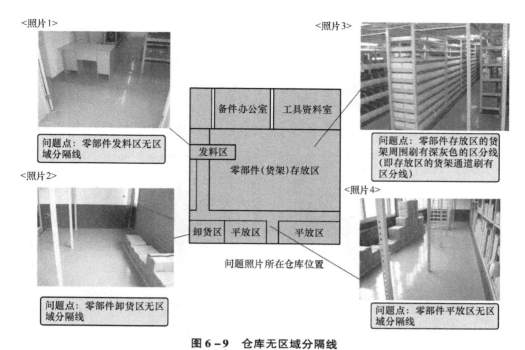

图 6-9 仓库无区域分隔线

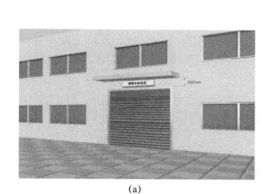
(a)

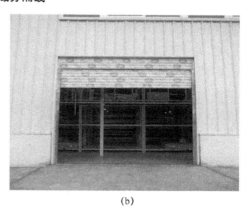
(b)

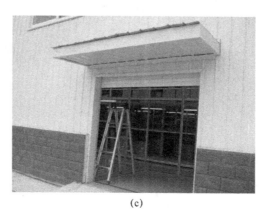
(c)

图 6-10 配件卸货区

(a) 配件卸货区；(b) 卸货区无屋檐；(c) 卸货区无标识

2）整理区

整理区有两个功能。图6-11所示为配件入库整理区，此区域的第一个功能是将入库检查后的配件移至该区域进行分类，便于存放登记，有些配件需要拆除运输性包装，有些需要重新包装；第二个功能是库房盘点时用于配件堆存检视。

3）仓储区

这是汽车配件仓库的主要区域。图6-12所示为仓库货架和仓储的配件。

图6-11　配件入库整理区

图6-12　仓储区

4）取货区

取货区指的是货架间的通道，也称为通道。图6-13所示为取货区，此区域只是方便取货，不允许堆积配件等物品。

图6-13　取货区

5）发货区

发货区是发送、领取配件的区域，有些也称为领料区。图6-14所示为发货区，此区域方便领料时对于较多数量配件进行清点和检查。

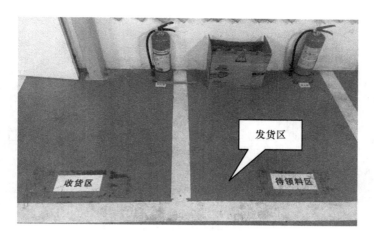

图 6-14 发货区

三、仓储区的分区分类原则

1. 分区分类原则

通过调查和分析，分清在性能、养护和消防方法上一致的各类汽车配件所需仓容，考虑存储、吞吐的要求，结合仓库具体设备和条件，即可进行分区分类。汽车配件分区分类，大体有以下两种情况。

（1）按品种系列分类，集中存放。例如存储发动机配件的叫发动机仓库（区），存储通用汽车配件的叫通用件仓库（区）。

（2）按车型系列分库存放。

2. 分区分类应注意的事项

（1）按汽车配件性质和仓库设备条件安排分区分类。图 6-15 所示为对存储区域进行分区，并且对分区货架进行排序。

图 6-15 对存储区域分区及货架排序

（2）性质相近和有消费连带关系的汽车配件，要尽量安排在一起存储。

（3）互有影响，不宜混存的汽车配件一定要隔离存放。

（4）出入库频繁的汽车配件，要放在靠近库门处，如图6-16所示。

图6-16 出入库频繁配件放在靠近库门处

（5）粗、重、长、大的汽车配件，不宜放在库房深处；易碎配件要注意存放处的安全。如图6-17所示，排气管等长型配件、玻璃等不能堆砌的配件必须竖直放，部分特殊配件应该悬挂存放。

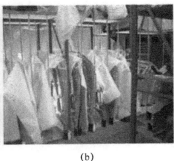
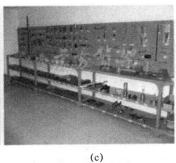

(a) (b) (c)

图6-17 按照配件特点存放

(a) 排气管竖直存放；(b) 玻璃竖直存放；(c) 专用工具悬挂存放

（6）消防灭火方法不同的汽车配件不得一起存储。

3. 仓储区规划的原则

1) 有效利用有限的空间（见图6-18）

图6-18 有效利用两层增加存储空间

（1）根据库房大小及库存量，按大、中、小型及长型进行分类放置，以便于节省空间。
（2）用小篮子或纸盒来保存中、小型配件，如图6-19所示。

图6-19 用标准纸盒存放配件

（3）将不常用的配件放在一起保管。
（4）留出用于新车型配件的空间。
（5）无用的配件要及时报废。
2）防止出库时发生错误
（1）将配件号完全相同的配件放在同一盒内，如图6-20所示。

图6-20 一个盒子对应一个配件号

（2）外观接近的不同配件最好分开存放，以免混淆。
（3）不要将配件放在过道上或货架的顶上。如图6-21所示，配件放在过道上影响出入库作业。

图 6-21 过道堆满杂物

3）保证配件的质量

（1）保持清洁。

（2）避免高温、潮湿。

（3）避免阳光直射。

（4）禁止吸烟，仓库必须放置灭火器。

4. 合理配置仓储设备

仓储设备主要包括：

（1）存放配件的设施，如货架、料箱、料盒和垫木等。

（2）在仓库内进行取送配件作业的叉车、搬运车、梯子和周转箱等，如图 6-22 所示。

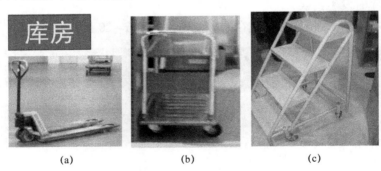

(a)   (b)   (c)

图 6-22 库房作业工具

(a) 手动叉车；(b) 拣货推车；(c) 可移动梯子

维修企业对配件仓库仓储设备的配置要依托科学的原则进行，做到适用又耐用。

所谓科学，是指选配的方法要科学，要多做比较，考虑周全，既要考虑一次性成本投入，也要考虑日后的维护费用。所谓适用，是指选用的设备种类要和存储的配件品种相适合，选用的设备数量要适合企业规模和适合仓储作业使用。所谓耐用，是指选用的设备、设施要结实耐用。库房还要考虑消防设备和照明设备的配备，维修企业应该根据不同库房的具体情况按照《仓库防火安全管理规则》的要求进行配备。

四、库存配件堆存布局合理

库存配件的堆存布局主要考虑三个因素，即兼容性、区别性和使用频率。

（1）兼容性是指各种配件能安全地存储在一起，不会发生物理损伤和化学反应。

例如，润滑油、油漆类配件属于易燃物品，显然不能和其他配件混放在一起；涂防锈油脂的配件也不能和传动带、摩擦片等配件放在一起，以免后者沾油后降低或者丧失使用价值。

（2）区别性是指将各种配件按一定的标准进行分类、分组，以便于查找和管理。

一般来讲，维修企业最常用的分类方法有按品种分类和按车型分类两种。按品种分类的方法就是把相同品种的配件归为一类，品种之下再按不同型号分组，在同一固定区域内存储。比如，把所有的刹车片都存储到一组货架上，不同型号的刹车片又分别放置在不同的层架上。一般专项维修作业项目的企业适合采取这种分类方法。按车型分类的方法又包括部、系分类，即相同车型的配件分为一类，车型之下再按不同部、系进行分组。车型、品种、数量较少的企业，可以在同一库房内进行分区管理；车型、品种、数量较多的企业还可以进行分库管理。

（3）使用频率是指在库存配件堆存布局时要考虑常用配件的存储位置。经常使用的配件要尽量存储在靠近库房发货出口或货架上容易取放的层架上，便于提高工作效率。属于客户订货的配件一到即通知车间领件，因此不需要入库，存放于发货区客户订购件货架，如图6-23所示。

图6-23 预约配件货架

五、仓位划分准确清晰

1. 划分仓位

仓位是最基本的储货单元，划分仓位的目的就是确定配件存储的固定位置。

仓位划分要考虑这样几个因素：

（1）一个仓位尽量能容纳单一品种配件的最低储量。

(2) 在考虑上面因素的同时,对货架仓位进行等分划分。

(3) 有些异型配件和有特殊存储要求的配件可以依照尺寸规格和存储要求定制仓位。如图 6-24 所示,货位标签应该贴在货架上,配件盒应该与货位一一对应,货位标签上应该有货位号和配件编码与配件名称等基本信息,最好在对应的配件盒上贴对应的配件名称和编码。

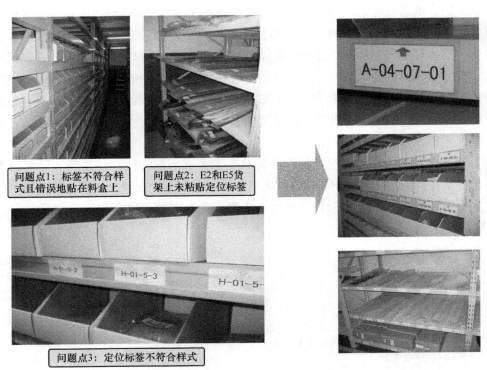

图 6-24　货位与标签要求

2. 仓位标记简洁易懂

划分仓位以后,还要对仓位进行标记。如同电影院的"对号入座"一样,要对仓位进行编号,目的是对配件实行定位储存,方便取放。进行仓位标记主要采取坐标定位的方法,一般叫它"四号定位"或者"五号定位"。

"四号定位"表示为:区号-架号-层号-仓位号。

"区号"是对库房内分类储存区域的编号;

"架号"是对每一个货架的编号;

"层号"是对同一货架不同层次的编号;

"仓位号"是对划定仓位的编号。

例如,把火花塞放在发动机类存储区的第四个货架的三层左边第二个仓位,用"四号定位"可以表示为"1-4-3-2"。编号的原则是按划定的位置和次序进行顺序编号。比如划分了五个存储区域,"区号"就是 1、2、3、4、5,有 500 个仓位,仓位号就是 1、2、3、…、500 号。

货架的"层号"是按照从下往上的次序排列，那么所有的货架都要从下往上排列，每层的仓位号是从左往右排列，所有货架的仓位号也要按照这个次序排列。

"四号定位"是非常科学、简便的仓位标记方法，但并不意味着只用四组编号，有时要根据配件的实际存储情况进行编号添加。如果企业有多个仓库，则在"区号"的前面加一个"仓库号"，就是所谓的"五号定位"。

比如，有时两种配件合占了一个仓位，可以记为"0-0-0-0-L"和"0-0-0-0-R"。有的备件要占用一个半仓位，可以记为"0-0-0-0+0-0-0-0-L"。

再比如，用抽屉式分格料盒储存标准紧固件，就可以为每个"格"再编一个号码，记为"0-0-0-0-0"，查找起来十分方便。采取有效的仓位标记，能大大节约寻找、存储、取出的时间，节省劳动力，而且能防止差错，便于清点。

3. 货位号的编排

货位号的编排采用定位到配件货盒上或货架上的定位方法。

例：A—— 01 —— 03 —— 03
　　①　　②　　③　　④

(1) ①表示在第几通道的货架（A、B、C、D、E、……）。
(2) ②表示在货架的第几面（01、02、03、……）。
(3) ③表示在货架的第几层（01、02、03、……）。
(4) ④表示在一层货架中的第几个配件盒（01、02、03、……）。

上例表示该货位号在 A 通道货架的 01 面货架的第 03 层的第 03 个配件盒。

4. 货位号编排的特点

采用货位号定位的特点是配件的位置与配件号码无关，而是与配件的大小、使用频度有关。根据配件的大小，将其分为小、中、大、长四类，归入相应的货架区；再根据配件的使用频度，将使用频度高的配件放在配件货架的靠外侧，且仓库管理员取放方便的地方；反之亦然。

此种方法的特点是配件取放方便，新配件入库时不是按配件号码对其进行排序，而是按照该配件的大小、使用频度将其放入任意一个空的位置。因此，货架上不用预先留出很多空余位置用于存储新配件，这样将大大提高仓库的利用率。

此种方法的缺点是配件库存管理时必须使用配件位置清单。配件位置清单如果丢失，将导致配件无从查找。配件位置号码的手工查找是非常烦琐的。

所以，这种方法比较适用于计算机管理。输入配件号码，将自动得出货位号。

5. 货位号与配件编码一一对应

每个货位上应该清楚地贴上货位标识与配件编码及配件名称，并且一一对应，原则上一个货位对应唯一一种配件，最好能标明此种配件的安全库存和最大库存，方便配件管理员及时了解配件存储数量。图 6-25 所示为货位标签和配件标签信息。

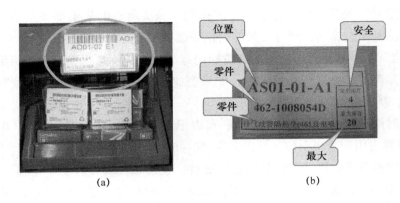

图 6-25 货位标签和配件标签信息
(a) 标签粘贴方式、位置；(b) 货位、配件标签

六、配件仓库的布局模板

举例：某 4S 店计划建设一个 150 m^2 标准配件库房，场地规划如图 6-26 所示。

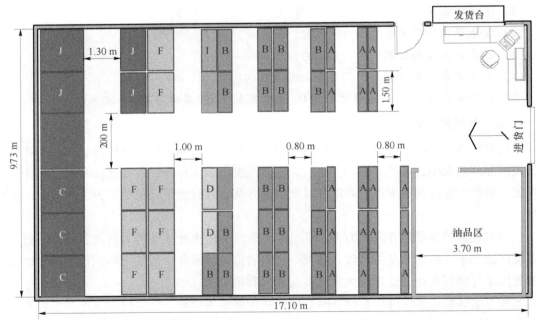

备注：1. A 表示小件货架（H2 200×L1 500×W300 mm），10 层/组，承重 100 kg/层；
2. B 表示中件货架（H2 200×L1 500×W500 mm），6 层/组，承重 200 kg/层；
3. C 表示大件货架（H2 200×L1 500×W1 500 mm），4 层/组，承重 250 kg/层；
4. D 表示排气管货架（H2 200×L1 500×W500 mm），2 层/组；
5. F 表示中大件货架（H2 200×L1 500×W900 mm），4 层/组，承重 200 kg/层；
6. J 表示玻璃/门、护条货架（H2 200×L1 500×W900/1 500 mm），3 层/组；
7. I 表示轮胎货架（H2 200×L1 500×W500 mm），3 层/组。

图 6-26 某配件部布局平面

1. 货架的选择

汽车维修企业的库存配件大多是常用易损件，体积小、品种多、数量少、进出库频繁。基于这些特点，维修企业的汽车配件存储基本上采用货架仓位。货架作为专门用于存放成件物品的保管设备，在仓储保管中占有非常重要的地位，实现仓库管理科学化，与货架的种类、功能有直接的关系。

1）维修企业选择货架考虑的主要因素

（1）要满足按不同配件特性存放，互不挤压，存取方便，便于清点及计量，可做到先进先出。

（2）要有组合变换功能，便于充分利用仓库空间，提高库容利用率，扩大仓库储存能力。

2）货架的种类

货架的种类很多，为了满足上述两方面条件，维修企业应该对货架配置有所选择。下面简单介绍一下货架的种类。

（1）按货架的基本种类划分，包括层架、层格式货架、抽屉式货架、橱柜式货架、旋转式货架、屏挂式货架等。

（2）按货架的构造划分，包括固定式货架、移动式货架、组合可拆卸式货架等。

（3）按货架高度划分，包括低层货架（高度在 5 m 以下）、中层货架（高度在 5~15 m）、高层货架（高度在 15 m 以上）。

（4）按货架承重划分，包括重型货架（每层货架承重在 500 kg 以上）、中型货架（每层货架承重 150~500 kg）、轻型货架（每层货架承重在 150 kg 以下）。库房货架的配置是一门学问，配置合理，能起到提升仓储管理水平和作业效率的功用。图 6-27 所示为标准货架设计，图 6-28 所示为标准货架实物。

图 6-27 中的排气管货架要设置挂钩对排气管进行限位固定，防止排气管滑落。

轮胎货架支撑轮胎处横梁为圆柱形支撑杆，由于轮胎为橡胶材料，为了减少对橡胶材料的压迫变形，采用圆柱形支撑杆，并隔段时间对轮胎进行旋转调整位置，使得轮胎受力均匀。

减震器货架下面放海绵保护减震器。

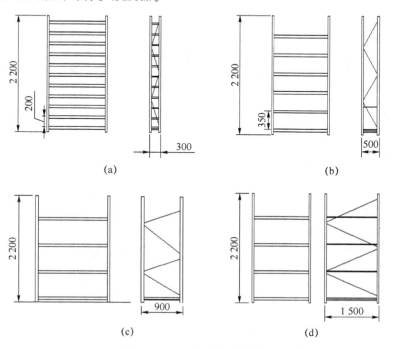

图 6-27 标准货架设计图

(a) Rack A—小件架；(b) Rack B—中件架；(c) Rack E—中大件架；(d) Rack C—大件架；

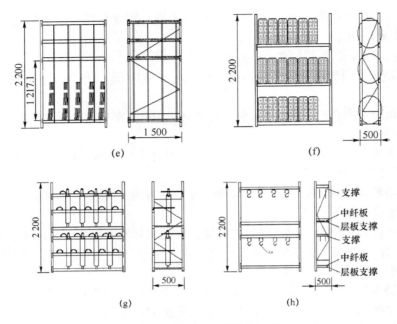

图 6-27 标准货架设计图（续）

(e) Rack J—玻璃/门、护条架；(f) Rack I—存放轮胎；(g) Rack D—存放长、短排气管；(h) Rack D—挂件架；

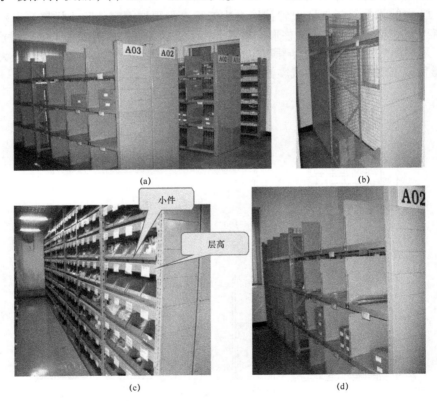

图 6-28 标准货架实物

(a) 大、中、小三种规格货架；(b) 长型件货架；(c) 小件货架；(d) 中件货架；

图 6-28 标准货架实物（续）

（e）长型货架；（f）大型货架；（g）玻璃、门货架；（h）排气管货架（i）轮胎货架；（j）减震器货架

2. 货架布局符合规范

考虑了库存配件的分类堆存布局后，就要针对这些要求进行货架的摆放布局。货架布局除了考虑库存配件分类、分组管理的要求外，还要考虑"五距"要求。

"五距"指的是顶距、灯距、墙距、柱距和堆距。

（1）顶距：指货架的顶部与仓库屋顶平面之间的距离。留顶距主要是为了通风，平顶库房，顶距应在 50 cm 以上。

（2）灯距：指在仓库里的照明灯与配件商品之间的距离。留灯距主要是防止火灾。配件商品与灯的距离一般不应少于 50 cm。

（3）墙距：指货架与墙的距离。留墙距主要是防止渗水，便于通风散潮，一般应留 10~20 cm。

（4）柱距：指货架与屋柱之间的距离。留柱距是为防止商品受潮和保护柱脚，一般留10~20 cm。

（5）堆距：指货架与货架之间的距离。留堆距是为便于通风和取放配件商品，一般应留150 cm。

❋ 学习任务三 汽车配件存储和码放

在确定了仓位规划后，我们就要进行堆存与码放的作业操作，库存汽车配件的堆存与码放要在一定的规则下以科学的方法进行。

一、配件存储基本原则

为提高配件的存储质量、查找速度和工作效率，保证捡货发货准确，仓库配件码放需遵循如下的存储区域原则和基本码放原则。

1. 存储区域原则

（1）小型货架区：存储体积小、质量小、数量少的配件。
（2）中型货架区：存储体积适中、质量适中、数量较多的配件。
（3）大型货架区：存储体积大、质量大、数量较多的配件，并在同一货位可存储几种配件。
（4）长型货架区：存储货物长、质量小、数量少的配件。
（5）堆放区：配件存储数量特别多，和指定货位不足储存的补充货位。
（6）保修配件存储区：存储待保修配件。
（7）预约配件存储区：如图6-29所示。

图6-29 预约配件看板和存储货架

（8）事故车配件存储区：由于事故车一般所需配件较多，并且很多配件无库存，需要订货，因此为了提高工作效率，设置了事故车订货进度管理看板，所有事故车的维修单和配件订货单都用文件袋装好，并根据订货时间的先后顺序排好，如①②③④……，①号文件袋对应①号事故车，以此类推。事故车的配件到货时间往往无法一致，为了避免出错，为事故车设置了专用事故车配件存储箱，先到货的配件根据对应的事故车编号放到相应编号的事故车配件存储箱，如①号事故车的配件将全部存储在①号事故车配件存储箱。图6-30所示为事故车配件订货管理看板及配件存储箱。

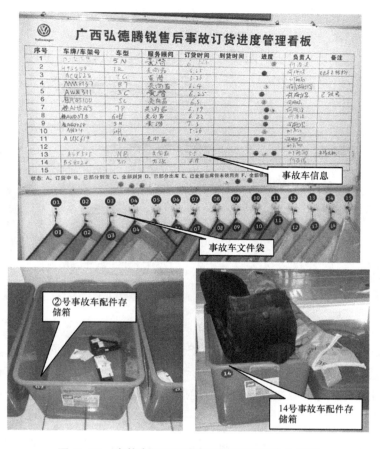

图 6-30 事故车配件订货管理看板及配件存储箱

2. 基本码放原则

一般像 4S 店这样的小型配件仓库应该根据配件的出库频率确定货位，如图 6-31 所示：快流件应该放在走道两边，并应该靠近库门，以便出入库时提高工作效率。

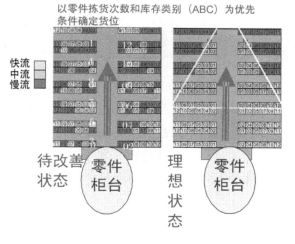

图 6-31 根据流动速度安排货位

（1）以频率为基础原则：使用频率高的配件放在仓管人员容易操作的地方，一般设在中间层，便于存取操作，并靠在通道和发货区域，以提高操作效率。

（2）质量特性原则：质量大的配件放在货架的底层，以提高安全性。轻物上置，重物下置，图6-32所示按重物下置原则，下层为刹车盘，中间为滤清器，上层为空气和空调滤清器。

图6-32　重物下置

（3）同一货位存储多种配件的情况下，配件号相近的要放在不同的货位。

（4）面向通道原则：配件码放时，号码标签应朝通道方向，方便拣货确认，当没有办法使配件标签朝向通道时，应在存储通道方便确认的位置写上配件号。图6-33所示为按标签朝外原则存放。

图6-33　标签朝外

（5）指示标签原则：不能平放的配件一定要按安全指示标签要求竖放。

（6）叠高原则：为提高空间使用率，在确保底层配件包装不变形和码放安全性下，相同配件应尽量堆垛叠放。

（7）尺寸原则：要考虑配件大小，选择适当的空间来满足特定的需要。图6-34所示为根据配件大小安排货架。

为了减少货架空间浪费，标准件如垫片、螺丝、螺帽等比较小型的配件可以存放于抽屉式柜台中。

（8）同一性原则：同种配件要放在一个货盒，一个货盒只能放一种配件。图6-35所示为一种配件对应一个货位。

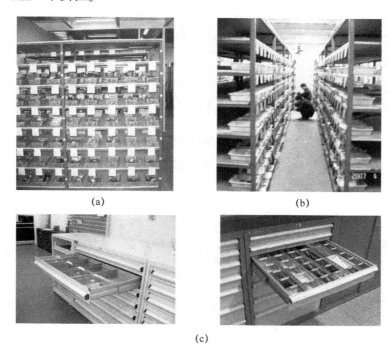

图6-34 根据配件大小安排货架
(a) 中小件货物集中摆放；(b) 配件摆放整齐、有序；(c) 抽屉式柜台

图6-35 一种配件对应一个货位

（9）从未用过的货盒应反过来，和已用过的货盒区别开来。
（10）通道上绝对不能堆放配件。例如图6-36所示的通道不允许堆放配件。
（11）库存量大的常用件应设置有第二货位，如机油、机油滤清器一般设有堆放区。

图 6-36 通道不允许堆放配件

（12）配件特性原则：不能堆码的配件应按要求摆放，如轮胎、皮带、减震器等。图 6-37 所示为根据配件特性摆放。

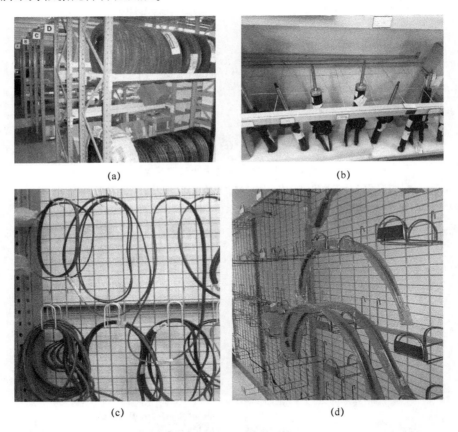

图 6-37 根据配件特性摆放
(a) 轮胎；(b) 减震器；(c) 皮带；(d) 密封条

（13）先进先出原则：

①存储在货盒中的配件或堆垛的中小配件以新旧先后顺序从内到外、从下到上整齐存储。

②不能堆垛的配件以新旧先后顺序从左到右整齐存储，出库时以从右到左顺序捡货。

③按从外到内、从上到下顺序捡货，并确定包装时间的新旧。

（14）储位表示原则：配件的存储位置给予明确的表示，减少错误，便于电脑管理。

（15）相关性原则：配件订购时经常被同时订购，应尽量存储在相邻位置。

二、配件码放的原则

1. 配件分类码放的规则

要把不同品种、不同规格、不同性质的配件产品分开码放，避免混杂。如图 6-38 所示，某配件仓库内根据配件大小、流动速度、配件质量、易燃易爆危险品、索赔配件、贵重配件、客户预定配件等进行货架码放。

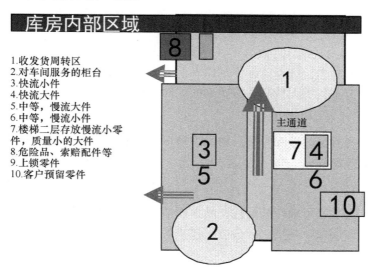

图 6-38 根据配件类型码放

2. 根据配件质量安排码放位置的规则

码放前分配仓位时，要尽量考虑把重的东西放在货架的下边，把轻的东西放在货架的上边，需要人工搬运的大型物品则以人体腰部的高度为基准，这样有利于提高工作效率和保证安全。

3. 依据配件特性和形状码放的规则

有些配件不能挤压，有些配件不能倒置等，要根据不同配件的特性要求进行码放。还有些配件形状特殊，应制作特殊货架进行码放。

4. 依据"先进先出"码放的规则

"先进先出"是配件仓储需要遵守的一条重要原则。在配件入库码放时，要对不同批次的入库配件做标记，以示区分。还可以采取"双仓法"进行码放，就是将后入库的配件另码放一堆，出库时，先发放先入库的一堆，后发放后入库的一堆。图 6-39 所示为按先进先出原则进行，后入库的配件放在先入库的配件后面。

按照一定的规则摆放配件，如靠左靠前放

图 6-39 先进先出原则

置配件，从右侧放入新接收的配件到货位的后部空余位置。前面配件用完时将后面配件推至前面，形成循环。有使用期限的配件使用特别的标签，经常性地检查过期时间。

5. 方便检查计量的原则

配件码放要整齐，做到"成行成列，标志在外，过目成数，便于检查"。可以采取"五五码放"的方法，即配件码放时，以"五"为基本计数单位，堆成总量为"五"的倍数的基本垛形，如梅花五、重叠五等，便于清点。

三、码放的方法

配件堆码的方法很多，就维修企业的配件仓储来讲，大致有以下几种码放的方法。

1. 重叠法

所谓重叠法，就是上一层每件配件直接置于下一层每件配件之上，并与之对齐的码放方法。此方法适合于方正包装无特殊性能要求的配件产品。

2. 压缝法

压缝法适用于长方形包装和较长形状的配件产品。即上一层配件压住下一层两件以上的配件，层与层之间纵横交错。

3. 通风法

通风法适用于需要通风散潮的配件产品，如桶装、听装的液体产品。即行与行、列与列之间留有缝隙，上一层与下一层之间采取"跨肩"压缝的方法。

4. 行列法

形状不规则的小型配件或数量较少的配件采取按行排列的方法。

5. 定位法

形状不规则的大型配件或有特殊存储要求的配件，采取依形状或依特性定制的仓位码放。

配件的码放、排列，要尽量考虑到缩短仓库管理人员的走动距离。

为了查找配件方便，应将通道号标注在货架上。货位号的排列顺序要连续。货架间的查找方向要连续。图6-40所示为货位号排列连续。

图6-40　货位号排列连续

四、部分配件存储要求

1. 油脂类存储要求

（1）检查容器是否完好。
（2）按不同品种分别存储，不能混淆。
（3）先进先出，定期检查。
（4）严禁烟火。

2. 蓄电池存储要求

（1）搬运严格防止翻滚、撞击或重压，必须稳搬轻放。
（2）防止正、负极端柱外部金属导体直接短路。
（3）注液旋塞必须拧紧，使电池保持密封储存。
（4）叠放层数不得大于5层。
（5）先进先出，定期检查。
（6）保持通风，严禁烟火。

3. 刹车盘存储要求

（1）平放，不得立放或歪斜。
（2）防锈。

4. 安全气囊

（1）按照箭头指示方向存储。
（2）先进先出，定期检查。
（3）严禁烟火。

5. 特定配件存储

此类型配件应设置单独区域存放，主要包括以下几种：
（1）易燃液体或含有易燃液体，如油漆、稀料、汽油泵、硬化剂。
（2）含气体压力的非可燃性瓦斯，如蓄压器、弹力支撑杆、灭火器、减震器等，打火机则为可燃性瓦斯。
（3）含腐蚀性化学成分，如蓄电池等。
（4）易爆物品，如气囊等。
（5）清洗剂类可能含有毒性，或者有害环境。

危险品标志如图6-41所示。

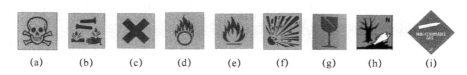

图6-41 危险品标志

(a) 有毒；(b) 腐蚀；(c) 刺激性；(d) 氧化；(e) 易燃；(f) 易爆；(g) 易碎；(h) 有害环境；(i) 非可燃性瓦斯

易燃物：燃点很低，液态在大约 21 ℃以下的物质。

易爆物：容易由于碰撞、高温、燃烧或者无氧点火造成爆炸的物质。

易氧化物：不具备易燃性，但是如果已经起火，也会助燃的物质。

刺激性物（Xi）和有害物（Xn）：能由于吸入或者吞咽造成急性或者慢性的身体及皮肤损伤的物质。

有毒物：即使微小数量的吸入、吞食，或者皮肤吸收都能引发死亡或者对身体有急慢性损伤的物质。

易腐蚀物：能损伤活体的物质。

以上特殊配件存放要求：尽量减少危险品的库存；危险品在单独的区域。严禁在库房内吸烟并确保有危险品的房间有适当的通风。有毒物质应当在上锁区域。腐蚀品应注意不让其包装泄漏，万一泄漏，应有接泄漏的器皿。易爆物品存放的位置要保证一旦发生爆炸损失最小。有毒物品一定不能和易燃易爆的物品共同存放。易碎品应注意边缘保护及填充和隔离，避免破碎。

6. 电子配件防止静电

如果电子配件存储于金属货架上：尽量保持原有包装，不要敞开包装放置；已经打开包装的电子配件，其存储的容器应该由金属或者导电合成材料或者聚丙烯导电材料或者类似材料构成。

学习任务四　汽车配件库存管理

为保证客户的满意度，维持合理的服务率，并保有合理经销商库存，需对配件开展库存管理工作。

一、库存管理的目的

（1）及时准确地向售后服务部门提供配件，满足现实需求。

（2）保持较高的服务率。

（3）避免库存积压。

（4）保持合理库存。

二、库存管理模式

配件销售的速度是衡量库存管理是否成功的可靠指标。这种情况叫作销售运动。销售运动的状态表明特约销售服务店所购买配件的优劣程度。

三、销售运动模式

为了确定销售运动的形状，特约销售服务店需要记录过去 12 月销售的所有库存配件。要根据记录比较配件收到日期和销售日期，然后把销售数字分别填入表 6-1 所示的四个类别。

表6-1　销售运动模式统计表

配件销售时间	销售价值/元	所占比例/%
0～3个月	66 000	55
3～6个月	30 000	25
6～12个月	14 400	12
12个月以上	9 600	8
总计	120 000	100

1. 锥形

锥形销售运动如图6-42所示，表示一个配件部门能达到的最理想的销售运动：有50%以上的库存配件在入库3个月内售出；不足10%的配件12个月后才能售出，这表明利润很大，保管成本极低。

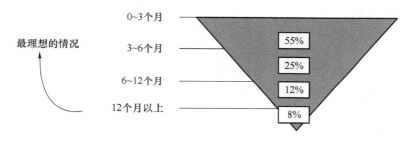

图6-42　锥形销售运动

2. 金字塔形

金字塔形表示销售运动的最糟糕的形状：只有很少的配件很快售出，而大部分配件超过一年尚未售出，从而增加保管成本，也增加了配件老化的可能性，如图6-43所示。

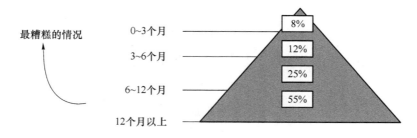

图6-43　金字塔形销售运动

3. 沙漏形

沙漏形表示取得某种程度成功的销售运动。如图6-44所示，全部销售运动的货物的1/4是在到货后前3个月完成的。但是沙漏的大底座说明库存在缓慢积压，不久的将来可能老化。

四、库存管理

（1）安全库存：考虑预测与实际情况的偏差，而有意增大的库存数量，至少应保证有1个月的安全库存。

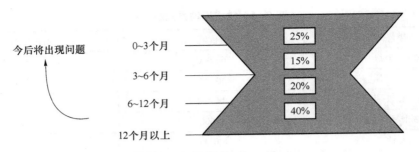

图6-44 沙漏形销售运动

（2）库存度：库存金额/前3个月的平均销售。

（3）服务率：向厂家订货前可满足的行数百分比。服务率=（满足行数/总行数）×100%

库存管理的过程实际上就是平衡库存度和服务率的过程，要在保证服务率的前提下将库存度降低至最小合理值，从而降低库存占压资金。

库存管理中的KPI：

①满足率。

$$满足率 = \frac{可以及时供应的配件数}{所有需求的配件数} \times 100\%$$

可以及时供应的配件数是指能及时供应维修工单上需求的配件件数（不论配件品种），所有需求的配件数是指维修工单上需求的配件总数。

②一次工单满足率。

$$一次工单满足率 = \frac{完全能满足配件的工单}{所有有配件需求的工单} \times 100\%$$

完全能满足配件的工单是指工单上的配件不但品种能全部及时供应，而且每个品种所需的数量能全部及时满足，否则该工单的满足率为0。

③配件周转率。

$$月周转率 = \frac{平均库存成本}{出库成本金额}$$

$$年周转率 = \frac{一年出库成本金额}{平均库存成本}，即一定时期内配件库存周转次数。$$

④呆滞料占比。

$$呆滞料比例 = \frac{呆滞料库存金额}{库存总金额} \times 100\%$$

一般要求低于10%。

⑤盘点准确率。

$$盘点项目准确率 = 1 - \frac{该期盘点差异项目}{该期期末盘点项目} \times 100\%$$

$$盘点金额准确率 = 1 - \frac{该期盘点差异金额}{该期期末盘点金额} \times 100\%$$

⑥配件毛利率。

$$配件毛利率 = \frac{配件毛利}{配件收入} \times 100\%$$

五、备件的 ABC 分类管理法

目前企业普遍存在因为备件库存结构不合理而造成库存积压、资金浪费的现象,但备件库存管理又是一个十分复杂的问题,在库存管理中,既不希望占有过多的流动资金,又不希望备件短缺,影响设备的及时修复。早期的备件库存模型研究和应用主要是依据备件的 ABC 分类管理法。

1. 分类原则

备件 ABC 分类管理法又称为重点管理法,是物资管理中 ABC 分类控制法在备件管理中的应用。通过集中主要力量,有针对性地、突出重点地来抓主要矛盾即区别主次,分类管理。应用 ABC 分类管理法,不但能较好地保证维修需要,而且可以显著减少储备,加速资金周转,这是目前多数企业常用的一种备件分类管理方法。

ABC 分类管理法是将备件按一定的原则、标准分为 A、B、C 三类。因为备件品种规格甚多,使用寿命千差万别,制造工期长短不一,加工难度繁简不等,价格高低相差悬殊,对设备的重要性程度亦不尽相同,这就给分类造成很大困难。一般分类的原则由企业自行制定,最终的目的是希望达到 A 类备件的资金累计占 70% 左右,品种累计占 10% 左右;C 类备件的资金累计占 10% 左右,品种累计占 70% 左右;余下的 B 类备件,其资金累计将占 20% 左右,品种累计也占 20% 左右。

2. 管理对策

A 类备件是管理的重点,应严格清点,减少不必要的库存,库存可压缩到最低限度。B 类备件可以应用存储理论进行合理的储备,采取定量订货方式。C 类备件可简化管理,国内一般采用集中订货方式,周围供货市场条件好的企业,可采取只存备件供应信息的方式。图 6-45 所示为 ABC 分析法统计结果。

A 类配件一般为易损易耗品,为保养件、外观件,订货批量大、库存比例高,在任何情况下都不能缺货。图 6-46 所示为按照 ABC 分类统计出来的某进口大众 4S 店 A 类配件的品种和数量,里面对平均每天出库数量进行统计,统计出近 80 种 A 类配件,并结合每月订货金额和配件销售的利润,设定了这些配件的最大安全库存和最小安全库存。

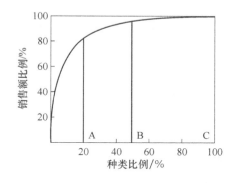

图 6-45 ABC 分析法统计结果

3. ABC 库存分类管理法的程序实施

ABC 库存分类管理法的程序如下:
(1) 把各种库存物资全年平均耗用量分别乘以它的单价,计算出各种物资耗用总量以及总金额。
(2) 按照各品种物资耗费的金额的大小顺序重新排列,并分别计算出各种物资所占领用总数量和总金额的比例,即百分比。
(3) 把耗费金额适当分段,计算各段中各项物资领用数占总领用数的百分比,分段累

	A	B	C	D	E	F	G
1	零配件编号	出库数量	描述	平均每天出库数量	最大安全库存	最小安全库存	库存类型
2	GVW052195M2	4512.7	德国大众原装机油（1L）5W	50.14	1239	600	常用件
3	GVW052184M2	3021	0-40机油 极互1L装	33.57	1155	150	常用件
4	N 0138157	732	油底壳螺丝密封环	8.13	210	57	常用件
5	10006	411	指示牌（贴纸）	4.57	77	32	常用件
6	FY 000125A	342	全能水	3.80	182	7	常用件
7	06J115403Q	340	机油滤芯（TIG/CC 2.0\SCI 2	3.78	161	26	常用件
8	06E115562C	296	机滤	3.29	84	21	常用件
9	03C115561H	238	机油格（高尔夫Variant）	2.64	91	21	常用件
10	G 013A8JM1	174.12	防冻液	1.93	64	18	常用件
11	101905611G	162	火花塞（NF）	1.80	126	7	常用件
12	06H905611	120	火花塞 B6/TIG	1.33	56	28	常用件
13	B 000750M3	102	刹车油	1.13	70	14	常用件
14	06E998907E	96	修理包	1.07	84	14	常用件
15	N 02300311	96	六角螺母	1.07	112	28	常用件
16	8E0601181	91	贴式平衡块	1.01	63	28	常用件
17	G 055540A2	91	ATF 8速变速箱油TOUA NF	1.01	112	8	常用件
18	N 10528301	77	钮扣电池	0.86	28	7	常用件
19	021115562A	75	机油滤芯、途锐V6、辉腾V6、	0.83	35	7	常用件
20	G 052182A2	73	波箱润滑油（MAG/EOS/R36）	0.81	42	7	常用件
21	G 052183M2	59	德国原装机油（0W-30)1L	0.66	336	35	常用件
22	04E115561H	52	机油格	0.58	28	7	常用件
23	06L115562	52	机油滤	0.58	28	7	常用件
24	1K1819653B	52	空调滤芯SCI/GTI/MAG/EOS/C	0.58	28	10	常用件

图 6-46 某 4S 店 A 类配件的品种和数量

计耗费金额占总金额的百分比，并根据一定标准将它们划分为 A、B、C 三类。分类的标准如表 6-2 所示。

表 6-2 分类标准

物资类别	占物资品种数的比例/%	占物资金额数的比例/%
A	5~10	70~80
B	20~30	15~20
C	50~70	5~10

4. ABC 分类控制方法

上述 A、B、C 三类存货中，由于各类存货的重要程度不同，一般可以采用下列控制方法：

（1）对 A 类存货的控制，要计算每个项目的经济订货量和订货点，尽可能适当增加订购次数，以减少存货积压，也就是减少其昂贵的存储费用和大量的资金占用；同时，可以为该类存货分别设置永续盘存卡片，以加强日常控制。

（2）对 B 类存货的控制，也要事先为每个项目计算经济订货量和订货点；也可以分享设置永续盘存卡片来反映库存动态，但要求不必像 A 类那样严格，只要定期进行概括性的检查就可以了，以节省存储和管理成本。

（3）对于 C 类存货的控制，由于它们为数众多，而且单价很低，存货成本也较低，因此可以适当增加每次订货数量，减少全年的订货次数，对这类物资日常的控制方法，一般可以采用一些较为简化的方法进行管理，常用的是"双箱法"。

所谓"双箱法",就是将某项库存物资分装两个货箱,第一箱的库存量是达到订货点的耗用量,当第一箱用完时,就意味着必须马上提出订货申请,以补充生产中已经领用和即将领用的部分。

学习任务五　汽车配件库存盘点

一、配件库存记录

库存记录是指对库存配件信息和仓储作业信息的文字记录,包括配件的入库信息、存放位置信息、出库信息以及仓储作业中发生的货损、货差信息等都要以单、卡、账、表的方式记录下来,其目的是反映库存配件的存在和变动状况。库存记录是仓储管理的一个重要工作环节,为企业采购管理、生产需求、财务会计提供信息服务。

二、库存记录的基本内容

库存配件需要记录的内容可分成三类,即配件属性信息、配件价值信息和仓储作业信息。

1. 配件属性信息

配件属性信息包括配件名称、配件编号(含互换号码)、单位、用途(适用车型)和特性(有效期和保管注意要点)。

2. 配件价值信息

配件价值信息包括两个方面,一个是数量,包括入库数量、出库数量、货损数量和库存数量;另一个是价格和价值,包括单价(进货单价和销售单价)和入库金额、出库金额以及库存金额。

3. 仓储作业信息

(1) 位置信息:指的是配件产品在库房中的存放位置情况。

(2) 时间信息:包括入库和出库以及其他仓储作业发生的日期信息。

(3) 执行信息:仓储作业是按照一定的管理权限和作业程序执行的,每一次入库、出库等作业中的批准人、执行人、复核人的信息也要体现在相关库存记录上。

(4) 其他信息:仓库管理人员的交接班记录、值班记录、库房温湿度变化记录等。

三、库存记录的种类和形式

1. 库存记录可以分为单、账、表三类

1) 入库单和领料单

(1) 入库单:是配件收入库房的凭证。

入库单依据销售单位的"配件销售明细单",经过验收程序后编制,由收料和交料双方签字后,作为记账的合法依据。

入库单最少一式两份，一份留仓库，据以登记库存材料明细账；一份随同发票送交财会部门据以报账。

（2）领料单：是配件发出库房的凭证。

领料单由领料部门编制，经过领料人、领料审批人、库房发料人签字后方可成为记账的合法依据。

领料单一般一式三份，一份留仓库作为登记库存材料明细账的依据；一份由仓库送交财会部门作为计算成本的依据；一份由仓库发料时退还领料部门存查。

2）账簿

库存记录账簿设置的目的是核算库存配件收发和结存数量及金额的状态变化。根据不同企业的具体情况，账簿设置一般分为两种方式。

（1）"两套账"方式：是指仓库设置"库存配件卡片"，核算各种配件收发结存的数量，财会部门设置"库存配件明细分类账"，核算各种库存配件收发结存的数量和金额。这种方法的好处是可以起到相互制约的作用；缺点是重复记账，工作量大。

（2）"一套账"方式："库存配件卡片"和"库存配件明细分类账"合并，由仓库负责登记数量，财会人员定期到仓库稽核收单，并在库存配件收发凭证上标价，登记金额，账簿平时放在仓库。

3）报表

报表是反映一定周期内库存记录动态变化的表格，是进行库存控制分析的主要依据。根据不同的需要，可以编制反映不同内容的报表，尤其是计算机库存管理软件的应用，使报表生成变得极为便利。报表是根据需要来制作的，其实，基础的报表只有一个，就是一个周期内的配件进、销、存明细报表，可以据此进行有内在联系的任何事项的组合，如表6-3所示。

表6-3 配件进、销、存明细报表

品名	上月库存	入库数	出库数	总结存
A	23	50		
B				
C				
D				
E				
F				
G				

2. 库存记录的形式

库存记录有手工记录、计算机记录、手工和计算机记录相结合三种形式。

配件库存记录的基本原则：

（1）遵循真实性的原则。记录的内容要真实，记录的事项要和实际发生的事情相符合，这是仓储工作人员要遵守的诚信守则。

（2）遵循规范性的原则。库存记录的配件信息内容、记录格式、书写等都要按照规定的方法和方式进行，不能随意变更。

（3）遵循统一性的原则。不同的库存记录事项的描述要统一，尤其是配件名称和单位的描述要统一，和最原始的记录保持一致。

（4）遵循同步性的原则。事项的库存记录要和事项的实际发生同步，及时反映库存状态。

（5）遵循可追溯性的原则。所有库存记录的事项都要依照一定的依据进行记录，做到表、单有符合规定的签字依据，记账有真实有效的凭证依据。

四、库存配件的盘点

在仓储管理过程中，配件进出库作业是频繁发生的。因工作的疏漏或失误，可能会出现配件库存记录与实物数量不符的现象；也可能会出现因存放时间较长或保管方法不恰当导致配件质量受影响的现象。为了及时发现和处理这些情况，需要对库存配件进行清点和查看工作，这就是盘点作业。另外，在直接接触配件库管员离岗换人时，也要进行库存配件的交接盘点。

1. 配件盘点的作用

1）查找并纠正账物不一致的现象

盘点可以确定配件的现存数量，纠正因账、物差额对制订采购计划和维修业务带来的影响。

2）发现配件放错位现象

在配件工作中，不可避免地会有部分配件的实际货位号和记录不符，通过盘点可以将这部分配件的货位号纠正过来，方便以后出入库，提高工作效率。

3）为计算企业损益提供真实依据

库存盘点为计算企业损益提供两个方面的依据，一个是修正库存配件数量盘亏或盘赢对库存金额的影响；一个是发现有质量问题丧失使用价值的配件，及时做销账处理，以免影响库存金额的真实情况。

4）检讨仓储管理的绩效

仓储管理工作的好坏，都可以通过盘点的结果表现出来，盘点没有检查出错误或者错误很少，表明仓储管理工作较好；反之，则很差。

2. 库存盘点的内容

（1）盘点数量。对计件汽车配件，应全部清点，对货垛层次不清的汽车配件，应进行必要的翻垛整理，逐批盘点。

（2）盘点重量。对计重汽车配件，可会同业务部门据实逐批抽件过秤。

（3）核对账与货。根据盘存汽车配件实数来核对汽车配件保管账所列结存数，逐笔核对。

（4）账与账核对。仓库汽车配件保管账应定期或在必要时与业务部门的汽车配件账核对。

盘点不仅可以作为一个工作好坏评比的手段，还可以分析出现漏洞的原因，找出改进工作的方法。

3. 盘点时的注意事项

（1）不要影响正常业务。

（2）不要给客户带来不便。

（3）检查配件是否摆放在正确的货位。

（4）检查配件是否摆放混淆。

（5）检查配件货位是否易于查找。

4. 盘点作业的方法

盘点方法总的来讲可以分成两类，一是定期盘点法；二是不定期盘点法。

1）定期盘点法

定期盘点法是在财务周期（月、季度、半年、年）的末尾，将所有库存配件全面加以盘点。为了保证盘点工作的准确性，在盘点期间要停止库房的配件收发工作。不同的维修企业可以根据库存配件的多少和配件种类的复杂程度决定盘点周期。

（1）月末盘点。配件部每月对本月使用过的配件进行盘点，时间一般在月底；由配件部负责组织并稽核；发现问题及时解决，配件主管监督执行。

（2）季度盘点。配件部初盘，财务部参与并监督配件部复盘，对前后两次盘点的差异配件部负责查核，确定盘点结果后财务部负责稽核，配件主管协助售后会计整理盘点报告。盘点结束后，配件部进行配件的报损申报工作；对盘盈、盘亏的配件查明原因，对相关责任人进行考核；财务负责将盘点差异表送审总经理，总经理书面或口头同意对盘点表差异数据进行调整后，由配件部负责对差异数据进行调整至账实相符，财务部审核监督。

（3）年终盘点。配件部每年进行一次大盘点，盘点时间一般在年终放假前的服务淡季，与季度盘点流程相同。

2）不定期盘点法

配件部自行根据需要进行盘点安排，盘点时参考定期盘点流程，可灵活调整。

需要注意的是，不管盘点间隔周期是多少，盘点的时间一定要与财务的结账统计日期相对应，以求得数据的一致性；连锁企业和集团企业的各个配件仓库的盘点日期也应该一致。

可以采用分区循环盘点法，此方法是按照库存配件存放的区域划分来确定盘点周期和顺序的盘点方法，一个区域盘点完成再盘点另外一个区域，循环往复。

循环盘点的好处是不必停止全部仓储作业，动用人员少，控制目的性明确，准确性高。

在实际操作中，许多企业采用的是不定期盘点法和年终定期盘点法相结合的方式，不定期盘点由仓储管理人员进行，期末盘点要组织由财务人员、技术人员等参加的盘点工作班子来进行盘点。

五、盘点作业的步骤

1. 盘点流程和盘点表（见图 6-47）

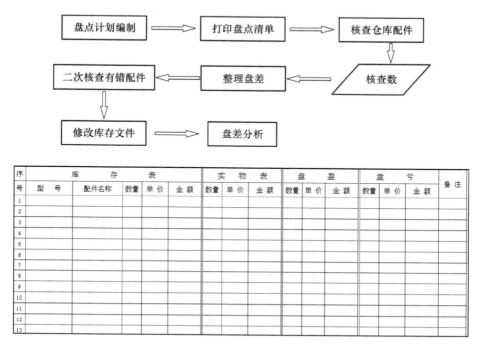

图 6-47 盘点流程和盘点表

2. 盘点实施步骤

1）进行盘点前的准备

盘点作业的准备工作是否充分，关系到盘点作业进行的顺利程度，为了使盘点在较短的时间内，利用有限的人力完成任务，事先应做好如下准备工作：

（1）结清当期库存记录。

（2）确定盘点人员。特别是定期盘点，要确定盘点人员和监盘人员（监盘人员是监督整个盘点过程是否合理、有效的人员）；由各部门增援的人员，要选派对配件较为熟悉的人员参加，并加以简单培训。

（3）准备盘点表格。

2）进行盘点作业

盘点作业一般由双人进行，一人清点实物，一人负责盘点记录，两人可以起到相互提醒、避免盘点失误的作用。在盘点作业过程中，如果发现较大的差异问题，应暂停盘点作业，待所发现的问题查清后方可进行。

3）盘点结果的分析与处理

就数量盘点而言，盘点结果会出现三种情况，盘实：账物相符，没有误差；盘赢：实物数量多于账上数量；盘亏：实物数量少于账上数量。是真的盘赢、盘亏，还是记账过程出现了误差，这就需要进行核实，查找出现差异的原因，而后进行分析，再做出相应处理。

（1）核实盘点结果。核实分为两个步骤：一是对出现盘赢、盘亏的配件品种进行复盘，排除是否产生漏盘、重盘、错盘的可能；另一个是对盘赢或盘亏的配件品种进行记账凭证和账目的对比，排除多记、误记、漏记的可能。

（2）分析盘赢或盘亏的原因。其主要是分析出现盘赢或盘亏是由于仓储管理人员个人素质造成的，还是由于仓储管理制度包括料账处理程序缺陷造成的。分析的目的是堵塞漏洞，改进工作和提出处理意见。

（3）盘点结果的处理。根据盘赢或盘亏的实际情况，一方面报主管领导批准后调整账目，一方面对责任人做出相应处理。

①信耗。凡在合理储耗标准以内的，由保管员填报合理储耗单，经批准后，即可转财务部门核销。

②盈亏和调整。发生盘盈或盘亏时，应查明原因，明确责任。填制库存物资盘盈、盘亏报告单，审签后，按规定报经审批。

③削价。需要削价处理的，经技术鉴定，由保管员填制物资削价报告单，按规定报上级审批。

④事故。由于被盗、火灾、木灾、地震等原因及仓库有关人员失职，使配件数量和质量受到损失的，应视作事故向有关部门报告。

本章自测题

一、单选题

1. 要尽量安排在一起存储的是什么类型的配件？（   ）
   A. 性质相近和有消费连带关系的汽车配件　　B. 互有影响
   C. 粗、重、长、大的汽车配件

2. 放在同一盒内存储的是（   ）。
   A. 配件号完全相同的配件　　　　　　　　　B. 外观接近的不同配件
   C. 同一种类型的配件

3. "四号定位"正确含义表示为（   ）。
   A. 区号 – 架号 – 层号 – 仓位号　　　　　　B. 区号 – 架号 – 仓位号 – 层号
   C. 区号 – 层号 – 架号 – 仓位号

4. 配件码放时，号码标签应朝（   ），方便拣货确认，当没有办法使配件标签朝向通道时，应在存储通道方便确认的位置写上配件号。
   A. 通道方向　　　　　　　　　　　　　　　B. 朝货架上方
   C. 放在配件盒内　　　　　　　　　　　　　D. 贴在配件上

5. （   ）是配件收入库房的凭证。
   A. 入库单　　　B. 进货单　　　C. 出库单　　　D. 领料单

6. （   ）是配件发出库房的凭证。
   A. 入库单　　　B. 进货单　　　C. 出库单　　　D. 领料单

7. （   ）是反映一定周期内库存记录动态变化的表格，是进行库存控制分析的主要依据。

A. 账单　　　　　　B. 入库单　　　　　C. 出库单　　　　　D. 报表

8. （　　）是在财务周期（月、季度、半年、年）的末尾，将所有库存配件全面加以盘点。

A. 定期盘点法　　　B. 不定期盘点法

二、多选题

1. 为了保证通风干燥，配件仓库的建设要求包括下面的（　　）。

A. 配件仓库大门上方要开窗并安装排气扇

B. 配件仓库要吊顶

C. 仓库屋顶与售后屋顶之间要有一定的间隙，以保证空气流通

D. 配件仓库应该建在第二层

2. 配件仓库规划应包括（　　）。

A. 卸货区　　　　　B. 发货区　　　　　C. 存储区　　　　　D. 展示区

3. 库存配件的堆存布局主要考虑三个因素，即（　　）。

A. 容积性　　　　　B. 兼容性　　　　　C. 区别性　　　　　D. 使用频率

4. 按货架的构造划分，其包括（　　）。

A. 固定式货架　　　　　　　　　　　B. 移动式货架

C. 组合可拆卸式货架　　　　　　　　D. 低层货架

5. 不能堆码的配件应按要求摆放，不能堆码的配件有（　　）。

A. 轮胎　　　　　　B. 皮带　　　　　　C. 减震器　　　　　D. 空气滤清器

6. 先进先出原则包括（　　）。

A. 以新旧先后顺序从内到外、从下到上整齐存储

B. 从外到内

C. 从上到下

D. 确定包装时间的新旧

7. ABC 分类法中的 A 类配件一般为（　　）。

A. 底盘配件　　　　B. 易损易耗品　　　C. 保养件　　　　　D. 外观件

8. 配件盘点的作用有（　　）。

A. 查找并纠正账物不一致的现象　　　B. 发现配件放错位现象

C. 为计算企业损益提供真实依据　　　D. 检讨仓储管理的绩效

9. 库存盘点内容包括（　　）。

A. 盘点数量　　　　B. 盘点重量　　　　C. 账与货核对　　　D. 账与账核对

10. 盘点结果会出现的情况有（　　）。

A. 盘实　　　　　　B. 盘赢　　　　　　C. 盘亏

三、填空题

1. 仓库管理要求完成以下六项基本任务：_____、_____、_____、_____、_____和_____。

2. 汽车配件的存储保管是仓储管理的主要工作，包括两个基本方面：_____，_____。

3. 表示仓库大小的标准有两个，即_____、_____。

4. _____指的是各种配件能否安全地存储在一起，不会发生物理损伤和化学反应。
5. _____是指如何将各种配件按一定的标准进行分类、分组，便于查找和管理。
6. _____指在库存配件堆存布局时要考虑常用配件的存储位置。
7. "五距"指的是_____、_____、_____、_____和_____。
8. 盘实是指_____。
9. 盘赢是指_____。
10. 盘亏是指_____。

四、简答题

1. 简述 ABC 分类管理法的含义。
2. 简述配件盘点的方式和盘点结果的处理。
3. 配件码放的原则是什么？

项目七

汽车配件保修索赔

1. 理解汽车三包政策含义,能够解释整车及配件保修索赔的基本内容;
2. 掌握汽车配件保修索赔的基本流程,掌握索赔相关资料的收集整理,能够对索赔旧件进行合理处理;
3. 能够正确完成索赔旧件的保管,完成索赔旧件的打包、装箱、运输以及与厂家索赔结算。

8学时。

某汽车进厂,客户反映车辆车门锁损坏,要求进行质保期内的保修索赔,索赔员根据汽车配件保修索赔流程完成接车——故障诊断——判断是否属于保修索赔——开具任务委托书——维修竣工——索赔资料整理——索赔件管理及回收——索赔结算的整个工作过程。

学习任务一 汽车三包政策解读

产品因设计、制造、装配、材料质量原因造成的各类故障及性能不满足使用要求,生产厂家无偿为顾客提供技术服务,使顾客车辆恢复功能,达到性能要求,以确保顾客正常使用。

汽车制造厂为汽车产品(包括整车和配件)提供的有条件的保修索赔政策,为具有质量缺陷的产品提供服务,以方便消费者和树立企业品牌形象的汽车服务环节就叫汽车保修索赔。

各汽车制造厂保修索赔的具体规定尽管有些不同,但原则上没有大的区别。整车、配件的保修索赔期和保修索赔范围一般包括以下内容,下面以东风本田品牌为例说明。

一、三包信息

1. 三包对象

三包对象为由东风本田汽车有限公司生产,并通过东风本田汽车特约销售服务店销售的汽车（含纯正用品）。图7-1所示为三包凭证，三包凭证上的用户详细资料和车辆详细资料必须在交车时由东风本田汽车特约销售服务店全部填好。三包凭证提供给新车的主人，三包服务可以在三包期内转交给任何后继车主。

营运、租赁及特殊约定的车辆除外。

三包凭证　东风 HONDA

总成和系统	主要零件种类范围
发动机	曲轴、主轴承、连杆、连杆轴承、活塞、活塞环、活塞销
	气缸盖
	凸轮轴、气门
	气缸体
变速器	箱体
	齿轮、轴类、轴承、箱内动力传动元件（含离合器、制动器）
转向系统	转向机总成
	转向柱、转向万向节
	转向拉杆（不含球头）
	转向节
制动系统	制动主缸
	轮缸
	助力器
	制动踏板及其支架
悬架系统	弹簧（螺旋弹簧、扭杆弹簧、钢板弹簧、空气弹簧、液压弹簧等）
	控制臂、连杆
前/后桥	桥壳
	主减速器、差速器
	传动轴、半轴
车身	车身骨架
	副车架
	纵梁、横梁
	前后车门本体

序号	易损耗零部件的种类范围	质量保证期
1	空气滤清器	3个月/5 000km
2	空调滤清器	3个月/5 000km
3	机油滤清器	3个月/5 000km
4	燃料滤清器	3个月/5 000km
5	火花塞	3个月/5 000km
6	制动衬片	3个月/5 000km
7	离合器片	3个月/5 000km
8	轮胎	3个月/5 000km
9	蓄电池	12个月/20 000km
10	遥控器电池	3个月/5 000km
11	灯泡	3个月/5 000km
12	刮水器刮片	3个月/5 000km
13	熔断丝及普通继电器（不含集成控制单元）	3个月/5 000km

退换车的使用补偿系数及计算公式：
$[(车价款(元) \times 行驶里程(km)) \div 1000] \times n$
注：$n=0.8\%$

特殊零部件种类范围：
- 防盗系统（点火锁芯、钥匙、防盗控制单元）；
- 全车主线束

图7-1　三包凭证

2. 三包范围

（1）东风本田汽车有限公司或其代表认为有质量问题的配件的修理或更换，整车的更换或退货。

（2）东风本田汽车有限公司或其代表认为有质量问题的车身油漆的修补。

（3）对应上述修理所需的工时费、材料费和合理的拖车费。

（4）国家法律规定的其他费用。

东风本田汽车有限公司保留决定修复方法及三包适用范围的权利。

属于三包作业范围而被更换的所有配件属东风本田汽车有限公司的财产。

3. 三包期限

包修期和三包有效期根据《家用汽车产品修理、更换、退货责任规定》，东风本田汽车有限公司为本公司的汽车产品提供以下包修期和三包有效期。

（1）包修期：36个月或100 000 km，以先到期限者为准。

（2）三包有效期：24个月或50 000 km，以先到期限者为准。

上述提及的包修期及三包有效期是指自销售者开具购车发票之日起计算。

4. 易损耗配件质量保证

易损耗配件质量保证，见图7-1的"易损耗零部件的种类范围和质量保证期"。在该期间内，对有产品质量问题（正常损耗除外）的易损耗配件，东风本田汽车有限公司提供免费修理或更换。

5. 自购配件质量保证

纯正用品三包自购配件质量保证期限：自购买该配件之日起，12个月或20 000 km（以先到期限者为准）。在该期间内，对有产品质量问题的自购配件，东风本田汽车有限公司提供免费修理或更换。

自购配件：仅限于顾客在东风本田汽车特约销售服务店购买的原厂配件。易损耗配件的质量保证期限：参见图7-1所示的"易损耗零部件的种类范围和质量保证期"。

在不同东风本田汽车特约销售服务店享受自购配件质量保证服务时需要提供的资料：需提供上次车辆入厂修理时的特约店开具的付款凭证。

6. 纯正用品三包

纯正用品包修期限：自购买之日起计算，各用品的包修期限以产品保修卡或合格证上标注的内容为准。纯正用品三包有效期限：自销售者开具购车发票之日起计算，对于包修期小于整车三包有效期的纯正用品，其三包有效期随该纯正用品的包修期的结束而结束；对于包修期超出整车三包有效期的纯正用品，其三包有效期随整车三包有效期的结束而结束。正常损耗除外。

纯正用品：东风本田汽车有限公司向东风本田汽车特约销售服务店提供的适用于东风本田车型的原厂纯正用品。在不同东风本田汽车特约销售服务店享受纯正用品三包服务时需要提供的资料：购买该纯正用品时开具的付款凭证。

二、三包服务

1. 包修期的服务

在包修期内，东风本田汽车出现产品质量问题（而非影响性能的感觉问题），消费者凭三包凭证由修理者免费修理。

（1）东风本田汽车自销售者开具购车发票之日起60日内或行驶里程3 000 km之内（以先到期限者为准），发动机、变速器的主要配件出现产品质量问题的，消费者可以选择免费更换发动机、变速器。

（2）东风本田汽车的易损耗配件（正常损耗除外）在质量保证期内出现产品质量问题的，消费者可以选择免费更换易损耗配件。

（3）在包修期内，因产品质量问题每次修理时间（包括等待修理备件时间）超过5日的，销售者或修理者为消费者提供备用车，或者给予合理的交通费用补偿。（均为第6日起开始提供。修理时间自消费者与修理者确定修理之时起，到完成修理之时止。一次修理占用时间不足24 h的，以1日计。）

（4）在包修期内，东风本田汽车出现不能安全行驶或者无法行驶的产品质量问题时，销售者或修理者提供电话咨询修理服务；电话咨询服务无法解决的，销售者或修理者开展现场修理服务，并承担合理的车辆拖运费。

2. 三包有效期的服务

对于用途是家用的东风本田汽车，在三包有效期内，除了享受包修期内的服务以外，如符合本规定中更换、退货条件的，消费者可凭三包凭证、购车发票等由该车辆销售者更换、退货。

（1）对于家用汽车产品，在三包有效期内，东风本田汽车自销售者开具发票之日起 60 日内或者行驶里程 3 000 km 之内（以先到期限者为准），东风本田汽车出现转向系统失效、制动系统失效、车身开裂或燃油泄漏，消费者选择更换东风本田汽车或退货的，该车辆销售者应当负责免费更换或退货。

失效：指汽车整车、主要系统或配件在正常使用过程中，因产品质量问题导致规定功能完全丧失或主要性能严重下降的现象。

（2）对于家用汽车产品，在三包有效期内，因严重安全性能故障累计进行了 2 次修理，严重安全性能故障仍未排除或者又出现新的严重安全性能故障的，该车辆销售者应当负责更换或退货。

严重安全性能故障：详见国家质检总局发布的《严重安全性能故障判断指南》。

（3）对于家用汽车产品，在三包有效期内，发动机、变速器累计更换 2 次后，或者发动机、变速器的同一主要配件因其质量问题，累计更换 2 次后，仍不能正常使用的，该车辆销售者应当负责更换或退货。发动机、变速器的更换次数与其主要配件更换次数不重复计算。

（4）对于家用汽车产品，在三包有效期内，转向系统、制动系统、悬架系统、前／后桥、车身的同一主要配件因其质量问题，累计更换 2 次后，仍不能正常使用的，该车辆销售者应当负责更换或退货。

同一主要配件：详见三包凭证（背面）"主要总成和系统的主要配件种类范围"。

（5）对于家用汽车产品，在三包有效期内，因产品质量问题修理时间累计超过 35 日的，或者因同一产品质量问题累计修理超过 5 次的，消费者可以凭三包凭证、购车发票，由该车辆销售者负责更换（不计时间项目包括：特殊配件的运输时间和外出救援所占用的时间）。

特殊配件：详见三包凭证（背面）"特殊配件种类范围"。

（6）对于家用汽车产品，在三包有效期内，符合更换条件的，该车辆销售者应当及时向消费者更换新的合格的同品牌同型号东风本田汽车；无同品牌同型号东风本田汽车更换的，该车辆销售者应当及时向消费者更换不低于原车配置的东风本田汽车。

（7）对于家用汽车产品，在三包有效期内，符合更换条件，该车辆销售者无同品牌同型号东风本田汽车，也无不低于原车配置的东风本田汽车向消费者更换的，消费者可选择退货，该车辆销售者应当负责为消费者退货。

（8）对于家用汽车产品，在三包有效期内，符合更换或退货条件的，按照有关法律、法规规定办理车辆登记等相关手续。

（9）对于家用汽车产品，在三包有效期内，按照本规定更换或者退货的，消费者应当支付因使用东风本田汽车所产生的合理使用补偿，该车辆销售者依照本规定应当免费更换、退货的除外。

合理使用补偿费用的计算公式为：

$$合理使用补偿费用 = [(车价款(元) \times 行驶里程(km)) \div 1\,000] \times n$$

$$使用补偿系数\ n = 0.8\%$$

符合更换或退货条件的，发生的税费按照国家有关规定执行。

（10）按照本规定更换东风本田汽车后，该车辆销售者、生产者应当向消费者提供新的三包凭证。新车的包修期和三包有效期自更换之日起重新计算。

三、三包责任免除

（1）易损耗配件超出生产者明示的质量保证期（正常损耗除外）出现产品质量问题的。

（2）消费者所购东风本田汽车已被书面告知存在瑕疵的。

（3）东风本田汽车用于出租或者其他营运目的的。

（4）《用户手册》中明示不得改装、调整、拆卸，但消费者自行改装、调整、拆卸而造成损坏的。

（5）发生产品质量问题，消费者自行处置不当而造成损坏的。

（6）因消费者未按照《用户手册》要求使用、维护、修理产品而造成损坏的。

（7）因不可抗力造成损坏的。

（8）消费者不能提供有效购车发票和"三包凭证"的。

为避免引起三包责任争议，建议注意以下事项：

（1）在行驶 5 000 km 或 3 个月内（以先到期限为准），按照本手册及《用户手册》规定程序进行车辆的首次保养。

（2）东风本田汽车有限公司的标准和规定（详见本手册第 16～17 页），如图 7-2 所示。在东风本田汽车特约销售服务店按照东风本田汽车有限公司的程序进行车辆的定期保养。

如果需要，经检查后，按清洁、清洗、调整、润滑、修理或更换的步骤进行。

按指定的行驶里程或时间间隔进行保养（以先到期限者为准）	公里×1,000	20	40	60	80	100	120	140	160	180	200
	月数	12	24	36	48	60	72	84	96	108	120
更换发动机机油		第5 000 km或者6个月									
更换发动机机油滤清器		每10 000 km或者6个月									
更换空气滤清器组件		第20 000 km									
检查气门间隙		第40 000 km									
更换燃油滤清器*1						●				●	
更换火花塞		每100 000 km									
检查正时链条		80 000 km时，之后每40 000 km									
检查驱动皮带			●		●		●		●		●
检查急速						●					
更换发动机冷却液		200 000 km或者10年，此后每100 000 km或者5年									

*1：如果觉得所使用的燃油脏污，建议每40 000 km或2年更换燃油滤清器。在多尘环境中，滤清器可能会很快阻塞。

图 7-2 定期保养要求

如果需要，经检查后，按清洁、清洗、调整、润滑、修理或更换的步骤进行。

按指定的行驶里程或时间间隔进行保养（以先到期限者为准）		公里×1.000	20	40	60	80	100	120	140	160	180	200
		月数	12	24	36	48	60	72	84	96	108	120
更换变速器油	AT			●		●		●		●		●
	LL CVT											●
检查前后制动器			每10 000 km 或者6个月									
更换制动液			每3年									
检查/调节驻车制动			●		●		●		●		●	
更换粉尘与花粉滤清器			●	●	●	●	●	●	●	●	●	●
检查轮胎修理包内容封胶罐的失效日期（如果装备）			●		●		●		●		●	
轮胎换位（每个月至少检查一次轮胎充气和状况）			每10 000 km									
目视检查下列项目												
横拉杆接头、转向齿轮箱和防尘罩			每10 000 km 或者6个月									
悬架部件												
传动轴防尘罩												
制动软管和管理（包括ABS）												
所有液位和油液情况			●	●	●	●	●	●	●	●	●	●
排气系统												
燃油管理和连接												

图7-2 定期保养要求（续）

（3）请不要在非东风本田汽车特约销售服务店进行保养、修理、调试，以免造成车辆损坏。

（4）车辆请在中国境内使用。

（5）请使用东风本田汽车有限公司的纯正部件及润滑油脂，以免产生损坏。

（6）请不要使用腐蚀性或劣质清洗剂清洗车辆，以免造成车辆损坏。

四、汽车缺陷问题处理

如果车辆有质量问题，根据我国《缺陷汽车产品召回管理条例》的有关条款，车主有权向主管部门、有关经营者投诉或反映汽车产品存在的缺陷。为此，东风本田汽车有限公司设立专门窗口受理，如果车主的东风本田汽车可能存在缺陷，则填写好车主关于汽车产品缺陷的报告表格，报告给东风本田汽车有限公司或主管部门。图7-3所示为汽车缺陷报告填写内容。

学习任务二　汽车配件保修索赔工作流程

一、汽车配件索赔工作过程人员岗位职责

1. 索赔员

（1）确保用户满意。

（2）及时传递上海大众质量担保服务相关要求，并组织内部培训。

2. 服务经理

（1）领导和监督质量担保服务工作。

```
车主关于汽车产品缺陷的报告
        （复印有效）
```

1. 车主信息

姓名 （企业名称）		
证件号码	联系人※	
地　址		
邮政编码	电子邮件	
电　话	传　真	

车辆类型※		车身形式※	
生产日期		购买日期	
行驶里程※		是否为二手车	A.是　B.否
发动机排量※		气缸数※	
驱动形式※		有无ABS※	A.有　B.无
安全带形式※		空气囊形式※	

注：※可以不填写。
车身形式是指：双门、四门、旅行车、货车、厢式车等。
驱动形式是指：前轮驱动、后轮驱动、四轮驱动。

2. 车辆信息

厂　牌			
车　型			
年　款		型　号	
发动机号		车架号	
VIN编码			

3. 销售商信息

企业名称			
地　址			
年　款			
邮政编码		电子邮件	
电　话		传　真	

4. 缺陷描述
缺陷所在的系统（如：制动系统、转向系统等）及相关描述：
_____
_____

5. 发现缺陷时的状态
时间：
车辆里程：
车速：
其他：

6. 是否与制造厂商或我国管理召回主管部门有过接触：
A.有　　B.没有

7. 交通事故描述
是否发生碰撞或起火：_____
哪个空气囊展开：_____
伤亡人数：_____
估计的直接经济损失：_____
其他：_____

8. 轮胎问题描述（如果存在）：_____

车主(签章)
日期

图7-3　汽车缺陷报告填写内容

（2）服务顾问对于质量担保期内车辆，根据技术鉴定结果提供质量担保服务。

（3）车间主管合理安排维修车间员工配合服务顾问共同预检质量担保期内车辆，并进行技术鉴定。

3. 技术经理

（1）对质量担保期内车辆进行最终故障诊断，判断是否为质量问题。

（2）监督工具设备的使用、保养和标定。

（3）协助车间主管对车间员工进行技术培训和考核。

（4）负责技术文件和资料的管理。

二、汽车配件保修索赔工作流程

索赔流程如图7-4所示。

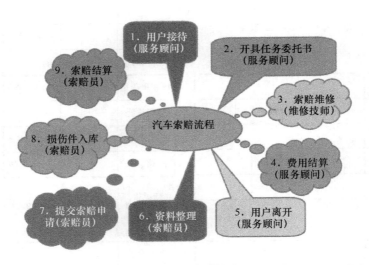

图 7-4　索赔流程

三、汽车配件索赔工作具体内容

索赔工作具体内容如图 7-5 所示。

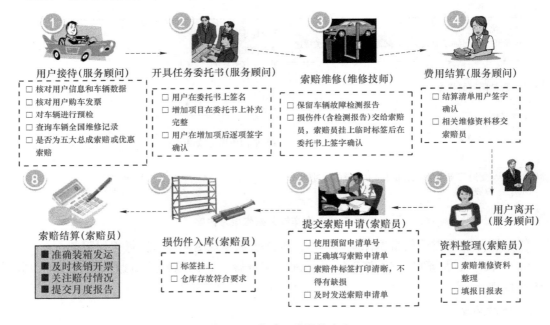

图 7-5　索赔工作具体内容

1. 用户接待

（1）服务顾问听取用户的反映及报修内容，对车辆进行初步检查（预检），正确规范填写接车预检单。根据故障情况核对车辆信息后，维修车辆初步分为普通维修车辆与索赔维修车辆。检查过程中如对故障判断有困难，技术经理/维修技师可以协助鉴定。图 7-6 所示为车辆预检表。

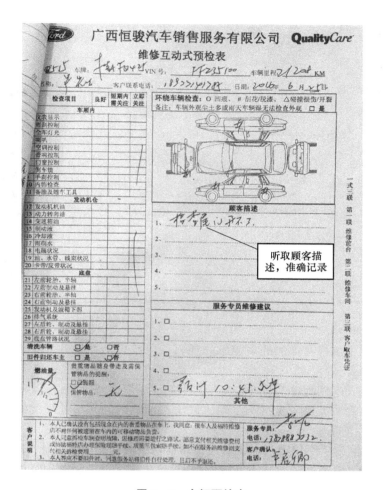

图 7-6 车辆预检表

（2）服务顾问再次核对用户购车日期与车辆数据，判断车辆是否在质量担保期之内。核对购车日期时应当首先检查存档发票复印件，如果没有存档记录应请用户提供发票原件，并复印存档；同时，应做好车辆全国维修记录的查询工作。图 7-7 所示为购车发票。

提示：如果没有存档购车发票复印件并且用户也没有携带购车发票原件，从用户满意的角度出发，在不存在财务风险的情况下，应当为用户提供质量担保服务。但必须和用户约定事后在最短的时间内补充这一证明。

2. 开具任务委托书

经过质量担保期认定及技术鉴定确属索赔范围的车辆，由服务顾问规范开具任务委托书，请用户签字确认后送交维修车间。

在鉴定过程中，维修技师及技术经理应协助服务顾问对车辆进行技术鉴定，经过质量担保期认定及技术鉴定确属索赔范围的车辆，由服务顾问开出任务委托书，请用户签字确认后交给维修车间。

如在修理过程中增加修理及索赔项目，必须请用户逐项签字确认。

3. 索赔维修

（1）在索赔维修过程中必须保留车辆所有故障检测报告。

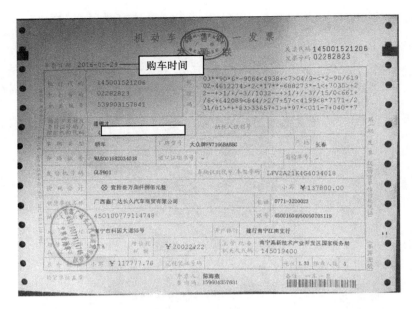

图 7-7　购车发票

（2）修理过程中如果有增加的索赔维修项目，应按规定在任务委托书上补充完整，并请用户逐项签字确认。

（3）凭任务委托书到配件部领料，交给车间完成索赔维修项目。

（4）修复竣工之后需要质量检测报告，说清楚索赔的问题、处理的结果，以及检测的结果。

提示：故障检测记录不仅限于电器配件，而且包括所有的检测记录，至少包括要求附在索赔标签上的诊断记录（经销商必须保留一份），且这些记录中必须包括配件所属车辆信息及打印日期、时间。

4. 费用结算

（1）索赔维修工作结束后，服务顾问打印结算清单并请用户签字确认。

（2）将接车预检单、任务委托书及业务结算清单（如为配件索赔另需提供用户付费修理该配件时的结算清单；特殊情况下还有 24 小时援助服务受理单）移交给索赔员（保存期为 2 年）。

5. 资料整理

（1）索赔员对服务顾问提交的接车预检单、任务委托书、业务结算清单等相关索赔维修资料填写的规范性进行检查，每日填写"质量担保服务工作日报表"上报服务经理。

（2）索赔员凭索赔任务委托书至配件仓库调取材料发货凭证，并与接车预检单、任务委托书、业务结算清单、故障检测报告存放在一起（保存期为自结算之日起 2 年）。

提示：经销商应妥善保存首次索赔维修车辆购车发票复印件，所有索赔车辆都必须有发票复印件作为证明和质保依据。这些资料应当和索赔维修的单据放在一起，方便工作和检查。

6. 提交索赔申请

索赔员及时完成当天的索赔工作，生成索赔申请单，为换下的损伤件挂上完整的保用期损伤件标签。索赔件标签必须打印清晰，不得有缺损。

7. 损伤件入库

损伤件必须按照要求存放在索赔件仓库。

8. 索赔结算

索赔员按照规定的周期向厂家售后服务部门发送索赔数据，并及时将损伤件返回厂家索赔件仓库。

索赔员根据厂家售后服务平台下发的索赔结算文件，与厂家结算索赔费用。

每月底向服务经理提交《经销商质量担保服务工作月度报告》。

提示：质量担保服务工作规定从维修之日起1个月（30天）内，必须将索赔申请单上传至售后服务平台（分支机构需同时将索赔申请数据传递给所属一级经销商），逾期递交的索赔申请单将不再被厂家受理。索赔申请单的审核期限为3个月（90天）。对于退单，自首次提交之日起，经销商/维修站必须在3个月（90天）内改正并且通过厂家索赔结算系统重新审核。逾期仍没有被厂家索赔结算系统审核通过的索赔申请单取消索赔。

四、汽车三包期内索赔流程实例说明

下面是某车在质量担保期内出现左前门无法自动吸附的故障，经检查属于车辆质量担保期内质量故障，符合配件索赔规定。

以下是该车从接待预检开始到索赔修复竣工的流程。

（1）接待预检，维修顾问根据车辆情况和车主描述完成接车预检环节。图7-8所示为接车预检表。

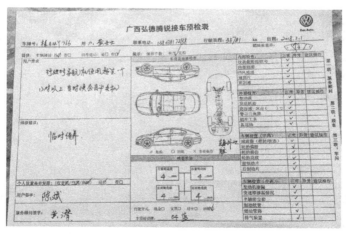

图7-8 接车预检表

（2）开具任务委托书，由索赔专员和维修技师共同检查之后根据故障现象判断维修方案，并根据车辆使用信息判断为三包期内的保修项目，因此开具任务委托书。图7-9所示为索赔申请单。

（3）维修领料，由维修技师拿任务委托书到配件部领料，经查询，所需部分配件无库存，需要订货，因此由配件部对缺货配件提供报价，同意后填写订货单进行订货，库存有的配件直接填写领料单发货。图7-10所示为任务委托书；图7-11所示为配件部门对索赔配件报价单；图7-12所示为仓库订货单。

warranty and ex gratia claim

FP3一索赔客户　　索赔申请单

Betriebs-Nr. Workshop No. 维修站编号	Antrags-Nr. Service Order No. 委托书编号	Leidateu Contr. Data 引导数据	Typ/Modell Type/Model 型号	Fahrgestell-Nr. Chassis No. 底盘号	Ausl-Datum Delivery Date 交付日期	Rep.-Datum Repair Date 修理日期	Km/ Mileage 里程
79601034	F180201018	110	5N23W3	WVGBH35N9FW047999	19.11.15	01.02.18	35,781.00

Lfd. Nr. Series No. 序列号	Arbeitposition Repair operation 工位号	Benennung Designation 特殊工位注明	LME PMU 油漆	ZE TU 工时	Preis Price 索赔价格RMB
01	68 22 19 00	拆卸和安装仪表板挡板		20	62 00
02	91 12 19 50	拆卸和安装导航单元		10	31 01
03	01 50 00 00	GPS/引导型功能		24	74 40

	Teile Nr. Parts No. 材料编号	Menge Quantity 数量	Benennung Designation 特殊配件注明	
V 04	3AD 035 272 C	1	NAVI. UNIT	17,729 92

图 7-9　索赔申请单

95233264

大众进口车授权经销商
广西弘德腾锐汽车销售服务有限公司任务委托书

客户号：C150180
车主：黄俪丽
地址：广西南宁市兴宁区中华路6号3-307号
电话：
邮编：530000
客户联系人：黄俪丽
客户联系人电话：13807817288

委托书号：F180201018
送修日期：18-02-01 14:07:22
预计交车日期：18-02-01 19:00:00
服务顾问：黄瀞
打印时间：18-02-01 14:07
送修里程：35,781.00
客户上牌日期：15-11-19
共 1 页 第 1 页

牌照号	车型	购车日期	底盘号	三包状态	发动机号	公里数
桂AMY766	5N23W3	15-11-19	WVGBH35N9FW047999	三包后期车辆	CCZ472708	35,781

类型	修理工位 修理内容	工时费	材料费	主修人	互检签名	备注
索赔	68221900 仪表板挡板拆卸和安装	0.00				
索赔	91121950 导航单元拆卸和安装	0.00				
索赔	01500000 GPS/引导型功能.	0.00				

站名：广西弘德腾锐汽车销售服务有限公司
站址：南宁市白沙大道52号
24小时服务：0771 4910088　邮编：530031
预约服务：
开户行：上海浦东发展银行南宁市江南支行
帐号：63060154700000154
站长：

说明：
钱财、证件等贵重物品用户自行保管！
环车检查未查出车辆瑕疵，我站不承担相应责任。法定假日不收取支票！

客户故障描述：
行驶时导航机使用超过一个小时以上有时候会自动关机

预估时间：
预估费用：
客户签名：
服务顾问签名：

合同修订评审	
电话确认：	
客户确认：	
服务顾问签名：	
最终检验者签名：	

大众进口汽车授权经销商为顾客提供维修、更换备件时，采用透明化的流程操作，保证严格的高标准维修质量，并在单据中注明

图 7-10　任务委托书

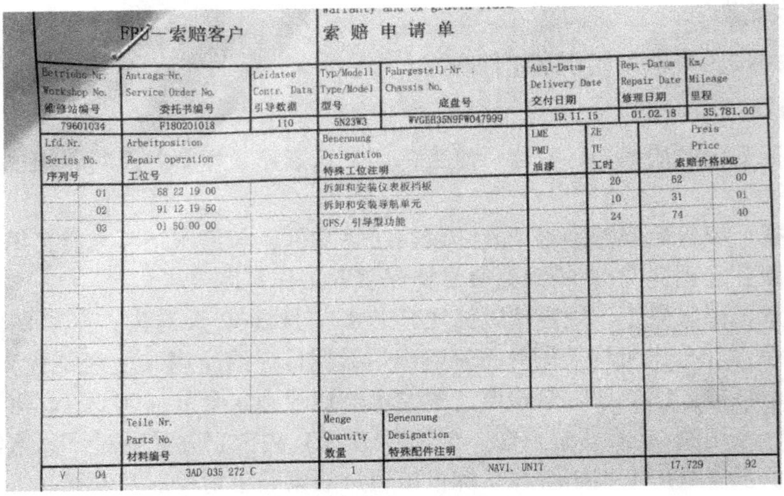

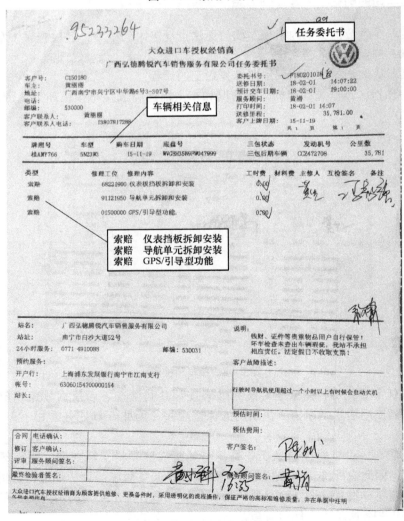

广西弘德腾锐汽车销售服务有限公司
Guangxi Hongde Tengrui Automobile Sales&service co.ltd

检查后维修报告

2018年 2月 1日 时 分

客户姓名： 工单号：F180201018 电话确认/时间： 施工时长： 预计交车时间：

车牌号：桂AMY766 VIN：WVGEH35N9FW047999 车型：TG

序号	维修类型	维修事项	换件原因	工时	零件名称	零件编号	数量	单位	单价	小计	零件库存
			更换RNS315主机）自动关机，内部电气故障		RNS315	3AD035272C	1	个	25328.46		√

工时合计： 零件合计： 总计：

报料人：黄兴 审批人：王才 仓管员：蒙大恒 接待员：黄璐 客户确认：

维修类型标注：A排除故障 B涉及安全 C按行驶公里数，时间更换维修 D建议维修

保修☑ 报价☐ 发货☐

特别约定：检查后维修报告以实际费用为准。

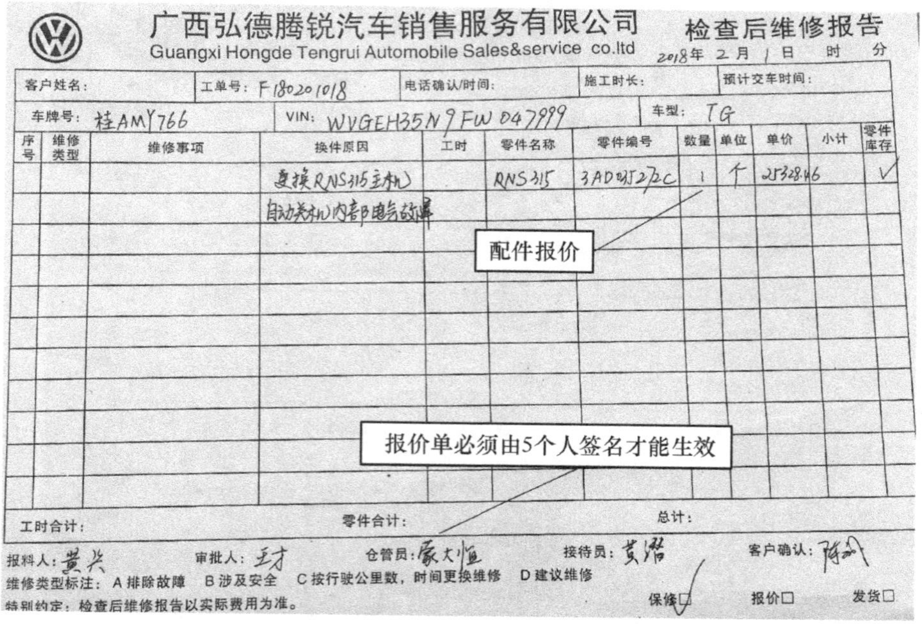

图7－11 配件部门对索赔配件报价单

广西弘德腾锐汽车销售服务有限公司，南宁市白沙大道52号，530031 南宁

服务发货单

黄丽丽
黄丽丽
广西南宁市兴宁区中华路6号3-307号
530000 南宁市

客户编号 C150180
委托书号 F180201018
订单日期 18-02-01
发货单号 FFP1802030
品牌编号 VW

开票给：FBU－索赔客户，北京市朝阳区三里屯路西六街甲3号院2号楼，100027 北京市

品牌：大众进口车
车型描述：Tiguan GP 汽油版
发动机代号：CCZ
牌照号：桂AMY766
车辆识别号：WVGEH35N9FW047999
发动机编号：CCZ472708
车型代号：5N23W3

编号	说明	品牌编号	数量	计量单位	货位	单价	行总价
3AD035272C	导航单元RNS315	VW	1	件	1B25-01	18,086.2695	18,086.27

合计数量 1.00 合计金额 18,086.27

发运日期 18-02-01 发料人 领料人 黄兴

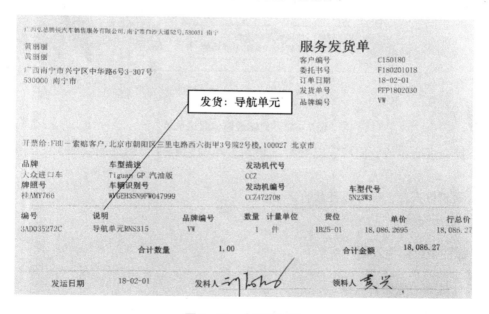

图7－12 仓库订货单

（4）索赔维修，图7－13所示为索赔维修作业记录单。

（5）质量检验成果，竣工修复之后进行质量检验，合格之后允许交车。

（6）费用结算，打印结算清单，对维修结果和费用进行解释说明，此处需要注意的是符合索赔原则的费用无须车主支付，应该由厂家结算。

（7）资料整理，由索赔专员整理资料，换下旧件，整理资料装袋，拍照，旧件贴标签装箱，保管好。图7－14所示为索赔结算清单。

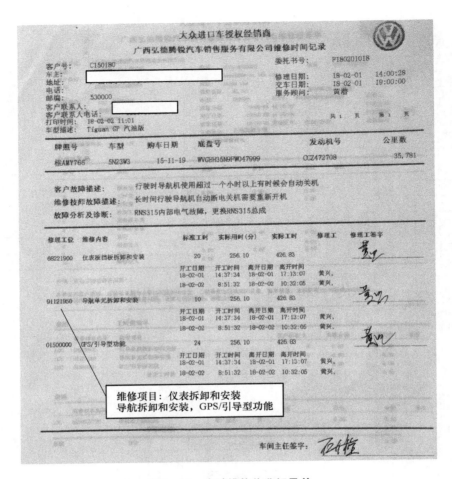

图 7-13 索赔维修作业记录单

（8）提交索赔申请，向厂家提交索赔申请，填写索赔需要的证明。图 7-15 所示为购车发票。

（9）索赔件入库，保存以便核查。

（10）索赔完成。

五、配件索赔旧件处理

1. 设计独立的索赔件货架

（1）索赔旧件库为独立库房（独立区域），不得与其他库房混用，不得用于其他用途和存放其他物品。

（2）索赔旧件库的面积根据特约店的实际情况而定。图 7-16 所示为索赔旧件货架。

索赔旧件库空间布局合理，明确标识货架，按区、类整齐摆放索赔旧件。索赔旧件库必须保持地面清洁。索赔旧件库地面均刷浅灰色防滑树脂漆，墙裙及墙面与车间内部保持一致。

2. 索赔旧件包装及保管

（1）索赔旧件清洁要求。如果索赔旧件粘有油污、泥土等污物，必须清除干净。

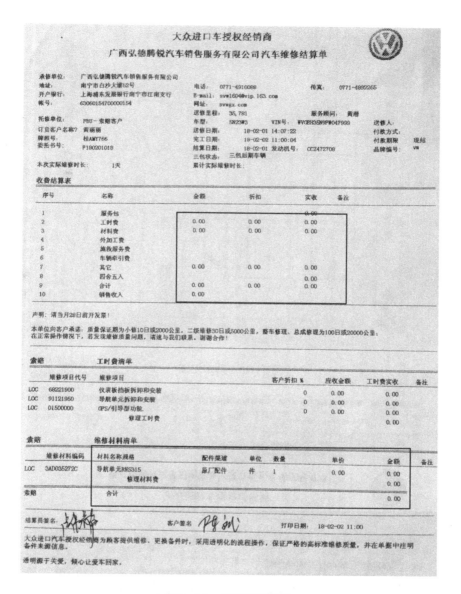

图 7-14 索赔结算清单

存有油液、冷却液等液体的索赔旧件，必须将液体排放干净。如发动机、变速箱、燃油箱总成、水箱、转向助力泵、制动分泵等旧件。

带有塑料堵头的旧件，维修更换后及时装好堵头，防止旧件漏液。

（2）采购时带有原厂包装盒（袋、箱）的，必须使用原厂包装，并用宽透明胶带将包装封口，防止旧件在运输过程中从包装中漏出。

减震器/杂物箱/升降器/车门内饰板/车门板组件等大型旧件可以不用带原厂包装。

没有原包装的，按旧件形状选用合适的包装，以保证索赔旧件在回收过程中不被损坏。

（3）一个旧件原包装盒只能装一个旧件，不允许在空隙处混装其他旧件（例如不准在发电机原包装盒里装遥控器，不准在大灯原包装盒里装油封）。

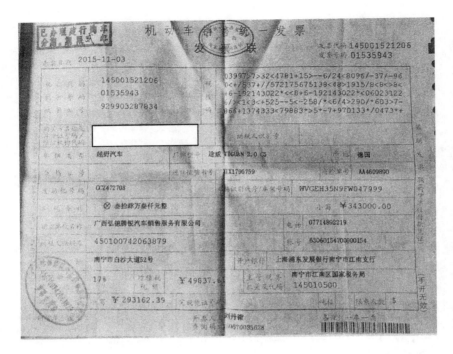

图 7-15 购车发票

图 7-16 索赔旧件货架

（4）贵重的旧件要采取减震等保护措施，必要时可添加填充物，避免二次损坏。

（5）索赔旧件保管规定。

①维修索赔完成后，保修索赔专员应立即收集旧件，做好登记，及时填写或打印索赔旧件标签，然后将旧件标签粘贴到相应的位置上，避免混淆或丢失。

②保持旧件更换时的状态，即旧件状态的完整性和原始性（不得私自拆解旧件），并装入原始包装，分类整齐摆放。

③各店应设立索赔旧件台账,并保证台账、标签和旧件的一致性。

④各店自行保存暂时不回收的索赔旧件,等待相关通知并按通知要求执行。

⑤对于故障部位不易查找的配件,如散热器、排气管、铝合金车轮(钢圈)、各种渗漏的外壳等,应对故障部位进行明确标记(如用色笔圈出)。

3. 返厂索赔旧件标签规范

(1)索赔旧件标签尺寸:长 10 cm,宽 8 cm。

(2)标签包含信息,图 7-17 所示为索赔旧件标签及填写要求。

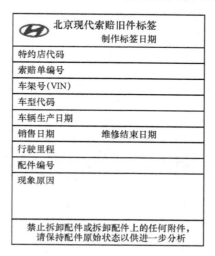

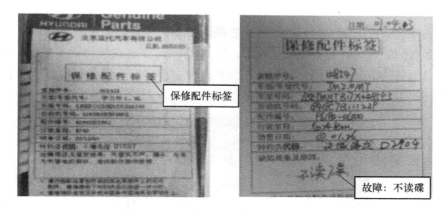

图 7-17 索赔旧件标签及填写要求

①制作标签日期。

②特约店代码(必须填写特约店代码,可以不填特约店中文名称)。

③索赔单编号。

④车架号(VIN)。

⑤车型代码。

⑥车辆生产日期(建议填写,不做强制要求)。

⑦销售日期和维修结束日期。

⑧行驶里程。

⑨配件编号（数字和字母组成的配件编号，不要填写配件中文名称）。

⑩现象原因（用中文描述索赔配件发生的故障现象及原因）。

（3）粘贴旧件标签的位置要求。每个索赔旧件必须粘贴（或固定）与之唯一对应的旧件标签。根据旧件不同形状，分别采用不干胶粘贴或打孔拴绳的方式固定标签。如果旧件尺寸小于标签尺寸，将标签粘贴在旧件原包装盒（袋）外表面，用宽透明胶带将标签环形封闭地缠绕一至两圈，保证其不脱落，并用胶带封住包装盒（袋）口防止旧件漏出，索赔件过小则存放于对应包装盒内，如图7-18所示。

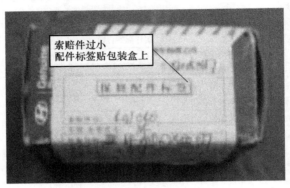

图7-18　索赔件过小则存放于对应包装盒内

如果旧件尺寸大于标签的尺寸，则将标签粘贴在旧件的平整处，必须按照图7-19要求粘贴，并用宽透明胶带将标签环形封闭缠绕一至两圈保证其不脱落。不允许将标签贴在包装纸箱（盒）上。

对于细长杆、管线、拉线类旧件，将标签缠绕在旧件中部并对折后粘贴。

对于内部有油液的旧件（如机油泵等），应尽量将内部油液排出，用塑料袋包装旧件，并严密封口以防止漏液，然后将标签粘贴在塑料袋上，再用宽透明胶带将标签环形封闭缠绕一至两圈保证其不脱落。图7-19所示为含油液索赔包装方式。

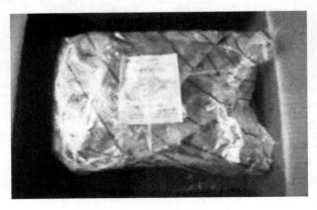

图7-19　含油液索赔件包装方式

4. 回收索赔旧件及运输要求

（1）回收索赔旧件时，不允许改变索赔旧件的形状，如禁止弯曲、折断车门外压条等。

（2）索赔旧件如有外力划伤、损坏，按照缺失处理，不要寄回索赔旧件仓库。

（3）装箱要求：同类旧件放在一起，可以把同类小型旧件集中到装机油用的小纸箱里。如：有10个遥控器，必须把10个遥控器放在同一个小纸箱里，独立形成一个包装；有10个后轮毂总成，也要放在一起，不要和其他旧件混放。

（4）包装装入大型旧件（如发动机总成、变速箱总成、座椅、车门、传动轴、仪表台、排气管、燃油箱总成等），必须粘贴包装箱标签（共×箱，第×箱）。

（5）装箱完成后打印装箱清单（按照配件编号排序），一式两份，一份由店里保存，另一份随包装箱寄回厂家旧件仓库。将各箱的装箱清单用塑料袋封装好放到箱内，并保证装箱单在运输和验收过程中完整无损，清晰无污染。（可以将特约店售后邮箱收到的回收清单打印出来，作为装箱清单。）装箱清单必须按照配件编号排序（不要随便打乱清单顺序，也不要删减任何行数），便于索赔员自查和总部清点。如果部分旧件缺失，则必须在装箱清单上标记缺失的原因。

（6）索赔旧件装在小纸箱后，用胶带封好口放到大箱子里，和其他较大旧件整齐摆放。注意轻货和重货摆放要合理，重货放下面，轻货放上面；轻重货要平衡摆放，避免一边重一边轻，且在小箱子外面要大概标记上箱里放的旧件种类和数量。图7-20所示为用胶带封箱固定并对箱内索赔旧件种类数量简单注明。

图7-20　胶带封箱及简单注明

装箱清单用档案袋或塑料袋装好后放到大箱子内的上表面即可（保证打开大箱子能看到清单）。

在大箱子外面贴上含特约店号、共几箱、第几箱的大标签，标签上共几箱必须和实际总箱数相符合。

学习任务三　配件索赔拒赔问题与处理

汽车配件质量索赔中，某些原因会导致无法顺利索赔，下面列举几种常见的汽车配件质量索赔过程中发现的问题，提出了造成此现象的原因，并总结了解决的方法。

一、未按要求保存维修资料凭证

原始凭证未按照要求保存好，导致无法顺利审核索赔，如图7-21所示。

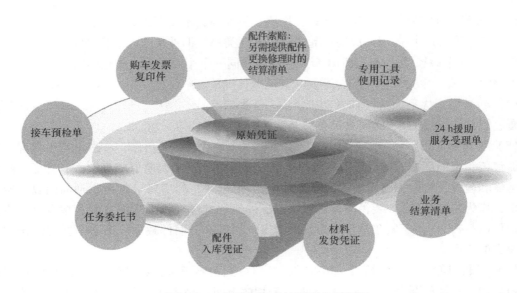

图 7-21 原始凭证未按照要求保存好

二、故障存储、测量数据记录缺失

保存维修过程中相关配件的所有故障存储、测量数据记录。各经销商一定要严格按照要求完整保存维修资料原始凭证和故障存储、测量数据记录，保存期限应根据厂家规定。

三、工单用户相关项不规范

（1）用户故障描述缺失或者前后不一致——用户故障描述、送修症状、检查结果填写内容必须是打印的。图 7-22 说明工单中客户描述的少机油和检查结果气门室盖处漏油应一致。

图 7-22 工单客户描述和检查结果应一致

（2）缺少用户签字——任务委托书、业务结算清单上必须有用户签名，且必须及时结算。

（3）修理范围更改不合理——任务委托书与实际修理不符。

四、车辆信息填写错误

（1）车型填写错误：经销商在开具任务委托书时，必须连线 VPN 对车型进行校验。

（2）底盘号、发动机号错误或缺失：任务委托书中的底盘号、发动机号应完整填写，并且与车辆上标注的底盘号、发动机号一致。

（3）用户购车日期缺失或填写不正确：新车质量担保期的起始日期是用户购车日期，其有效凭证为用户购车发票。各经销商/维修站一定要严格按照用户购车日期填写。

（4）车辆公里数不准确：车辆的行驶公里数是质量担保期限的依据之一，所以无论是预检单、委托书还是索赔申请单，公里数一定要准确无误，并且做到索赔申请单和委托书一致。

五、配件材料应用不当

1）配件费用超出、不合理

经销商不得将总成件拆零使用。索赔配件的数据必须符合逻辑，禁止刻意使用高价配件办理索赔；禁止总成件拆分成零件索赔。

2）索赔配件与业务结算清单中的配件不符

索赔申请单中配件号与配件数量必须与业务结算清单中的配件号、配件数量一致。

3）索赔材料数量过多、不合理

图 7－23 所示索赔制动液 4 L。错因：制动液装车数量超过规定值。说明：制动液按规定最多添加 2 L，此处索赔数量为 4 L，可以判断索赔数量错误，不予索赔，或更正之后再申请索赔。

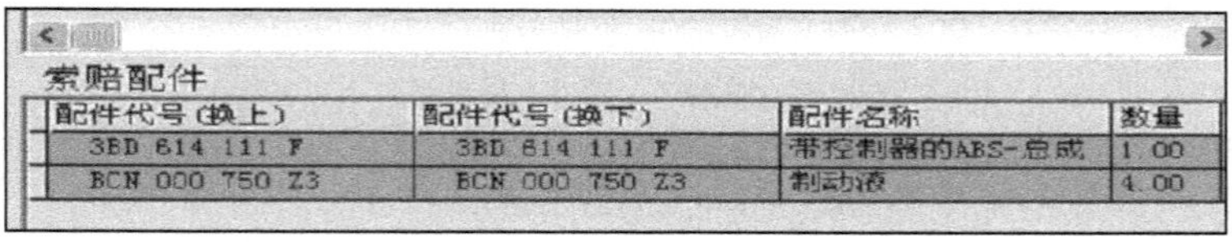
索赔配件

配件代号（换上）	配件代号（换下）	配件名称	数量
3BD 614 111 F	3BD 614 111 F	带控制器的ABS－总成	1.00
BCN 000 750 Z3	BCN 000 750 Z3	制动液	4.00

图 7－23　索赔材料数量过多

六、损伤代号错误

每个厂家都有自己的针对配件索赔的基本数据，用于区分是保修索赔还是普通维修换件，不能只进行文字说明，必须准确填写损伤代号，以便核查。

七、时间记录有误

（1）维修过程中需要打印故障凭证的配件，故障凭证打印时间不得晚于发料时间（如需要维修后做四轮定位等检测的，故障报告打印时间不得晚于结算时间）。

（2）索赔维修资料应妥善保管，避免因资料遗失导致负结算。

八、不合理重复索赔维修

主要原因：主要是由于维修技术水平，如技术误诊断、未按要求使用检测设备进行故障诊断而造成的，使得在维修过程中造成配件损坏或者多次维修。

解决措施：技术总监应加强对维修人员的技术培训，严格按照上海大众有关技术文件规定的诊断流程执行。

九、其他问题

(1) 一份任务委托书中索赔修理内容拆分成多份索赔申请单递交。
(2) 索赔件及索赔件仓库管理混乱。
(3) 违规索赔：超出质量担保期、事故车、无保养记录的车辆、虚构付费维修事实、异地索赔、双向收费等。

能力考核表如表7-1所示。

表7-1 能力考核表

序号	考核内容	配分	评分标准	考核记录	扣分	得分
1	根据整车保修索赔、汽车配件保修索赔的内容，审核是否符合保修索赔	15	根据客户的初步描述判断进厂车辆是否符合保修索赔，错误一项扣5分			
2	汽车配件保修索赔流程	40	接车——故障诊断——判断是否属于保修索赔——开具任务委托书——维修竣工——索赔资料整理——索赔件管理及回收——索赔结算，错误一项扣5分			
3	索赔资料、索赔材料的整理、回收	15	车辆修复竣工后完成索赔资料的整理、回收，索赔单据的上报及结算，错误一次扣5分，扣完为止			
4	安全	10	操作安全事项，错误一次扣5分			
5	5S	10	错误一次扣5分			
6	沟通表达	10	错误一次扣5分			
7	分数统计	100				

附件：东风雪铁龙质量担保说明

质量担保分为家用车质量担保和非家用车质量担保两个类别。

一、家用车

三包有效期：是指根据国家相关法律、法规，神龙汽车有限公司向用户承诺的对符合更换或者退货条件的家用汽车产品予以更换或者退货的时间期限。

包修期：是指根据国家相关法律、法规，神龙汽车有限公司向用户承诺的对于家用汽车产品因产品质量问题出现故障时免费维修的时间期限。

二、非家用车

整车保修期：是指神龙汽车有限公司向用户承诺的对于非家用汽车产品因产品质量问题出现故障时免费维修的时间期限。

车辆三包有效期和包修期内任何质量索赔，用户必须出示此凭证。

家用车质量担保说明如图7-24所示。

生产者信息			
名称：神龙汽车有限公司		邮政编码：430056	
地址：武汉市经济技术开发区神龙大道165号		客户服务电话：400 886 6688	
销售者信息			
名称：		邮政编码：	
地址：		销售日期：	电话：
产品信息			
产品品牌—车辆名称：		型号：	
生产日期：		产品合格证编号：	
车辆类型规格：		发动机型号及编号：	
颜色：		蓄电池品牌：	
备件组号：		蓄电池序列号：	
车辆识别代码(VIN)：LDC			

新车三包有效期（日期和里程以先达到者为准）

开始日期：_____（以购车发票日期为准）终止日期：_____ 终止里程数：_____公里

新车包修期（日期和里程以先达到者为准）

开始日期：_____（以购车发票日期为准）终止日期：_____ 终止里程数：_____公里

退换车使用补偿系数 n：__0.8%__

销售商已经向本人详细解释了新车三包的条款，并提醒用户阅读安全注意事项、按车辆《使用手册》及本手册的要求使用和维护保养。

用户签字：_____　　　　　　东风雪铁龙授权销售商代码：_____

日期：_____　　　　　　　　日期：_____

（盖章）　　　　　　　　　　　　（盖章）

图 7-24　家用车质量担保说明

家用车质量担保及整车三包规定

一、三包有效期和包修期

三包有效期：2 年或行驶里程 50 000 km（以先达到者为准）。

包修期：3 年或行驶里程 100 000 km（以先达到者为准）。

三包有效期和包修期以机动车销售统一发票上的日期起计算，该日期应由东风雪铁龙授权销售商在本手册的三包凭证上注明。

三包有效期和包修期适用于整车上除规定的易损耗件以外的制造厂原装车配件。易损耗件的质量担保规定参见本手册"易损耗件及其他配件质量担保目录及期限清单"。

在三包有效期和包修期内，配件的更换或维修不能延长整车包修期，所更换配件的质量担保期随整车包修期的结束而终止。

二、包修条件

（1）三包有效期和包修期内的任何担保，均要求用户出示三包凭证和首次保养证明。

（2）新车达到首次保养条件时应到东风雪铁龙授权服务站进行首次保养，并由该站在本手册中的首次保养证明上加盖保修业务章。

（3）质量担保应在东风雪铁龙授权服务站按规定的程序进行。

（4）用户提出质量索赔前，必须保持损坏件的原始状态。

（5）凡因质量担保更换下来的旧件归神龙汽车有限公司所有，暂由东风雪铁龙授权服务站代管。

三、包修的范围（费用由神龙汽车有限公司承担）

（1）因产品的制造、装配及原材料缺陷等因素而引起的损坏。

（2）由质量缺陷件所引起的相关件的损坏，包括相关辅料损耗。

（3）包修费用包括备件费、维修工时费和东风雪铁龙授权服务站的外出服务费。

四、三包有效期

在车辆三包有效期内，符合以下所列更换、退货条件的，用户凭三包凭证、购车发票等找销售者更换、退货。

（1）自销售者开具购车发票之日起60日内或者行驶里程3 000 km之内（以先到者为准）：

①车辆出现转向系统失效、制动系统失效、车身开裂或燃油泄漏，销售者负责免费更换或退货。

②发动机、变速器的主要配件出现产品质量问题的，用户可以选择免费更换发动机、变速器。

（2）在车辆三包有效期内，发生下列情况之一，用户选择更换或退货的，销售者负责更换或退货：

①因严重安全性能故障累计进行了2次修理，严重安全性能故障仍未排除或者又出现新的严重安全性能故障的。

②发动机、变速器累计更换2次后，或者发动机、变速器的同一主要配件因其质量问题，累计更换2次后，仍不能正常使用的，发动机、变速器与其主要配件更换次数不重复计算。

③转向系统、制动系统、悬架系统、前/后桥、车身的同一主要配件因其质量问题，累计更换2次后，仍不能正常使用的。

（3）在车辆三包有效期内，因产品质量问题修理时间累计超过35日的，或者因同一产品质量问题累计修理超过5次的，用户可以凭三包凭证、购车发票，由销售者负责更换。

下列两种情形所占用的时间不计入前款规定的修理时间；需要根据车辆识别代号（VIN）等定制的防盗系统、全车线束等特殊配件的运输时间；外出救援路途所占用的时间。

（4）在车辆三包有效期内，符合更换条件的，销售者会及时向用户更换新的合格的同品牌同型号车辆；无同品牌同型号车辆更换的，销售者会及时向用户更换不低于原车配置的车辆。

（5）在车辆三包有效期内，符合更换条件，销售者无同品牌同型号车辆，也无不低于原车配置的车辆向用户更换的，用户可以选择退货，销售者负责为用户退货。

五、车辆使用费用收取

（1）退、换车条件中，除前述明确免费更换或退货的其他用户应当支付因使用该车所产生的相应的合理使用费用，计算公式为：

$$合理使用费用 = [(车价款(元) \times 行驶里程(km))/1\,000] \times 0.8\%$$

（2）家用车更换或退货的，所发生的税费按照国家有关规定执行。

六、其他

（1）在三包有效期和包修期内，因产品质量问题每次修理时间（包括等待修理备件时间）超过5日的，东风雪铁龙授权服务站从第6天开始为用户提供备用车，或者给予合理的交通费用补偿。

（2）修理时间自用户与修理者确定修理之时起，到完成修理之时止。每24 h计为1日，一次修理占用时间不足24 h的，以1日计。

七、不属于家用车质量担保的范围（费用由用户承担）

（1）所购车辆已被书面告知存在瑕疵的。

（2）车辆用于出租或者其他运营目的的。

（3）不满足整车质量担保条件中任何一条的。

（4）用户不能提供有效发票和三包凭证的。

（5）用户自行修理或到东风雪铁龙授权服务站以外的维修点修理后，车辆所发生的相关质量问题造成损坏的。

（6）因用户使用不当或保养、维修不当造成损坏的；或者发生产品质量问题后，用户自行处置不当而造成损坏的。

（7）进行了没有经过神龙汽车有限公司认可的任何汽车改装造成损失的。

（8）由于外部原因造成汽车损伤，例如细砾石的溅击或碰撞以及大气中的化学气体或其他化学物品、鸟粪等的腐蚀所致损坏的。

（9）由于自然灾害、车祸、人为的故意损坏或战争、暴乱所致损坏的。

（10）质量担保范围中没有专门规定的费用，如用户因进行质量担保而发生的路桥费、旅差费、食宿费及管理部门的罚款等。

（11）本手册中规定的定期检查、调整、保养所发生费用的。

（12）车辆用于特殊使用条件，如比赛竞技、表演娱乐、试验、军事行动、征用、被盗抢等的。

（13）因汽车正常运行而造成的振动和噪声，如汽车转弯时辅助转向泵工作的噪声、喷油管发出的微弱噪声，路况差时后桥发生的嗡嗡声等。

（14）配件因正常老化所造成的变质、变形或褪色等。

（15）用户私自更改车辆行驶里程表数据或拆下相关配件使车辆行驶里程不能被确定的。

（16）因未使用原厂配件、油液及辅料所产生的故障或使用对汽车有损害的用品导致故障的。

（17）因使用者未按使用手册要求存放、保管、使用、维护、修理车辆或因环境因素（如烟尘、污染腐蚀物、鼠害）造成的故障或损坏的。

发动机和变速器总成的主要配件种类范围如表7-2所示。

表 7-2　发动机和变速器总成的主要配件种类范围

总成	零件明细
发动机	曲轴
	主轴瓦
	连杆
	连杆瓦、连杆衬套
	活塞、活塞环、活塞销
	缸盖
	凸轮轴
	气门
	缸体
变速器	变速器壳体、离合器壳体、差速器壳体
	1/2/3/4/5/倒挡齿轮、差速器行星/半轴齿轮
	1轴、2轴
	箱内轴承
	箱内离合器、箱内制动器

汽车系统总成的主要配件种类范围如表 7-3 所示。

表 7-3　汽车系统总成的主要配件种类范围

汽车系统	零件明细
转向系统	转向机总成（包含分配阀）
	转向柱、转向万向节
	转向拉杆（不含球头）
	转向节
制动系统	制动总泵
	制动分泵
	制动助力器
	制动踏板及其支架
悬架系统	扭杆弹簧、减震器螺旋弹簧
	三角臂（不含弹性铰接）
	多连杆机构连杆（不含弹性铰接）
前/后桥	半轴
车身	车身骨架
	纵梁
	横梁
	前后车门本体
	副车架

易损耗件的种类范围及期限如表 7-4 所示。

表7-4 易损耗件的种类范围及期限

零件明细	质量保证期限（时间/行驶里程）
熔断丝	2个月/1 000 km
普通继电器	2个月/1 000 km
雨刮片	2个月/1 000 km
灯泡	2个月/1 000 km
空气滤清器	6个月/5 000 km
空调滤清器	6个月/5 000 km
汽油滤清器	6个月/5 000 km
机油滤清器	6个月/5 000 km
轮胎	6个月/5 000 km
火花塞	6个月/5 000 km
离合器摩擦片	6个月/5 000 km
前、后制动摩擦片	6个月/5 000 km
蓄电池	12个月/20 000 km
遥控器电池	12个月/20 000 km

易损耗件质量保证时间和行驶里程以先达到者为准。

在质量保证期内，易损耗件出现质量问题，用户可以免费更换。

车辆识别代号（VIN）等定制的特殊配件的种类范围如表7-5所示。

表7-5 车辆识别代码（VIN）等定制的特殊配件的种类范围

零件明细
全车主线束
防盗控制单元
点火钥匙
点火锁芯

非家用车质量担保整车保修证明如图7-25所示。

非家用车整车保修期为1年或行驶里程100 000 km（以先达到者为限），详见《整车保修规定》。

车主信息		
姓名/单位：	企业代码：	证件类别：
证号：		
通讯地址： 省（直辖市、自治区）	市	区（县）
长途区号： 电话号码：	手机号码：	
邮政编码： 电子邮件：		

图7-25 非家用车质量担保整车保修证明

```
                           车辆信息
车型：_____    车辆VIN码：LDC_____
发动机号：_____      牌照号：_____
购车发票日期：_____  生产年月：_____  销售网点：_____  车辆交付日期：_____
```

```
                           保修信息
开始的日期 ____年____月____日      终止的日期 ____年____月____日
终止里程数：_____公里
销售商已经向本人详细解释了保修的条款
用户（签字）：_____      日期 ____年____月____日
              东风雪铁龙授权销售商代码：_____
                           （盖章）
```

备件组号：_____   蓄电池品牌：_____
                              蓄电池序列号：_____

图 7-25　非家用车质量担保整车保修证明（续）

整车保修期内的任何质量索赔，用户应出示本证明和首次保养证明。

非家用车质量担保整车保修规定

一、整车保修期

非家用车整车保修期为 1 年或行驶里程 100 000 km（以先达到者为限）。

整车保修适用于整车上除规定的易损耗件以外的制造厂原装车配件。易损耗件的质量担保规定参见《易损耗件质量担保规定》。

在整车保修期内，配件的更换或维修不能延长整车保修期，所更换配件的保修期随整车保修期的结束而终止。

整车保修期限以《机动车销售统一发票》上的日期起算，该日期应由东风雪铁龙授权销售商在本手册的整车保修证明上注明。

二、保修条件

（1）保修期内的任何担保均要求用户出示整车保修证明和首次保养证明。

（2）新车达到首次保养条件时应到东风雪铁龙授权服务站进行首次保养，并由该站在本手册中的首次保养证明上加盖保修业务章。

（3）首次保养及以后的每一次定期保养应由东风雪铁龙授权服务站根据本手册和维修手册的规定进行。

（4）保修应在东风雪铁龙授权服务站按规定的程序进行。

（5）用户提出质量索赔前，必须保持损坏件的原始状态。

(6) 凡因保修更换下来的旧件归神龙汽车有限公司所有，暂由东风雪铁龙授权服务站代管。

三、属于保修的范围（费用由神龙汽车有限公司承担）

(1) 因产品的制造、装配及原材料缺陷等因素而引起的损坏。
(2) 由质量缺陷件所引起的相关件的损坏，包括相关辅料损耗。
(3) 保修费用包括备件费、维修工时费和东风雪铁龙授权服务站的外出服务费。

四、不属于保修的范围（费用由用户承担）

(1) 不满足整车保修条件中任何一条。
(2) 用户未按本手册的规定进行新车首次保养，或没有按本手册的规定进行以后的任何一次定期保养，或无整车保修证明。
(3) 用户自行修理或到东风雪铁龙授权服务站以外的厂家修理后，车辆所发生的相关质量问题造成的损坏。
(4) 因用户使用不当或保养维修不当造成的损坏。
(5) 因不听东风雪铁龙授权服务站劝阻，强行使用车辆而造成的扩大损失。
(6) 进行了没有经过神龙汽车有限公司认可的任何汽车改装造成的损失。
(7) 由于外部原因造成汽车损伤，例如细砾石的溅击或碰撞以及大气中的化学气体或其他化学物品、鸟粪等的腐蚀所致的损坏。
(8) 由于自然灾害、车祸、人为的故意损坏或战争、暴乱所致损失。
(9) 保修范围中没有专门规定的费用，如用户因进行保修而发生的拖车费、停运费、停车费、路桥费、旅差费、食宿费及管理部门的惩罚款等。
(10) 本手册中规定的定期检查、调整、保养所发生的费用（首次保养免费）。
(11) 车辆用于特殊使用条件，如比赛竞技、表演娱乐、试验、军事行动、征用、被盗抢等。
(12) 因汽车正常运行而造成的振动和噪声，如汽车转弯时辅助转向泵工作的噪声，喷油管发出的微弱噪声，路况差时后桥发生的嗡嗡声等。
(13) 配件因正常老化所造成的变质、变形或退色等。
(14) 用户私自更改车辆行驶里程表数据或拆下相关配件使车辆行驶里程不能被确定的。

易损耗件的种类范围如表 7-6 所示。

表 7-6 易损耗件的种类范围

零件明细	质量保证期限（时间/行驶里程）
熔断丝	2 个月/1 000 km
普通继电器	2 个月/1 000 km
雨刮片	2 个月/1 000 km
灯泡	2 个月/1 000 km
空气滤清器	6 个月/5 000 km
空调滤清器	6 个月/5 000 km
汽油滤清器	6 个月/5 000 km

续表

零件明细	质量保证期限 （时间/行驶里程）
机油滤清器	6 个月/5 000 km
轮胎	6 个月/5 000 km
火花塞	6 个月/5 000 km
离合器摩擦片	6 个月/5 000 km
前、后制动摩擦片	6 个月/5 000 km
蓄电池	12 个月/20 000 km
遥控器电池	12 个月/20 000 km

易损耗件质量保证时间和行驶里程以先达到者为准。

备件质量担保规定

一、质量担保期限

备件质量担保期为 1 年或行驶里程为 50 000 km（以先达到者为限），从东风雪铁龙授权服务站销售备件给最终用户、装车并开具发票之日起计算。

备件质量担保适用于整车上除规定的易损耗件以外的制造厂原装车配件。

二、质量担保条件

（1）必须在东风雪铁龙授权服务站购买备件，并由该服务站装车，质量担保必须在授权服务站进行。

（2）必须在东风雪铁龙授权服务站根据本手册和维修手册的要求进行定期检查保养。

（3）用户提出备件质量索赔前，必须保持损坏件的原始状态。

（4）用户必须出示购买备件的发票和装车派工单、维修结算清单。

三、属于质量担保的范围（费用由神龙汽车有限公司承担）

（1）符合备件担保条件，经东风雪铁龙授权服务站检查确认需要修理或更换的不合格件。

（2）备件担保费用包括备件费、维修工时费和东风雪铁龙授权服务站的外出服务费。

（3）因担保备件引起损坏的相关件，包括辅料。

（4）易损耗件的质量担保期限与新车易损耗件的规定一致。

四、不属于质量担保的范围（费用由用户承担）

（1）不满足备件担保条件中的任何一条。

（2）经东风雪铁龙授权服务站检查并及时向用户提出，需装上的备件会受到相关件影响而损坏，需更换该相关件，但用户不同意更换该相关件而装上的备件。

（3）因用户使用不当或意外事故造成的损坏。

（4）进行了没有经过神龙汽车有限公司认可的汽车改装，且该改装会对担保备件造成影响。

（5）由于外部原因造成的备件损坏，例如细砾石的溅击或碰撞以及大气或其他化学品、鸟粪等的腐蚀所致的损坏。

（6）备件担保中没有专门规定的费用，如用户因进行备件索赔而发生的停运费、停车费、路桥费、旅差费、食宿费及管理部门的惩罚款等。

本章自测题

一、单选题

1. 包修期期限为（　　）。
   A. 3 年或 100 000 km　　　　　　　　B. 2 年或 50 000 km
2. 易损耗配件质量保证期限为（　　）。
   A. 3 年或 100 000 km
   B. 2 年或 50 000 km
   C. 根据易损耗配件的种类范围和质量保证期制定
   D. 无质保
3. 自购配件质量保证期限为（　　）。
   A. 3 年或 100 000 km　　　　　　　　B. 2 年或 50 000 km
   C. 1 年或 20 000 km　　　　　　　　　D. 无质保
4. 东风本田汽车自销售者开具购车发票之日起（　　）（以先到期限者为准），发动机、变速器的主要配件出现产品质量问题的，消费者可以选择免费更换发动机、变速器。
   A. 3 年或 100 000 km　　　　　　　　B. 2 年或 50 000 km
   C. 1 年或 20 000 km　　　　　　　　　D. 60 日内或行驶里程 3 000 km 之内
5. 在包修期内，因产品质量问题每次修理时间（包括等待修理备件时间）超过（　　）的，销售者或修理者为消费者提供备用车，或者给予合理的交通费用补偿。
   A. 2 日　　　　　B. 3 日　　　　　C. 5 日　　　　　D. 7 日
6. 减震器、杂物箱、升降器、车门内饰板、车门板组件等大型旧件在运输回原厂时（　　）。
   A. 可以不用带原厂包装　　　　　　　B. 必须用原厂包装
   C. 可以跟其他返厂索赔配件一起包装
7. 对于家用汽车产品，在三包有效期内，因严重安全性能故障累计进行了（　　）修理，严重安全性能故障仍未排除或者又出现新的严重安全性能故障的，该车辆销售者应当负责更换或退货。
   A. 2 次　　　　　B. 3 次　　　　　C. 4 次　　　　　D. 5 次
8. 对于家用汽车产品，在三包有效期内，因产品质量问题修理时间累计超过（　　）的，或者因同一产品质量问题累计修理超过（　　）的，消费者可以凭三包凭证、购车发票，由该车辆销售者负责更换（不计时间项目包括特殊配件的运输时间和外出救援所占用的时间）。
   A. 15 日、2 次　　B. 20 日、3 次　　C. 30 日、4 次　　D. 35 日、5 次
9. 对于家用汽车产品，在三包有效期内，符合更换条件的，该车辆销售者应当及时向消费者更换（　　）。
   A. 新的合格的同品牌同型号东风本田汽车　　B. 新的同品牌更高配置的东风本田汽车

二、多选题

1. 对于家用汽车产品，在三包有效期内，因严重安全性能故障累计进行了 2 次修理，

严重安全性能故障仍未排除或者又出现新的严重安全性能故障的，该车辆销售者应当（　　）。

  A. 更换　　　　　　B. 退货　　　　　　C. 维修　　　　　　D. 赔偿

2. 对于家用汽车产品，在三包有效期内，（　　），仍不能正常使用的，该车辆销售者应当负责更换或退货。

  A. 发动机、变速器累计更换 2 次后
  B. 发动机、变速器的同一主要配件因其质量问题，累计更换 2 次后
  C. 发动机、变速器累计更换 3 次后
  D. 发动机、变速器的同一主要配件因其质量问题，累计更换 3 次后

3. 对于家用汽车产品，在三包有效期内，（　　）的同一主要配件因其质量问题，累计更换 2 次后，仍不能正常使用的，该车辆销售者应当负责更换或退货。

  A. 转向系统　　　　B. 制动系统　　　　C. 悬架系统　　　　D. 前/后桥、车身

4. 符合三包责任免除的有（　　）。

  A. 易损耗配件超出生产者明示的质量保证期（正常损耗除外）出现产品质量问题的
  B. 消费者所购汽车已被书面告知存在瑕疵的
  C. 《用户手册》中明示不得改装、调整、拆卸，但消费者自行改装、调整、拆卸而造成损坏的
  D. 发生产品质量问题，消费者自行处置不当而造成损坏的
  E. 因消费者未按照《用户手册》要求正确使用、维护、修理产品而造成损坏的

5. 索赔旧件包装及保管正确的是（　　）。

  A. 存有油液、冷却液等液体的索赔旧件，必须将液体排放干净
  B. 采购时带有原厂包装盒（袋、箱）的，必须使用原厂包装，并用宽透明胶带将包装封口，防止旧件在运输过程中从包装中漏出
  C. 大型旧件可以不用带原厂包装
  D. 一个旧件原包装盒只能装一个旧件，不允许在空隙处混装其他旧件

6. 粘贴旧件标签的位置要求（　　）。

  A. 每个索赔旧件必须粘贴（或固定）与之唯一对应的旧件标签
  B. 根据旧件不同形状，分别采用不干胶粘贴或打孔拴绳的方式固定标签
  C. 如果旧件尺寸小于标签尺寸，将标签粘贴在旧件原包装盒（袋）外表面，用宽透明胶带将标签环形封闭地缠绕一至两圈保证其不脱落，并用胶带封住包装盒（袋）口防止旧件漏出
  D. 索赔件过小则存放于对应包装盒内
  E. 如果旧件尺寸大于标签的尺寸，将标签粘贴在旧件的平整处，并用宽透明胶带将标签环形封闭缠绕一至两圈保证其不脱落

7. 汽车配件质量索赔中由于某些原因会导致无法顺利索赔的情况发生，下面会导致无法顺利索赔的是（　　）。

  A. 配件费用超出、不合理
  B. 索赔配件与业务结算清单中的配件不符
  C. 索赔材料数量过多、不合理

8. 开具索赔维修任务委托书涉及的内容有（　　）。

A. 经过质量担保期认定及技术鉴定确属索赔范围的车辆由服务顾问规范开具任务委托书,请用户签字确认后送交维修车间。

B. 在鉴定过程中,维修技师及技术经理应协助服务顾问对车辆进行技术鉴定,经过质量担保期认定及技术鉴定确属索赔范围的车辆由服务顾问开出任务委托书

C. 请用户签字确认后交给维修车间

D. 如在修理过程中增加修理及索赔项目必须请用户逐项签字确认

9. 索赔维修涉及的内容有( )。

A. 在索赔维修过程中必须保留车辆所有故障检测报告

B. 修理过程中如果有增加的索赔维修项目,应按规定在任务委托书上补充完整,并请用户逐项签字确认

C. 凭任务委托书到配件部领料,交给车间完成索赔维修项目

D. 修复竣工之后需要质量检测报告,说明清楚索赔的问题、处理的结果以及检测结果

三、填空题

1. 索赔流程包括_____、_____、_____、_____、_____、_____、_____、_____和_____。

2. 服务顾问再次核对用户购车日期与车辆数据,判断车辆是否在_____。

3. 对于故障部位不易查找的配件如散热器、排气管、铝合金车轮(钢圈)、各种渗漏的外壳等,应对故障部位_____。

4. 索赔旧件标签包含的信息有:_____、_____、_____、_____、_____、_____、_____、_____、_____和_____。

5. 索赔资料维修时间记录应该符合_____——_____——_____——_____的先后逻辑顺序。

6. 索赔旧件库为_____,不得与其他库房混用,不得用于其他用途和存放其他物品。

7. 每个索赔旧件必须粘贴(或固定)与之_____。

8. 服务顾问听取用户的反映及报修内容,对车辆进行_____,正确规范填写接车预检单。根据故障情况并核对车辆信息后,初步分为_____与_____。检查过程中如对故障判断有困难,技术经理/维修技师可以协助鉴定。

9. 对于家用汽车产品,在三包有效期内,符合更换条件,该车辆销售者无同品牌同型号东风本田汽车,也无不低于原车配置的东风本田汽车向消费者更换的,消费者可选择_____,该车辆销售者应当负责为消费者退货。

四、简答题

1. 三包责任免除的范围包括什么?
2. 汽车配件索赔工作的具体内容是什么?
3. 索赔件回收与管理有什么要求?

自测题答案

项目一 汽车配件分类

一、单选题

1. 由数个零件、数个分总成或它们之间的任意组合而构成一定装配级别或某一功能形式，能单独起到某一机构作用的组合体，称为（A）。
   A. 总成　　　B. 组合件　　　C. 合件　　　D. 零件

2. 按国家标准设计与制造的，并具有通用互换性的配件称为（D）。
   A. 正厂件　　B. 原厂件　　　C. 通用件　　D. 标准件

3. （B）是指由几个零件或合件组装，但不能单独完成某一机构作用的组合体，如变速器盖等，有时也被称为半总成件。
   A. 总成　　　B. 组合件　　　C. 合件　　　D. 零件

4. 由两个以上的零件组合，起着单一零件作用的组合体，如带盖的连杆，成对的轴瓦，称为（C）。
   A. 总成　　　B. 组合件　　　C. 合件　　　D. 零件

5. 汽车的基本制造单元，是不可拆分的整体，如活塞环、活塞、气环等属于（D）。
   A. 总成　　　B. 组合件　　　C. 合件　　　D. 零件

6. 由专业配件厂家生产的，虽然不与整车制造厂配套安装在新车上，但它是按制造厂标准生产的、达到制造厂技术指标要求的配件，称为（C）。
   A. 原厂件　　B. 定制件　　　C. 副厂件　　D. 自制件

7. 主要功能是清洁汽油发动机喷油嘴沉积物、积炭的是（A）。
   A. 发动机喷油嘴清洗剂　　　B. 进气系统清洗剂
   C. 燃烧室积炭清洗剂　　　　D. 润滑系统清洗剂

8. 用于对汽车各部轴承、衬套和钢板弹簧等进行润滑的是（C）。
   A. 润滑油　　B. 齿轮油　　　C. 润滑脂

9. （B）能够起到清洁燃烧室积炭，解决因积炭造成的燃烧困难、油耗增加、发动机无力、抖动等问题，恢复燃烧室正常压缩比，有效地恢复发动机动能，延长发动机使用寿命的作用。
   A. 燃油添加剂　　　　　　　B. 燃烧室积炭清洗剂
   C. 进气系统清洗剂　　　　　D. 发动机喷油嘴清洗剂

10. （A）具有有效保护发动机润滑系统中各摩擦部件表面，提高润滑油的润滑性能和品质的作用。
    A. 润滑系统保护剂　　　　　B. 润滑系统清洗剂
    C. 发动机抗磨剂

11. 主要为了汽车的舒适和美观加装的配件，一般对汽车本身的行驶性能和功能影响不大，称为（C）。

  A. 必装件　　　　B. 选装件　　　　C. 装饰件

二、多选题

1. 汽车常用运行材料包括（ABCD）等。

  A. 机油　　　　　B. 齿轮油　　　　C. 润滑脂　　　　D. 制动液

  E. 冷却液

2. 按标准化分类，汽车配件可以分为（ABCDE）。

  A. 发动机配件　　　B. 底盘配件　　　C. 车身及饰品配件

  D. 电器电子产品　　E. 通用件

3. 以下属于总成的有（ABC）。

  A. 发动机总成　　　B. 变速器总成　　　C. 离合器总成　　　D. 车身

4. 以下属于零件的是（BCD）。

  A. 变速器盖　　　　B. 活塞环　　　　　C. 活塞　　　　　　D. 气环

5. 汽车制动液类型包括（ABC）。

  A. 蓖麻油-醇型　　B. 合成型　　　　　C. 矿油型

6. 发动机冷却液的功能包括（ABCD）。

  A. 冬季防冻　　　　B. 防腐蚀　　　　　C. 防水垢　　　　　D. 高沸点（防开锅）

7. 合成油的优点有（AB）。

  A. 使用温度更广　　B. 使用期限更长　　C. 换油次数较多　　D. 价格较贵

8. 燃油添加剂产品功能包括（ABCDE）。

  A. 节省燃油，提升燃油品质

  B. 降低发动机对辛烷值的要求

  C. 改善燃油雾化性能，单位体积燃烧热值高

  D. 清除、抑制燃油不安定组分在发动机燃油系统内的沉积

  E. 净化尾气，延长发动机和三元催化装置使用寿命

三、填空题

1. 汽车配件按照用途可以分为<u>必装件</u>、<u>选装件</u>、<u>装饰件</u>和<u>消耗件</u>4类。

2. 根据我国汽车配件市场供应的实用性原则，汽车配件分为<u>易耗件</u>、<u>标准件</u>、<u>车身覆盖件</u>和<u>保安件</u>4类。

3. 属于密封件的包括各种<u>油封</u>、<u>水封</u>、<u>密封圈</u>和<u>密封条</u>等。

4. <u>消耗件</u>是汽车使用过程中容易发生损耗、老旧，需要经常更换的配件，如润滑油、前风窗玻璃清洁剂、冷却液、制动液和刮水器、汽油滤清器和机油滤清器等。

5. 润滑系统清洗剂的主要功能是<u>有效清除发动机润滑系统中的胶质与沉积物</u>。

6. <u>空调清洗剂</u>的作用是彻底清除封闭型汽车空调蒸发器上的污垢和尘垢，提高热交换率，并能杀死蒸发器上的细菌和霉菌，去除异味，改善车内的空气质量，保持冷气的强冷与新鲜。

7. 机油因基础油不同可简单分为<u>矿物油</u>和<u>合成油</u>两种。

8. 机油能对发动机起到<u>润滑</u>、<u>清洁</u>、<u>冷却</u>、<u>密封</u>、<u>减磨</u>等作用。

四、简答题

1. 以生产来源为依据，汽车配件如何分类？

汽车配件按照生产来源可以分为原厂件、副厂件与自制件 3 类。

（1）原厂件：是指与整车制造厂家配套的装配件，如纯牌配件是指通过汽车制造厂严格质量检验的配件，它们的性能和质量完全能够满足车辆要求。

（2）副厂件：是由专业配件厂家生产的，虽然不与整车制造厂配套安装在新车上，但它是按制造厂标准生产的、达到制造厂技术指标要求的配件。

（3）自制件：是配件厂家依据自己对汽车配件标准的理解自行生产的，外观和使用效果与合格配件相似，但是其技术指标由配件制造厂自行保证，是与整车制造厂无关的配件。自制件是否合格，主要取决于配件厂家的生产技术水平和质量保障措施。

2. 汽车常用运行材料有哪些？作用分别是什么？

汽车常用运行材料有发动机机油、齿轮油、润滑脂、制动液和冷却液等。

3. 汽车养护品有哪些？

汽车养护品有发动机喷油嘴清洗剂、进气系统清洗剂、燃烧室积炭清洗剂、燃油添加剂、润滑系统清洗剂、润滑系统保护剂、发动机抗磨剂、自动变速箱保护剂、水箱保护剂、动力转向系统保护剂和空调清洗剂。

项目二　配件编码

一、单选题

1. 汽车 VIN 码中前两位代表世界地理区域，属于分给中国的是（A）。
   A. L0－L9　　　B. 2A－2Z　　　C. 1A－1Z　　　D. W0－W9
2. 汽车 VIN 码由一组字母和阿拉伯数字组成（注：VIN 中不包含 I、O、Q 三个英文字母），共（B）位。
   A. 18　　　B. 17　　　C. 16　　　D. 15
3. 汽车铭牌是标明车辆基本特征的标牌，应将其固定在（D）结构件上。
   A. 发动机　　　B. 变速箱　　　C. 转向器　　　D. 不易拆除或更换的
4. 发动机号是生产厂家在发动机缸体上打印的出厂号码。按规定，发动机型号应打印或铸在（C）的易见部位。
   A. 气门室盖　　　B. 油底壳　　　C. 缸体　　　D. 气缸盖
5. VIN 码为 LVSHCFAE39F354843 福特福克斯从第十位上可以看出该车是哪一年生产的？（A）
   A. 2009 年　　　B. 2006 年　　　C. 2013 年　　　D. 2015 年

二、多选题

1. 汽车铭牌是标明车辆基本特征的标牌，应包括（ABCD）。
   A. 汽车型号　　　B. 发动机功率　　　C. 总质量　　　D. 出厂编号
2. VIN 码由三个部分组成，分别是（ABC）。
   A. WMI　　　B. VDS　　　C. VIS　　　D. ABS
3. VIN 码常见位置有（ABCD）。
   A. 仪表板左侧　　　B. 前横梁　　　C. 后备厢内　　　D. 悬架支架上

4. 汽车配件查询工具主要有（ABCD）形式。
A. 书本配件手册　　　　　　　　B. 微缩胶片配件目录
C. 电子配件目录　　　　　　　　D. 计算机系统
5. VIN 码的主要应用在哪些方面？（ABCD）
A. 车辆管理、车辆检测　　　　　B. 车辆防盗、车辆维修
C. 二手车交易、汽车召回　　　　D. 车辆保险
6. 下列哪些字母在汽车 VIN 码中不能出现？（ACD）
A. I　　　　　　B. H　　　　　　C. O　　　　　　D. Q

三、填空题

1. 汽车铭牌是标明车辆基本特征的标牌，应包括汽车型号、发动机功率、总质量、载重量或载客人数、出厂编号、出厂日期及厂名等，并将其固定在<u>不易拆除或更换</u>的汽车结构件上。

2. 发动机号是生产厂家在发动机缸体上打印的出厂号码。按规定，发动机型号应打印或铸在<u>缸体</u>的易见部位。

3. 车架号是生产厂家在车架（或车身、底盘）上打印的出厂号码，所以又称为<u>底盘号</u>。

4. VIN 码由三个部分组成：第一部分，<u>世界制造厂识别代号（WMI）</u>；第二部分，车辆说明部分（VDS）；第三部分，车辆指示部分（VIS）。

5. 汽车零配件编码一般采用 10～15 位数字或<u>数字或数字、字母</u>组合而成，构成汽车配件件号，件号是唯一的，一种配件对应一个件号。

6. 丰田零件编号系统可分为<u>普通件</u>、组件、套件（修理包）、专用工具、<u>标准件和半标准件</u>、精品和矿物油 6 个类别。

四、简答题

1. 车辆识别代号（VIN 码）的组成与作用是什么？

VIN 码由一组字母和阿拉伯数字组成（注：VIN 中不包含 I、O、Q 三个英文字母），共 17 位。17 位编码经过排列组合，可以使车型生产代号在 30 年之内不发生重号，故 VIN 码又称为"汽车身份证"，是识别一辆汽车不可缺少的工具。VIN 码包含该车的生产厂家、车型系列、车身形式、发动机型号、车型年款、安全防护装置型号、检验数字、装配工厂名称和出厂顺序号码等。VIN 码具有很强的唯一性、通用性、可读性以及最大限度的信息载量和可检索性。

2. 车辆识别代号常见的标识位置有哪些？

VIN 码的常见位置有仪表板左侧、前横梁上、后备厢内、悬架支架上、纵梁上、翼子板内侧及直接标注在车辆铭牌上。

3. 汽车配件的查询工具主要有哪些？

汽车配件查询工具主要有书本配件手册、微缩胶片配件目录和电子配件目录（CD 光盘）三种形式。

4. 汽车 VIN 码应用在哪些方面？

（1）车辆管理：登记注册、信息化管理。

（2）车辆检测：年检和排放检测。

（3）车辆防盗：识别车辆，结合 GPS 建立盗抢数据库。

(4) 车辆维修：诊断、电脑匹配、配件订购、客户关系管理。
(5) 二手车交易：查询车辆历史信息。
(6) 汽车召回：年代、车型、批次和数量。
(7) 车辆保险：保险登记、理赔、浮动费率的信息查询。

项目三　汽车配件订货与采购

一、单选题

1. 汽车配件市场调查是应用各种科学的调查方式方法，搜集、整理、分析汽车配件市场资料，对汽车配件市场的状况进行反映或描述，以认识（A）发展变化规律的过程。
 A. 汽车配件市场　　B. 市场　　C. 汽车销售　　D. 配件

2. 汽车配件市场调查的方法可分为间接调查法和（A）。
 A. 直接调查法　　B. 访谈法　　C. 实验法　　D. 看商标

3. 汽车配件订货是一项专业性很强的工作，汽车配件订货好坏直接影响到（A）与管理整体流程的顺利进行。
 A. 汽车配件经营　　B. 汽车销售　　C. 汽车配件　　D. 配件订购

4. （A）又称重点管理法或分类管理法，它是一种从错综复杂、名目繁多的事物中找出主要矛盾，抓住重点，兼顾一般的管理方法。
 A. ABC 管理法　　B. 访谈法　　C. 实验法　　D. 配件管理法

5. 供货商的选择主要从价格和费用、产品质量、交付情况、（B）四个方面进行评价。
 A. 协商一致　　B. 服务水平　　C. 等价有偿　　D. 平等互利

二、多选题

1. 市场是商品经济运行的载体或现实表现。一般认为，市场有（ABCD）含义。
 A. 商品交换场所和领域　　B. 商品交换
 C. 某种或某类商品的需求量　　D. 市场存在现实顾客和潜在顾客

2. 属于市场调查阶段的是（ABCD）。
 A. 鉴别资料　　B. 整理资料　　C. 统计分析　　D. 定性研究

3. 汽车配件市场调查报告应包括什么内容？（ABC）
 A. 前言　　B. 正文　　C. 附件　　D. 概述

4. 汽车配件市场调查方法可以分为（AB）。
 A. 间接调查法　　B. 直接调查法　　C. 实验法　　D. 访谈法

5. 下面哪种属于鉴别汽车配件质量的方法？（ABCD）
 A. 看商标　　B. 看包装　　C. 看文件资料　　D. 看表面处理

6. 签订汽车配件合同必须贯彻（ABCD）的原则。
 A. 平等互利　　B. 协商一致　　C. 等价有偿　　D. 诚实信用

三、填空题

1. 供货商的选择主要从价格和费用、<u>产品质量</u>、交付情况、<u>服务水平</u>四个方面进行评价。

2. 在与配件供货商进行交易行为时，应当与供货商签订书面采购合同，采购合同是供需双方的法律依据，应是当事人双方真实意思的体现，因此，签订合同必须贯彻"<u>平等互</u>

利、协商一致、等价有偿、诚实信用"的原则。

3. 汽车配件市场调查是应用各种科学的调查方式方法，搜集、整理、分析汽车配件市场资料，对汽车配件市场的状况进行反映或描述，以认识汽车配件市场发展变化规律的过程。

4. 汽车配件管理的使命是最大限度地及时满足用户需求和优化库存带来的低库存金额，以获得良好的营业收益。

5. 配件订货追求的目标是"良性库存"，即以最合理的库存最大限度地满足用户的需求。

6. 良性库存的实现：一是提高零件供应率；二是减少库存，提高收益。具体做法总结起来说就是"精简库存"。

7. ABC 管理法又称重点管理法或分类管理法，它是一种从错综复杂、名目繁多的事物中找出主要矛盾，抓住重点，兼顾一般的管理方法。

四、简答题

1. 什么是汽车配件市场调查？

汽车配件市场调查是应用各种科学的调查方式方法，搜集、整理、分析汽车配件市场资料，对汽车配件市场的状况进行反映或描述，以认识汽车配件市场发展变化规律的过程。

2. 配件订货员的职责是什么？

配件订货员的主要岗位职责是：

（1）认真贯彻执行公司采购管理规定和实施细则，努力提高自身采购业务水平。

（2）按时按量按质完成采购供应计划指标，积极开拓货源市场，货（价）比三家，选择物美价平的物资材料，完成下达的降低采购成本的责任指标。

（3）负责与客户签订采购合同，督促合同正常如期履行，并催讨所欠、退货或索赔款项。

（4）严把采购质量关，选择样品供领导审核定样，购进物料均需附有质保书或当场（委托）检验。协助有关部门妥善解决使用过程中出现的问题。

（5）负责办理物料验收、运输入库、清点交接等手续。

（6）收集一线商品供货信息，对公司采购策略、产品原料结构调整改进，对新产品开发提出参考意见。

（7）填写有关采购表格，提交采购分析和总结报告。

（8）做到以公司利益为重，不索取回扣，馈赠钱物上缴公司，遵守国家法律，不构成经济犯罪。

（9）协助部门经理贯彻执行配件仓库管理制度，完成公司领导交办的其他任务。

3. 怎样才能做好汽车配件订货计划？

制订配件订货计划，选择品种时应该关注以下主要信息：

（1）本企业经营影响区域内的品牌车辆的市场占有情况，主要来源是外部媒体、内部资料。

（2）本企业销售部门的销售能力、销售特点和销售趋势。

（3）本企业售后维修客户的实际保有量、客户流失率、车型分布、使用年限和行驶公里数、维修技术特点。

（4）了解最新的维修技术要求。

（5）掌握本企业的配件库存结构、配件销售历史、销售趋势。

（6）是否是新零件、停产件。

（7）是否是常用件、易损件；是否具有季节性特点；当月是否有促销活动。

（8）配件的质量信息。

（9）配件是否有替换件。

（10）是否有缺件；注意在配件管理系统上查询缺件配件，正常订单的缺件是潜在库存，订货时要加以考虑，避免重复订货。

（11）配件的供货周期及交货时间、交货品种、交货数量误差。

（12）节假日的供货影响等。

4. 什么是良性库存？

"良性库存"，即以最合理的库存最大限度地满足用户的需求。具体来说，良性库存就是在一定时间段内以最经济合理的成本，取得合理的配件库存结构，保证向用户提供最高的配件满足率。

5. 在订立采购合同时要注意哪些事项？

签订配件采购合同时应注意的问题：

（1）尽可能了解对方。

（2）遵守国家法律、法规的要求。

（3）合同的主要条款必须齐备。

（4）明确双方违约责任。

（5）合同的变更与解除。

项目四 汽车配件入库管理

一、单选题

1. 以下哪个是汽车配件经营与管理中不可缺少的一个重要环节？（A）

A. 配件验收 B. 付款 C. 质量判断 D. 核对数量

2. 检查包装应主要检查外包装的（C）。

A. 唯一性 B. 美观性 C. 完好性 D. 通用性

3. 以下零件必须开箱检查的是（B）。

A. 零件包装完整 B. 零件包装不良
C. 零件包装颜色偏差 D. 零件包装大小偏差

4. 发现产品品种不符合合同规定应当（B）。

A. 直接退货 B. 妥善保管并告知供方
C. 拒收 D. 视而不见

5. 由于自然灾害，汽车配件本身性质和发、收、中转单位的责任造成的损失，承运单位（D）。

A. 负1/4责任 B. 负一半责任
C. 负全责 D. 不负责任

二、多选题

1. 汽车配件的验收步骤有（ABCDE）。
   A. 清点箱数　　B. 检查包装　　C. 签收
   D. 明细验收　　E. 填验收表

2. 验收记录内容主要包括（ABC）。
   A. 产品名称　　　　　　　　B. 供货单位
   C. 出厂日期（或批号）　　　D. 货物价格

3. 以下哪些是堆码的作业都要做到的？（ABCD）
   A. 牢固　　B. 合理　　C. 定量　　D. 节省

4. 验收时应注意查验配件的什么？（AB）
   A. 分批交货数量　　　　　B. 配件的总货量
   C. 交货数量　　　　　　　D. 配件的箱数

5. 精密、易碎及贵重配件需注意什么？（ABC）
   A. 轻拿轻放　　B. 严禁挤压　　C. 严禁碰撞　　D. 严禁搬运

6. 以下哪些属于入库流程？（ABC）
   A. 登账　　B. 建档　　C. 立卡　　D. 结算

7. 一般软件包括（ACD）。
   A. 数据存储　　B. 数据建模　　C. 数据查询　　D. 数据汇总

8. 一般仓库只负责（BD）的检验，通过验看外形判断产品质量状况。
   A. 尺寸　　B. 包装　　C. 材料　　D. 外观质量

三、填空题

1. 实物检验包括对<u>产品数量</u>和<u>产品质量</u>两个方面的检验。
2. 汽车配件验收方法中的目测法主要看的方面可归结为<u>看商标</u>、<u>看包装</u>、<u>看文件资料</u>、<u>看表面处理</u>和看表面伤痕。
3. 配件入库搬运的第一步是<u>卸车</u>。
4. 在汽车配件验收过程中出现<u>零件包装不良</u>、<u>易损件</u>、<u>高价值零件</u>、<u>零件单价在1 000元以上的零件</u>问题的零件必须开箱检查。
5. 试验法适用于<u>单件产品价值高</u>、<u>产品技术含量高</u>和<u>产品质量要求高</u>的汽车配件。
6. 质量检验包括对产品的<u>包装状况</u>、<u>外观质量</u>和<u>内在质量</u>的检验。
7. 目测法能够识别的是产品表面质量、表面处理工艺，比如<u>电镀工艺</u>、<u>油漆工艺</u>、<u>热处理工艺</u>、<u>包装工艺</u>等。
8. 优质的产品是靠先进的科学管理和先进的<u>工艺技术</u>制造出来的。
9. 汽车配件从产地到销地，要经过<u>发货单位</u>、<u>收货单位</u>和<u>承运方</u>三方共同协作来完成。
10. 作为汽车配件管理人员，应该掌握的基本技能除了<u>汽车配件专业知识</u>以外，还有<u>汽车配件管理软件</u>的运用，才能完成与汽车配件相关的工作。

四、简答题

1. 汽车配件验收遵循什么流程？
（1）验收准备。
（2）核对资料。

(3)实物检验。
(4)验收记录。
(5)办理入库手续。

2. 对到货配件的验收包括哪些方法？验收的注意事项有哪些？

方法：(1)目测法。
　　　(2)简单技术手段鉴别法。
　　　(3)试验法。

注意事项：

(1)对配件品种的检验按合同规定的要求，对配件的名称、规格、型号等认真查验。

(2)对配件数量的检验对照进货发票，先点收大件，再检查包装及其标识是否与发票相符。

(3)验收时应注意查验配件分批交货数量和配件的总货量。

(4)对配件质量的检验。

3. 汽车配件入库主要包括哪些环节？

(1)入库搬运。
(2)安排货位。
(3)堆码。
(4)入库登记。

4. 汽车配件仓库货位的安排主要应遵循什么原则？

(1)尽量充分地利用库存空间，货位布置要紧凑，提高仓容利用率。
(2)能够以最快的速度找到所需配件。
(3)尽量减少在库房中行走的距离，降低搬运配件的劳动强度。
(4)分别存储形状相似的配件，降低拿错配件的概率。
(5)随时调整货位安排，满足以上要求。

项目五　汽车配件出库管理

一、单选题

1. 库存配件外借，出库后一律限于（A）归还仓库。
   A. 当天　　　　　B. 第二天　　　　C. 第三天　　　　D. 一个星期后

2. 下列不属于配件出库流程的是（D）。
   A. 分货　　　　　B. 发料　　　　　C. 出库登记　　　D. 质量核对

3. 一般配件部门通过（B）来统计配件的出库效率。
   A. 发货率　　　　B. 服务率　　　　C. 出库率　　　　D. 存货率

4. 销售配件的（B）对于配件的库存和订货也有着重要的指导意义。
   A. 品种和质量　　　　　　　　　　B. 品种和数量
   C. 数量和质量　　　　　　　　　　D. 品种和价格

5. 先进先出法是（C）的计价方法之一。
   A. 订货　　　　　B. 调货　　　　　C. 存货　　　　　D. 发货

二、多选题

1. 个别计价法又可以称为（ABD）。
   A. 个别认定法　　　　　　　　B. 分批实际法
   C. 综合辨认法　　　　　　　　D. 具体辨认法
2. 仓管部门应在下列哪几种情况下出货？（ABCD）
   A. 维修作业领料　　　　　　　B. 维修换件借用
   C. 顾客购买　　　　　　　　　D. 索赔
3. 下列哪些属于"三不三核五检查"中的"三核"？（ABD）
   A. 核实凭证　　B. 核对账卡　　C. 核对质量　　D. 核对实物
4. 下列哪些属于汽车配件出库流程？（ABC）
   A. 核实凭证　　B. 捡货　　C. 出库信息处理　　D. 核对实物
5. 仓管员每收发一项配件都必须及时准确录入系统，及时在进销存卡上准确记录收发（AD），进销存卡必须对应货位、配件名称、配件编码，不可乱放乱记。
   A. 时间　　　　B. 名称　　　　C. 代码　　　　D. 数量

三、填空题

1. 汽车维修企业一般采用<u>先进先出法</u>、<u>加权平均法</u>或个别计价法确定发出存货的成本。
2. 汽车配件出库的"三不三核五检查"中"三不"指未接单据不登账、<u>未经审单不备货</u>和<u>未经复核不出库</u>。
3. 汽车配件出库的"三不三核五检查"中"五检查"指品名检查、<u>规格检查</u>、<u>包装检查</u>、<u>件数检查</u>和<u>重量检查</u>。
4. 配件出库时配件员必须确认<u>工单号</u>、<u>领料清单</u>这两项内容。
5. 配件员在打印出库单前，必须认真核对，确认相关<u>料位码</u>、<u>配件编码</u>、<u>名称</u>、<u>适用车型</u>等信息与需求配件完全一致，杜绝出库配件名实不符现象。
6. 发料人在配件出库时应详细检查商品的<u>性能品质</u>及附件是否<u>优良或齐全</u>。
7. 先进先出法是指根据先购进的存货先发出的成本流转假设对存货的<u>发出</u>和<u>结存</u>进行计价的方法。
8. 加权平均法的优点是<u>计算手续简便</u>。
9. 个别计价法的缺点是在实务操作中<u>工作量繁重</u>和<u>困难较大</u>。
10. 汽车配件员在发出配件前必须办理<u>领料手续</u>。

四、简答题

1. 简述汽车配件出库流程。
   （1）出库凭证审核。
   （2）出库信息处理。
   （3）捡货。
   （4）分货。
   （5）发货检查。
   （6）配件装篮。
   （7）搬运到仓库发料区。
   （8）发料。

（9）出库登记。

2. 如何理解先进先出法？

（1）先进先出法是指根据先购进的存货先发出的成本流转假设对存货的发出和结存进行计价的方法。

（2）采用这种方法的具体做法是：先按存货的期初余额的单价计算发出的存货的成本，领发完毕后，再按第一批入库的存货的单价计算，以此从前向后类推，计算发出存货和结存货的成本。

3. 简述预出库情况。

预出库一般指的是在车辆维修的过程中，需要更换的一些配件在配件仓库里面没有，但是又急需更换的，这就需要预定货；在这种情况下，先由车主确认后先付款然后发出订单订货，等配件到达即交给维修部门作业。

项目六　配件仓库管理

一、单选题

1. 要尽量安排在一起存储的是什么类型的配件？（A）
A. 性质相近和有消费连带关系的汽车配件
B. 互有影响
C. 粗、重、长、大的汽车配件

2. 放在同一盒内存储的是（A）。
A. 配件号完全相同的配件　　　　B. 外观接近的不同配件
C. 同一种类型的配件

3. "四号定位"正确含义表示为（A）。
A. 区号－架号－层号－仓位号　　B. 区号－架号－仓位号－层号
C. 区号－层号－架号－仓位号

4. 配件码放时，号码标签应朝（A），方便拣货确认，当没有办法使配件标签朝向通道时，应在存储通道方便确认的位置写上配件号。
A. 通道方向　　B. 朝货架上方　　C. 放在配件盒内　　D. 贴在配件上

5. （A）是配件收入库房的凭证。
A. 入库单　　B. 进货单　　C. 出库单　　D. 领料单

6. （D）是配件发出库房的凭证。
A. 入库单　　B. 进货单　　C. 出库单　　D. 领料单

7. （D）是反映一定周期内库存记录动态变化的表格，是进行库存控制分析的主要依据。
A. 账单　　B. 入库单　　C. 出库单　　D. 报表

8. （A）是在财务周期（月、季度、半年、年）的末尾，将所有库存配件全面加以盘点。
A. 定期盘点法　　B. 不定期盘点法

二、多选题

1. 为了保证通风干燥，配件仓库的建设要求包括下面的（ABC）。

A. 配件仓库大门上方要开窗并安装排气扇
B. 配件仓库要吊顶
C. 仓库屋顶与售后屋顶之间要有一定的间隙，以保证空气流通
D. 配件仓库应该建在第二层

2. 配件仓库规划应包括（ABC）。
A. 卸货区　　　B. 发货区　　　C. 存储区　　　D. 展示区

3. 库存配件的堆存布局主要考虑三个因素，即（BCD）。
A. 容积性　　　B. 兼容性　　　C. 区别性　　　D. 使用频率

4. 按货架的构造划分，其包括（ABC）。
A. 固定式货架　　　　　　　B. 移动式货架
C. 组合可拆卸式货架　　　　D. 低层货架

5. 不能堆码的配件应按要求摆放，不能堆码的配件有（ABC）。
A. 轮胎　　　B. 皮带　　　C. 减震器　　　D. 空气滤清器

6. 先进先出原则包括（ABCD）。
A. 以新旧先后顺序从内到外、从下到上整齐存储
B. 从外到内
C. 从上到下
D. 确定包装时间的新旧

7. ABC 分类法中的 A 类配件一般为（BCD）。
A. 底盘配件　　B. 易损易耗品　　C. 保养件　　D. 外观件

8. 配件盘点的作用有（ABCD）。
A. 查找并纠正账物不一致的现象　　B. 发现配件放错位现象
C. 为计算企业损益提供真实依据　　D. 检讨仓储管理的绩效

9. 库存盘点内容包括（ABCD）。
A. 盘点数量　　B. 盘点重量　　C. 账与货核对　　D. 账与账核对

10. 盘点结果会出现的情况有（ABC）。
A. 盘实　　　B. 盘赢　　　C. 盘亏

三、填空题

1. 仓库管理，要求完成以下六项基本任务：<u>保质</u>、<u>保量</u>、<u>及时</u>、<u>低耗</u>、<u>安全</u>和<u>节省费用</u>。

2. 汽车配件的存储保管是仓储管理的主要工作，包括两个基本方面：<u>汽车配件存储位置的合理安排</u>，<u>如何进行保管养护</u>。

3. 表示仓库大小的标准有两个，即<u>仓库面积</u>、<u>仓库容积</u>。

4. <u>兼容性</u>指的是各种配件能否安全地存储在一起，不会发生物理损伤和化学反应。

5. <u>区别性</u>是指如何将各种配件按一定的标准进行分类、分组，便于查找和管理。

6. <u>使用频率</u>是指在库存配件堆存布局时要考虑常用配件的存储位置。

7. "五距"指的是<u>顶距、灯距、墙距、柱距和堆距</u>。

8. 盘实是指<u>账物相符，没有误差</u>。

9. 盘赢是指<u>实物数量多于账上数量</u>。

10. 盘亏是指实物数量少于账上数量。

四、简答题

1. 简述 ABC 分类管理法的含义。

ABC 分类管理法是将备件按一定的原则、标准分为 A、B、C 三类。备件品种规格甚多，使用寿命千差万别，制造工期长短不一，加工难度繁简不等，价格高低相差悬殊，对设备的重要性程度亦不尽相同，这就给分类造成很大困难。一般分类的原则由企业自行制定，最终的目的是希望达到 A 类备件的资金累计占 70% 左右，品种累计占 10% 左右；C 类备件的资金累计占 10% 左右，品种累计占 70% 左右；余下的 B 类备件，其资金累计占 20% 左右，品种累计也占 20% 左右。

2. 简述配件盘点的方式和盘点结果的处理。

盘点方法总的来讲可以分成两类，一是定期盘点法，二是不定期盘点法。

盘点结果的处理：盘点结果会出现三种情况，盘实，账物相符，没有误差；盘赢，实物数量多于账上数量；盘亏，实物数量少于账上数量。分析出现盘赢或盘亏是由仓储管理人员个人素质造成的，还是由仓储管理制度包括料账处理程序缺陷造成的。分析的目的是堵塞漏洞，改进工作和提出处理意见。

3. 配件码放的原则是什么？

（1）配件分类码放的规则。要把不同品种、不同规格、不同性质的配件产品分开码放，避免混杂。

（2）根据配件重量安排码放位置的规则。码放前分配仓位时，要尽量考虑把重的东西放在下边，把轻的东西放在货架的上边，需要人工搬运的大型物品则以人体腰部的高度为基准。

（3）依据配件特性和形状码放的规则。有些配件不能挤压，有些配件不能倒置，要根据不同配件的特性要求进行码放。还有些配件形状特殊，应制作特殊货架进行码放。

（4）依据"先进先出"码放的规则。"先进先出"是配件仓储需要遵守的一条重要原则。在配件入库码放时，要对不同批次的入库配件做上标记，以示区分。

（5）方便检查计量的原则。配件码放要整齐，做到：成行成列，标志在外，过目成数，便于检查。可以采取"五五码放"的方法，即配件码放时，以"五"为基本计数单位，堆成总量为"五"的倍数的基本垛形，如梅花五、重叠五等，便于清点。

项目七 配件索赔管理

一、单选题

1. 包修期期限为（A）。

A. 3 年或 100 000 km　　　　　　　　　　　　B. 2 年或 50 000 km

2. 易损耗配件质量保证期限为（C）。

A. 3 年或 100 000 km　　　　　　　　　　　　B. 2 年或 50 000 km

C. 根据易损耗配件的种类范围和质量保证期制定　　D. 无质保

3. 自购配件质量保证期限为（C）。

A. 3 年或 100 000 km　　　　　　　　　　　　B. 2 年或 50 000 km

C. 1 年或 20 000 km　　　　　　　　　　　　　D. 无质保

4. 东风本田汽车自销售者开具购车发票之日起（D）（以先到期限者为准），发动机、变速器的主要配件出现产品质量问题的，消费者可以选择免费更换发动机、变速器。

　　A. 3 年或 100 000 km　　　　　　　　B. 2 年或 50 000 km
　　C. 1 年或 20 000 km　　　　　　　　　D. 60 日内或行驶里程 3 000 km 之内

5. 在包修期内，因产品质量问题每次修理时间（包括等待修理备件时间）超过（C）的，销售者或修理者为消费者提供备用车，或者给予合理的交通费用补偿。

　　A. 2 日　　　　　B. 3 日　　　　　C. 5 日　　　　　D. 7 日

6. 减震器、杂物箱、升降器、车门内饰板、车门板组件等大型旧件在运输回原厂时（A）。

　　A. 可以不用带原厂包装
　　B. 必须用原厂包装
　　C. 可以跟其他返厂索赔配件一起包装

7. 对于家用汽车产品，在三包有效期内，因严重安全性能故障累计进行了（A）修理，严重安全性能故障仍未排除或者又出现新的严重安全性能故障的，该车辆销售者应当负责更换或退货。

　　A. 2 次　　　　　B. 3 次　　　　　C. 4 次　　　　　D. 5 次

8. 对于家用汽车产品，在三包有效期内，因产品质量问题修理时间累计超过（D）的，或者因同一产品质量问题累计修理超过（D）的，消费者可以凭三包凭证、购车发票，由该车辆销售者负责更换（不计时间项目包括特殊配件的运输时间和外出救援所占用的时间）。

　　A. 15 日、2 次　　B. 20 日、3 次　　C. 30 日、4 次　　D. 35 日、5 次

9. 对于家用汽车产品，在三包有效期内，符合更换条件的，该车辆销售者应当及时向消费者更换（A）。

　　A. 新的合格的同品牌同型号东风本田汽车
　　B. 新的同品牌更高配置的东风本田汽车

二、多选题

1. 对于家用汽车产品，在三包有效期内，因严重安全性能故障累计进行了 2 次修理，严重安全性能故障仍未排除或者又出现新的严重安全性能故障的，该车辆销售者应当（AB）。

　　A. 更换　　　　　B. 退货　　　　　C. 维修　　　　　D. 赔偿

2. 对于家用汽车产品，在三包有效期内，（AB），仍不能正常使用的，该车辆销售者应当负责更换或退货。

　　A. 发动机、变速器累计更换 2 次后
　　B. 发动机、变速器的同一主要配件因其质量问题，累计更换 2 次后
　　C. 发动机、变速器累计更换 3 次后
　　D. 发动机、变速器的同一主要配件因其质量问题，累计更换 3 次后

3. 对于家用汽车产品，在三包有效期内，（ABCD）的同一主要配件因其质量问题，累计更换 2 次后，仍不能正常使用的，该车辆销售者应当负责更换或退货。

　　A. 转向系统　　　　　　　　　　B. 制动系统
　　C. 悬架系统　　　　　　　　　　D. 前/后桥、车身

4. 符合三包责任免除的有（ABCDE）。
   A. 易损耗配件超出生产者明示的质量保证期（正常损耗除外）出现产品质量问题的
   B. 消费者所购汽车已被书面告知存在瑕疵的
   C. 《用户手册》中明示不得改装、调整、拆卸，但消费者自行改装、调整、拆卸而造成损坏的。
   D. 发生产品质量问题，消费者自行处置不当而造成损坏的
   E. 因消费者未按照《用户手册》要求正确使用、维护、修理产品而造成损坏的

5. 索赔旧件包装及保管正确的是（ABCD）。
   A. 存有油液、冷却液等液体的索赔旧件，必须将液体排放干净
   B. 采购时带有原厂包装盒（袋、箱）的，必须使用原厂包装，并用宽透明胶带将包装封口，防止旧件在运输过程中从包装中漏出
   C. 大型旧件可以不用带原厂包装
   D. 一个旧件原包装盒只能装一个旧件，不允许在空隙处混装其他旧件

6. 粘贴旧件标签的位置要求（ABCDE）。
   A. 每个索赔旧件必须粘贴（或固定）与之唯一对应的旧件标签
   B. 根据旧件不同形状，分别采用不干胶粘贴或打孔拴绳的方式固定标签
   C. 如果旧件尺寸小于标签尺寸，将标签粘贴在旧件原包装盒（袋）外表面，用宽透明胶带将标签环形封闭地缠绕一至两圈保证其不脱落，并用胶带封住包装盒（袋）口防止旧件漏出
   D. 索赔件过小则存放于对应包装盒内
   E. 如果旧件尺寸大于标签的尺寸，将标签粘贴在旧件的平整处，并用宽透明胶带将标签环形封闭缠绕一至两圈保证其不脱落

7. 汽车配件质量索赔中由于某些原因会导致无法顺利索赔的情况发生，下面会导致无法顺利索赔的是（ABC）。
   A. 配件费用超出、不合理
   B. 索赔配件与业务结算清单中的配件不符
   C. 索赔材料数量过多、不合理

8. 开具索赔维修任务委托书涉及的内容有（ABCD）。
   A. 经过质量担保期认定及技术鉴定确属索赔范围的车辆由服务顾问规范开具任务委托书，请用户签字确认后送交维修车间
   B. 在鉴定过程中，维修技师及技术经理应协助服务顾问对车辆进行技术鉴定，经过质量担保期认定及技术鉴定确属索赔范围的车辆由服务顾问开出任务委托书
   C. 请用户签字确认后交给维修车间
   D. 如在修理过程中增加修理及索赔项目必须请用户逐项签字确认

9. 索赔维修涉及的内容有（ABCD）。
   A. 在索赔维修过程中必须保留车辆所有故障检测报告
   B. 修理过程中如果有增加的索赔维修项目，应按规定在任务委托书上补充完整，并请用户逐项签字确认
   C. 凭任务委托书到配件部领料，交给车间完成索赔维修项目

D. 修复竣工之后需要质量检测报告，说明清楚索赔的问题、处理的结果以及检测结果

三、填空题

1. 索赔流程包括<u>用户接待</u>、<u>开具任务委托书</u>、<u>索赔维修</u>、<u>费用结算</u>、<u>用户离开</u>、<u>资料整理</u>、<u>提交索赔申请</u>、<u>损伤件入库</u>和<u>索赔结算</u>。

2. 服务顾问再次核对用户购车日期与车辆数据，判断车辆是否在<u>质量担保期之内</u>。

3. 对于故障部位不易查找的配件如散热器、排气管、铝合金车轮（钢圈）、各种渗漏的外壳等，应对故障部位进行明确标记（<u>如用色笔圈出</u>）。

4. 索赔旧件标签包含的信息有：<u>标签日期</u>、<u>特约店代码</u>、<u>索赔单编号</u>、<u>车架号（VIN）</u>、<u>车型代码</u>、<u>车辆生产日期</u>、<u>销售日期</u>、<u>维修结束日期</u>、<u>行驶里程</u>、<u>配件编号</u>和<u>现象原因</u>。

5. 索赔资料维修时间记录应该符合<u>任务委托书时间</u>——<u>领料时间</u>——<u>结算时间</u>的先后逻辑顺序。

6. 索赔旧件库为<u>独立库房（独立区域）</u>，不得与其他库房混用，不得用于其他用途和存放其他物品。

7. 每个索赔旧件必须粘贴（或固定）与之唯一对应的<u>旧件标签</u>。

8. 服务顾问听取用户的反映及报修内容，对车辆进行<u>初步检查（预检）</u>，正确规范填写接车预检单。根据故障情况并核对车辆信息后，初步分为<u>普通维修车辆</u>与<u>索赔维修车辆</u>。检查过程中如对故障判断有困难，技术经理/维修技师可以协助鉴定。

9. 对于家用汽车产品，在三包有效期内，符合更换条件，该车辆销售者无同品牌同型号东风本田汽车，也无不低于原车配置的东风本田汽车向消费者更换的，消费者可选择<u>退货</u>，该车辆销售者应当负责为消费者退货。

四、简答题

1. 三包责任免除的范围包括什么？
（1）易损耗配件超出生产者明示的质量保证期（正常损耗除外）出现产品质量问题的。
（2）消费者所购汽车已被书面告知存在瑕疵的。
（3）用于出租或者其他营运目的的。
（4）《用户手册》中明示不得改装、调整、拆卸，但消费者自行改装、调整、拆卸而造成损坏的。
（5）发生产品质量问题，消费者自行处置不当而造成损坏的。
（6）因消费者未按照《用户手册》要求正确使用、维护、修理产品而造成损坏的。
（7）因不可抗力造成损坏的。
（8）消费者不能提供有效购车发票和"三包凭证"的。

2. 汽车配件索赔工作的具体内容是什么？
（1）用户接待（服务顾问）：核对用户信息和车辆数据；核对用户购车发票；对车辆进行预检；查询车辆全国维修记录；是否为五大总成索赔或优惠索赔。
（2）开具任务委托书（服务顾问）：用户在委托书上签名；增加项目在委托书上补充完整；用户在增加项后逐项签字确认。
（3）索赔维修（维修技师）：保留车辆故障检测报告；损伤件（含检测报告）交给索赔员，索赔员挂上临时标签后在委托书上签字确认。

（4）费用结算（服务顾问）：清单上用户签字确认；相关维修资料移交索赔员。

（5）资料整理（索赔员）：索赔维修资料整理；填报日报表。

（6）提交索赔申请（索赔员）：使用预留申请单号；正确填写索赔申请单；索赔件标签打印清晰，不得有缺损；及时发送索赔申请单。

（7）挂上损伤件入库（索赔员）标签；仓库存放符合要求。

（8）索赔结算（索赔员）准确，装箱发运；及时核销发票；关注赔付情况；提交月度报告。

3. 索赔件回收与管理有什么要求？

（1）索赔旧件清洁要求。如果索赔旧件粘有油污、泥土等污物，必须清除干净。

存有油液、冷却液等液体的索赔旧件，必须将液体排放干净。如发动机、变速箱、燃油箱总成、水箱、转向助力泵、制动分泵等旧件。

带有塑料堵头的旧件，维修更换后及时装好堵头，防止旧件漏液。

（2）采购时带有原厂包装盒（袋、箱）的，必须使用原厂包装，并用宽透明胶带将包装封口，防止旧件在运输过程中从包装中漏出。

减震器、杂物箱、升降器、车门内饰板、车门板组件等大型旧件可以不用带原厂包装。

没有原包装的，按旧件形状选用合适的包装，以保证索赔旧件在回收过程中不被损坏。

（3）一个旧件原包装盒只能装一个旧件，不允许在空隙处混装其他旧件（例如不准在发电机原包装盒里装遥控器，不准在大灯原包装盒里装油封）。

（4）贵重的旧件要采取减震等保护措施，必要时可添加填充物，避免二次损坏。

（5）索赔旧件保管规定。

①维修索赔完成后，保修索赔专员应立即收集旧件，做好登记，及时填写或打印索赔旧件标签，然后将旧件标签粘贴固定到相应的位置上，避免混淆或丢失。

②保持旧件更换时的状态，即旧件状态的完整性和原始性（不得私自拆解旧件），并装入原始包装，分类整齐摆放。

③各店应设立索赔旧件台账，并保证台账、标签和旧件的一致性。

④各店自行保存暂时不回收的索赔旧件，等待相关通知并按通知要求执行。

⑤对于故障部位不易查找的配件如散热器、排气管、铝合金车轮（钢圈）、各种渗漏的外壳等，应对故障部位进行明确标记（如用色笔圈出）。

参考文献

[1] 吕琪. 汽车配件管理 [M]. 北京：人民交通出版社，2017.
[2] 彭朝晖. 汽车配件管理与营销 [M]. 北京：人民交通出版社，2017.
[3] 刘军. 汽车配件采购营销运营实战全书 [M]. 北京：化学工业出版社，2016.
[4] 杨二杰. 汽车配件基础知识 [M]. 北京：人民交通出版社，2017.
[5] 胡琼，何向东. 汽车配件管理 [M]. 北京：人民交通出版社，2015.
[6] 宓亚光. 汽车配件经营与管理 [M]. 第四版. 北京：机械工业出版社，2014.
[7] 钱燕. 汽车配件与管理 [M]. 北京：人民邮电出版社，2014.
[8] 孙凤英. 汽车配件与营销 [M]. 北京：机械工业出版社，2014.
[9] 李刚. 汽车配件经营与管理 [M]. 北京：化学工业出版社，2016.
[10] 俞士耀. 汽车配件这样卖 [M]. 北京：中华工商联合出版社，2015.
[11] 李刚. 汽车及配件营销实训 [M]. 北京：化学工业出版社，2010.
[12] 孙凤英，袁俊奇. 汽车及配件营销 [M]. 北京：机械工业出版社，2005.
[13] 人力资源和社会保障部教材办公室. 汽车配件营销知识 [M]. 北京：中国劳动社会保障出版社，2009.
[14] 黄炳华. 汽车配件管理与营销 [M]. 广州：华南理工大学出版社，2006.
[15] 宋润生. 汽车营销基础与实务 [M]. 广州：华南理工大学出版社，2007.
[16] 张煜. 汽车及配件营销 [M]. 北京：北京理工大学出版社，2007.
[17] 杜艳霞，李祥峰. 汽车及配件营销实务 [M]. 北京：科学出版社，2007.
[18] 宓亚光. 汽车配件经营与管理 [M]. 北京：机械工业出版社，2008.
[19] 金加龙. 汽车维修业务接待 [M]. 北京：电子工业出版社，2008.
[20] 夏志华，郭玲. 汽车配件市场营销 [M]. 北京：北京理工大学出版社，2010.
[21] 刘军. 如何开家汽车配件店 [M]. 北京：化学工业出版社，2015.
[22] 张彤. 汽车售后配件管理 [M]. 北京：机械工业出版社，2016.
[23] 娄洁. 汽车及配件营销 [M]. 武汉：武汉理工大学出版社，2015.
[24] 李晓. 汽车配件运营实务 [M]. 北京：中国财富出版社，2013.
[25] 夏志华. 汽车配件销售实务 [M]. 北京：中国劳动社会保障出版社，2010.